그대로 행복하기

그대로 행복하기

1판 1쇄 인쇄 | 2018년 10월 20일
1판 1쇄 발행 | 2018년 10월 25일

펴낸이 | 일감

발행인 | 홍행숙
펴낸곳 | 문학의문학
디자인 | 소리디자인

서울시 마포구 토정로 222, 한국출판콘텐츠센타 4층 422호
대표전화 (02)722-3588, **팩스** (02)722-3587

등록 제 105-91-90635호

ISBN 979-11-87433-10-1 03040

값 14,500원

일감 스님의 행복 대담으로 초대

그대로 행복하기

일감 | 펴냄

우리에게 행복이란 무엇인가?

아주 낮은 음성으로 그러나 따뜻하게 들려주는 영혼의 울림!

문학의 문학

차 례

인사드립니다

이 책은 불교TV에서 2년간 방영되었던 "내비둬 콘서트" 출연자들의 말씀을 엮은 대담집입니다. 이 대담집이 나오기까지는 방송작가 오세경님의 공이 큽니다. 출연자가 결정되면 작가님이 먼저 출연자와 사전 인터뷰를 진행하고, 그 인터뷰를 토대로 방송을 제가 이끌어 갔습니다. 작가님이 길을 미리 잘 열어 주신 덕분에 출연자와 저는 수월하게 걸어갈 수 있었습니다. 이 자리를 빌어서 감사를 드립니다.

방송에 나왔던 출연자분들의 말씀들이 참 좋은데, 방송으로만 있기에는 아깝다고 여러분들이 말씀들을 하였습니다. 시간이 좀 흐르기는 했지만, 지금이라도 책으로 옮겨 놓자는 의견에 용기를 내었습니다. 하지만 한두 가지의 걱정이 있었습니다. 언어를 활자로 옮기면서 말이 가지는 순간적 정서를 잘못 전달하지는 않을까 우려가 있었습니다.

또, 사전 인터뷰는 오세경 작가님이 했고, 내용은 출연자분들의 말씀이 대부분이고, 저는 이끌어 나간 것밖에 하는 일이 없었는데, 엮은이가 저의 이름으로 나가는 것에 대해서도 저어하는 마음이 많았습니다. 그러나 누구라도 저질러야 일이 된다고, 등을 떠밀어서 출연자들과 독자들을 믿고, 못내 부끄러움을 무릅쓰게 되었습니다.

또 100여 분의 출연자 중에서 이번에 모시지 못한 분들께는 죄송한 마음이 앞섭니다. 하지만, 조금만 기다려 주시기 바랍니다. 먼저 나온 이 대담집이 괜찮은 가치가 있다고 대중들께 좋은 호응을 받으리라고 생각하고, 이번에 모시지 못한 분들은 다음번에 꼭 책으로 엮어서 모시도록 하겠습니다. 혹여 방송에서 했던 말씀들이 활자로 옮겨지는 과정에서 뜻이 정확하게 전달되지 못했더라도 넓은 이해를 바랍니다. 부처님은 기원정사 뜰에서 제자들의 삶에 대한 물음에 이치로 답해주셨고 경전으로 전해오지만, 저는 여러분들이 마련해 주신 자리에 앉아 삶이란 무엇이며 행복이란 무엇인가에 대해서 묻고 답을 들어보는 뜻깊은 시간을 가졌습니다. 지금 바로 여기, 삶이 있는 곳에 행복이 있다는 깨달음에 늘 기뻤습니다.

방송을 책으로 엮는데 흔쾌히 동의 해 주신 불교TV 사장님과 오세경 작가님, 그리고 직원들께 감사드립니다. 오랜 시간을 기다려주신 '문학의문학' 출판사와 홍행숙 대표님께 감사를 드립니다. 더불어 이 책을 만나신 독자들께도 감사하다는 말씀을 드립니다. 우리들이 엮은 작은 책이, 혹여 삶의 어느 한 순간에, 용기가 되고, 위로가 될 수 있기를 바랍니다. 모든 분들이 평화롭고 행복하기를 바랍니다.

일감 올림

*마무리 인사말을 쓰는 날, 우리 프로그램에 출연하셨던 임일진 다큐멘터리 영화 감독님이 히말라야에서 새로운 세상으로 여행을 떠나셨다는 안타까운 소식을 들었습니다. 故 임일진 감독님의 사람을 향한 따뜻하고 숭고한 정신을 기억하며, 부디 평안하시기를 기도드립니다.

감히 일독을 권하며

'일감 스님의 내비둬 콘서트'는 불교TV에서 방송하기 전부터 이미 금산사에서 일감 스님이 진행하고 있던 산사 프로그램이었습니다. 일감 스님을 모시며 스님의 프로그램도 그대로 방송으로 옮겨온 것입니다. 물론 방송에 맞게 프로그램의 성격과 형식을 다듬었지만 일감 스님이 지향하는 내비둬 정신은 그대로 살려나갔습니다.
내비둬 정신과 문화야말로 프로그램을 하는 이유며 목적이었으니까요.

방송에 초대된 주인공들은 세계적인 작가부터 산사의 공양주보살까지 직업도 다양하고, 스무살 청년부터 아흔을 바라보는 할머니까지 연령도 각각이었습니다. 스님부터 목사님, 신부님, 수녀님까지 종교의 틀도 없었습니다. 백인백색으로 세상의 잣대나 기준으로는 묶일 수 없는 분들이었지요.

오직 한 가지, 이분들은 독특한 자기 색깔을 갖고 있는 분들이었습니다. 자신들만의 고유한 색깔이 선명하게 빛나는 분들이었습니다. 자기만의 색깔로 행복을 찾은 분들이었지요. 세상이 등 떠미는 대로 휩쓸려 떠내려가지 않고, 고뇌하고 방황하며 온몸으로 자신의 색깔을 지켜온 분들입니다. 주변과 세상을 향해 '내비 둬!'를 외친 분들이었지요. 그래서 끝내 자기 행복을 찾은 분들이고 그 빛으로 주변을 밝히는 분들이었습니다.

일감 스님의 특별한 공감능력과 따듯한 소통방식으로 만나는 내비둬 콘서트의 주인공들은 한분 한분이 감동이었습니다. 그분들이 풀어놓은 솔직한 삶의 이야기는 깊은 울림이고 그 자체로 즐거운 일탈이었습니다. 저마다 풀어놓은 특별한 삶의 이야기, 색깔 있는 삶의 철학은 한 번 듣고 흘려보내기엔 아까운 이야기들이었습니다.

뒤늦게나마 일감 스님이 책으로 출판하셔서 얼마나 다행인지 모릅니다. 아쉬운 점은 이번 책에 실린 열여덟 분 외에도 꼭 소개하고 만나게 해주고 싶은 분들이 대부분 빠져있는 점입니다. 책 한 권에 모든 분을 소개할 수 없으니 당연한 일이겠지만 서운하고 미안했습니다.

새삼 오래전 작업했던 내비둬 콘서트 작업 파일을 열어보았습니다. 일회부터 백회까지 소중한 분들과의 만남이 그대로 기록되어 있습니다. 그중에는 얼마 전 히말라야에서 유명을 달리한 임일진 감독님도 있습니다. 새벽 3시에 진행된 사전인터뷰 노트에는 임일진님의 열정이 그대로 담겨있습니다. 이 자리를 빌어 고인의 명복을 빕니다.

기억 속에 가둬두기엔 아깝고 소중했던 만남, 빛나는 분들의 삶의 이야기를 뒤늦게나마 책으로 묶어주셔서 감사드립니다. 내비둬 콘서트의 주인공들과 저에겐 큰 선물이 되었습니다. 이 책을 읽는 독자들에게도 신선한 충격과 울림이 될 것입니다.

오세경 합장(방송작가)

첫 번째

알면, 찾지 않을 수 없는 우리 콩

먹거리나 이런 것은 산업이 아니고
생업이라고 생각해요. 생명을 이어가는 먹거린데
이것을 경제논리에다 갖다 붙이면 안 돼요.
농업이라는 것은 생명을 이어가야죠.
먹어야 사니깐. 좋은 먹거리가
3대까지 간대잖아요.

함씨네 토종콩 식품 대표 ●●●. 함정희

콩은 우리나라가 원산지

일감 오늘은 장마답게 비가 많이 오고 있습니다. 그렇지만 여름은 여름이죠. 여기 오면서 제가 비를 맞았는데 요즘 점심에 콩으로 만든 콩국수 많이들 드시죠? 그런데 예전 맛과 다르다는 느낌 안 드세요? 예전에 우리가 농사지어서 먹던 콩이 아니어서 그런가 하는 생각도 해봅니다. 오늘은 콩에 대한 이야기를 좀 나눠볼까 하는데, 우리 옛날 토종콩을 농사짓도록 장려해서 그걸로 식품을 만들고 두부도 만들어서 사업을 하시는 분하고 이야기를 좀 나눠볼까 합니다. 함씨네 토종콩 식품 대표 함정희님 하고 이야기를 하겠습니다. 전주에서 올라오셨죠? 오실 때 버스 타고 오세요?

함정희 아들이 비서같이 절 데리고 운전하고 다닙니다.

일감 그러니까 자가용 타고 오셨네요. 별명이 참 많으세요. 콩 박사, 콩 아줌마, 콩 전도사. 우리 콩 전도사... 어떤 별명이 제일 맘에 드세요?

함정희 저 개인적으로는요, 콩엄마!

일감　오늘부터는 콩엄마로 하죠. 콩아줌마에서 콩엄마로... 그동안 여러 가지 식품을 많이 개발하셨는데 종류가 뭐 수십 종 된다면서요. 어떤 걸 개발하셨어요?

함정희　제가 콩을 접하고 보니까 콩으로 할 게 너무 많은 거예요. 그래서 소비자들이 쉽게 먹을 수 있는 것들을 좀 개발하고 싶어서 특허도 내고, 말린 두부. 클로렐라 첨가한 두부. 콩강정. 콩분유. 또 젓갈같이 넣은 청국장, 마늘청국장 등 여러 가지 만들었습니다.

일감　20가지가 넘는다면서요. 그게 다 우리콩으로 만든 겁니까?

함정희　네, 우리나라 콩으로 했어요.

일감　우리콩으로 하려면 우리콩 농사짓는 분들이 많아야 될 텐데 콩 농사짓는 분들이 좀 있으신가요?

함정희　제가 시작했을 때는 콩을 구하기가 힘들었는데 지금은 많이 하고 있습니다.

일감　우리 콩 농사를 지으시라고 가서 이야기도 하고, 격려도 하고, 좀 비싸게 사줄 테니까 꼭 좀 지어달라고 부탁하고 그런가요?

함정희　네 그렇죠. 농사지으시는 분들이 정말 정성을 다해서 해주시니까 절대 가격을 깎거나 그분들을 불편하게 하면 안 돼요. 그래서 콩 농사를 지으면 제가 차로 다 운반해오고 운임비도 제가 다 내고, 가격도 시중보다 조금 더 쳐주고 그렇게 하면 그분들이 온 정성을 들여 해 줍니다.

일감 우리 토종콩 종자를 다 갖고 계시는 거네요?

함정희 원래 콩은 우리나라가 원산지라 토종콩이 많이 있어요.

일감 콩농사는 농약을 안 해도 되죠?

함정희 콩은 거의 농약을 하지 않아요. 그리고 콩은 쉽게 말해서 오염된 땅에 심어도 잘 되는데요. 오염물질도 깍지와 잎으로 가지 콩으로는 전혀 안 갑니다. 콩 알맹이로는...

일감 그러니까 우리콩이라고 하면 믿을 수 있고 먹을 수 있는 거네요.

함정희 당연하죠. 우리콩은 정말 아주 건강한 콩입니다.

일감 마늘 청국장환으로 큰 상을 받으셨죠? 신지식인 농업인상 받으셨는데 소감이 어땠어요?

함정희 그때 많이 울었어요 하하... 그 신지식인이라는 호칭을 꼭 받고 싶었어요. 왜냐하면 우리 전통식품이라고 하면 아무나 할 수 있다는 생각을 하지만 어찌 보면 굉장히 과학적이거든요. 우리 발효식품이. 그래서 꼭 신지식인이라는 호칭을 듣고 싶었는데 굉장히 힘들고 어려웠어요. 심사가 까다롭거든요.

일감 왜 울었어요?

함정희 저 사연이 좀 많아요.

일감 그 속에는 그동안 고생했던 애환들 그런 게 좀 있었겠네요.

함정희 많죠. 저는 원래 남편이 전라북도 연식품조합이라고 수입콩을 총 관리하는 대표 이사장님이었어요. 그런데 제가 우리 콩으로 한다고 하니까 남편의 반대가 너무 심해서 목숨을 내놓은 어쩌면 사투였어요. 힘들었던 시간들을 생각하니까 눈물 많이 났어요.

일감 그랬구나. 지금도 단순히 우리 콩을 지킨다는 생각뿐만 아니고 콩을 과학적으로 공부하기 위해서 대학에서 콩에 대해서 연구하시면서 박사과정에 있는데, 콩에 빠지게 된 원인이 있으셨어요?

함정희 콩하고의 인연은 어렸을 때부터 있었던 것 같아요. 제가 어렸을 때 어머니가 밥을 해 도시락을 싸주면 콩밥이 아니거나 콩자반이 없으면 안 가지고 갔었어요.

일감 그래서 이렇게 콩처럼 둥글둥글 하시네요.(웃음)

함정희 그래서 이렇게 공장에 시집오게 됐고 콩하고 인연이 그래서 생겼나 봐요.(웃음)

일감 남편분이 콩을 수입해서 파시는 분이었으니까 돈도 잘 버셨을 텐데 사업하도록 그대로 그냥 놔두시지 어쩌다가 수입콩을 반대하고 우리콩을 지키게 됐어요?

함정희 그때 우연히 고대 농학박사님이 시청에 와서 강의하시는 것을 들었어요. 우리콩에 대해서. 우리콩을 꼭 지켜야 한다고. 우리콩을 자급하지 못하고 잘 지키지 못하면 어쩌면 우리 민족이 없어지는, 멀게는 인류도 없어지는 어마어마한 일이 생길 수 있다고...

제가 그때는 수입콩이 나쁘고 좋고, 그런 걸 몰랐거든요. 그냥 남편이 하는 일 도와주는 사람이었는데 강의를 듣고 그 말이 제 가슴 속에 박혔어요. 그래서 우리콩을 지키게 되었어요.

일감 잘 살아보자고 부부가 마음을 합해도 가정의 화합이 될까말까 하는데 강의 하나 듣고 생각이 바뀌어서 남편의 수입콩을 반대하는 치열한 전투까지 하게 되었는데요. 어떻게 보면 아저씨는 국산콩으로 하면 타산이 안 맞고 수입콩으로 해야 타산이 맞아서 수입콩으로 했을 텐데, 서로 가격차이가 많이 나나요?

함정희 수입콩하고 우리 국산콩은 거의 다섯 배에서 열 배 정도 차이가 항상 나고 있어요. 그런데 남편은 일단 수입콩으로 기반을 잡았으니 큰 대형마트 같은 거래처가 모두 저희 거였어요. 지폐기를 놓고 돈을 세었는데, 두 가지를 같이 하자는 거죠. 수입콩하고 옆에다 국산콩을 놓으면 된다. 저는 그랬죠. 이렇게 비싼 콩을 같이 하면 이게 정말 국산 100%로 믿어질까. 다른 사람이 볼 때 수입콩을 섞을 수 있다고 생각할 수 있는데 하나만 해야 된다. 그래서 수입콩을 제가 없앴죠.

일감 그리 간단하게 되진 않았을 것 같은데 함정희님이 가출도 하고 막 그러셨다면서요? 지난 일이니까 과정을 좀 이야기해주셔도 될까요?

함정희 네. 남편이 되게 성격이 무서워요. 어찌 보면 조폭 두목 같은 성격도 있어요.(웃음)

일감　아이구 아이구...(웃음)

함정희　그런데 남편이 이건 나라도 못하고 대기업도 못하고 누가 할 수가 없는 거라 이걸 우리 같은 영세업체가 할 수 있는가. 이건 아니다. 수입콩과 국산콩을 같이 하자, 같이하면 안 된다 해가지고... 그래서 남편이 날마다 때려부시고 저를 가둬놓고 설득도 시켜보고 하지만, 저는 도대체 그 말이 귀에 안 들어오고, 남편이 저기요 우리나라의 매국노 같아요. 수입콩을 한다니까...(웃음)

일감　남편 분께서 아시면 안 되는데 이거...(웃음)

함정희　나는 우리나라를 찾아야 한다는 광복군으로 착각을 했었어요. 나는 목숨이 붙어있는 한 하겠다. 왜냐하면 우리가 콩의 원산지라고 해서 두만강 이름도 생겼는데 당신이 그렇게 하면 안 되지 하고...

일감　그래도 안 되니까 집을 나가셨다면서요?

함정희　제가 마흔여섯 살 때 늦둥이를 낳았었어요. 그 아이가 있어서 힘이 더 있었던 것 같아요. 아이를 볼모로 잡고 데리고 도망갔죠. 남편이 막 때려부시고 하니까 어떻게 안 돼서 아이들을 싹 데리고 갔죠. 2남 2녀예요. 저희가...

일감　막내만 데려간 게 아니라 애들을 다 데리고 가셨군요?

함정희　예, 그래서 가출 몇 번 했어요. 일주일도 해보고 3일도 해보고 그랬는데... 남편이 아이가 없었더라면 저를 없앨 수도 있었을지 모르는데 아이 때문에...(웃음) 자기가 좀 져주고 다시 협박도 많이 당했어요. 이건 있을 수 없는 일이다. 망하는 일이다 이렇게...

일감 애들을 인질로 삼았단 말이죠?(웃음)

함정희 네. 그렇죠.

일감 어쨌든 그래도 애 아빠가 마음이 고우셔가지고 결국 져주신 거네?

함정희 마지못해서 졌죠.

일감 이제 계산기를 두드려보면 밑지는 장사잖아요? 그런데 애들 아버지께서 져 주신 거고, 또 함정희님도 뻔히 다 알면서도 이렇게 하시게 되었는데 그런 것에 대해서 지금은 후회하지는 않습니까?

함정희 돈은 못 버는 거예요. 계속 적자 나니까... 남편이 벌어놓은 것 내가 싹 없앴죠. 계속 적자내고 공장도 절반 팔아버리고 그랬는데 그때마다 도와주는 분이 있었어요. 그런 분들 때문에 해왔고요, 입점도 해서 위기는 극복을 했지만 가격차이가 크니까 좁혀지지 않는 거죠.

일감 이렇게 목숨을 걸다시피 하고 정말 가산이 잘려나가는 아픔까지 겪으면서도 우리콩을 지키려고 노력을 하시는데 수입콩은 대체 어떤 문제가 있는 겁니까?

함정희 네, 저도 자세히는 몰랐는데, 교수님이 말씀하시길 수입콩은 약품

처리도 많이 해야 하고 유전자 변형도 되었다고 하면서, 그런 걸 계속 먹으면 아이를 낳은 사람은 상관없지만 아이를 낳을 청년이나 어린 아이들한테는 안 된대요. 제가 아이를 늦게 낳았는데 그 말이 제 마음에 와 닿는 거예요. 그래서 저라도 열심히 하고 싶은 욕심이 생겼어요.

일감 그렇죠. 우리가 먹는 음식이야말로 정말 중요한 건데 콩을 단순히 지키는 과정뿐만이 아니고, 마늘청국장환이라든지 이런 걸 만들어서 건강에 도움이 되도록 하셨는데 특별한 계기가 있으셨던가요?

함정희 그렇죠. 이걸 하다 보니까 발효식품이라는 것은 하늘이 우리에게 준 자원이예요. 어느 나라도 흉내 낼 수 없는... 특히 가까운 일본이나 중국도 먼지가 있고. 일본은 섬이기 때문에 공기 중에 염기가 있기 때문에 우리나라처럼 발효가 잘 되지가 않아요. 우리나라의 대표적인 음식이 발효식품이잖아요. 그래서 발효식품으로 우리나라와 세계 사람의 건강도 지키고 싶어서 마늘청국장환을 개발했어요.

일감 마늘청국장환은 말하자면 마늘에 대한 성분과 우리콩의 발효 청국장 이런 성분이 합해진 거네요?

함정희 네. 마늘의 효능이나 쥐눈이콩이라든지 노란콩의 효능을 보면 둘이 합해지면 시너지효과가 나와요. 솔직히 암 같은 것 많고 성인병 많잖아요. 그런 걸 예방할 수 있고 치료할 수 있는 마늘청국장

"좋은 먹거리가 3대까지 간대잖아요. 그런 것이 가격경쟁에서 자꾸 밀려서... 국민소득 2만불 시대에 먹거리 의식이 깨지 않으면, 계속 원산지 속이고 다른 나라에서 수입해다 먹는 일을 하잖아요. 우리가 세금을 좀 쓰더라도 학교나 군대에 100% 좋은 농산물을 썼으면 하는 마음이고요."

환인데 화학 첨가제는 안 들어가서 특허가 나왔거든요. 그걸 드셔보시면 악성변비 있는 사람들에게 너무 좋고 사람들한테 임상실험을 해봤는데 너무 좋다고 해요. 그래서 분명히 이건 세계적인 식품이다. 네슬레 커피 회사는 1년 매출이 160조, 120조 이렇게 되잖아요. 우리도 하늘이 준 자원을 이용하면 매출도 오르고 우리 농민도 건강해지고 세계 모든 사람이 다 건강해지리라는 그런 신념이 있어요.

일감 어, 기분 좋다. 쥐눈이콩으로도 뭘 만드셨다면서요?

함정희 쥐눈이콩은 한방에서는 약콩이라고 해요. 다른 콩보다 세 배에서 네 배의 효능이 있어요. 효능을 보면 분명히 약입니다. 그래서 그걸 수시로 먹을 수 있게 휴대할 수 있는 제품이 되어야 해요. 식사시간에만 먹으면 많이 챙겨야 하잖아요. 간편하게 쥐눈이콩 청국장하고 마늘하고... 저는 어쩌면 이것이 지구 환경도 살리고 건강도 살리고 대한민국을 대표할 수 있는 제품이 아닌가 그래서 공부를 합니다.

"싼 것만 찾으면 좋은 음식 못 먹어요"

일감 우리콩이라고 하지만 정말 우리콩 종자를 찾으려면 쉽지도 않았을 텐데 처음에 우리콩을 어떻게 찾으셨어요?

함정희 우리콩을 샘플조사 해보았을 때 아직은 안전하다, 우리나라 콩은 좋다고 하면서 농가도 소개 해주셨고요. 저도 농가를 많이 찾아 다녀서 경상도 전라도 다 다니고 강원도까지... 농사짓는 분 마음이 정말 하늘마음을 품고 좋은 농사를 지으면요 그게 가장 좋은 콩같아요. 좋은 분들을 많이 만나게 되었죠.

일감 콩을 수급하는 일에 대해서는 큰 문제는 없나요?

함정희 저희는 10년 넘게 계약재배로 했기 때문에 오래 되었어요. 1년 있으면 망한다고 사람들이 손가락질 했었는데 벌써 10년이 넘었습니다.

일감 그동안에 개발비도 무척 많이 들었을 것 같아요.

함정희 저는 수익보다는 연구하고 그런 걸 많이 했지만 이제 사람들이 인정해주는 시대가 왔어요. 전에는 웰빙이란 말도 없었고 건강식품에 대해서 별로 관심도 없었었어요. 아직도 많이 힘들고 어렵지만 희망이 있고 그래요.

일감 저도 아침을 두부로 대신할 때가 있거든요. 마침 제가 가던 가게에 글쎄 함씨네 밥상 두부가 있더라고요. 그래서 서울에까지 이 두부가 올라왔구나. 유기농 농산물 파는 곳이었는데 굉장히 반갑고 그랬는데요. 오히려 밑지고 그러는데 굳이 이런 걸 하려는 이유를 아까도 말씀하셨지만 또 말씀해 주세요.

함정희 소비자들은 자꾸만 싼 것을 찾아요. 좋은 제품이고 싼 것을 찾는데 그런 건 많이 없어요. 제값을 주고 제 가치를 줘야 가능하지, 싸고 좋은 건 없거든요. 우리 농산물이 살고, 농사짓는 농부들도 보람을 느끼고, 저 같은 사람도 보람을 느낄 건데 그게 아쉽고요. 언젠가는 진실은 밝혀질 것이고 좋은 제품을 찾을 날이 있겠다 하고 있어요.

일감 우리 콩을 지키는 일은 어떻게 보면 굉장한 일인데, 대기업과 싸움도 해야 하고 여러 가지 어려움이 많으실 텐데 그중에 제일 힘든 건 어떤 거예요?

함정희 대기업도 훌륭하시죠. 우리 식품을 많이 향상시키고 위생적으로 포장하고 시판해서 많이 존경을 합니다. 그분들의 손이 못 미치는 것을 제가 하고 있고요. 그리고 청국장이라는 것은 살아있는 균을 관리하기 때문에 수시로 변해요. 좀 크게 하려면 힘들거든요.

일감 작은 문제는 늘 있었던 것 같고 아무리 훌륭한 일을 하셔도 좋은 스폰서가 좀 나타나서 뒤에서 밀어주고 그러면 좋을 것 같은데 그런 이야기도 해주세요.

함정희 살얼음판을 밟는 것 같은 심정으로 일해 왔지만 미래는 밝다고 봐요. 요즘 음식이 많이 오염이 돼서 건강한 음식점을 하고 싶었어요. 저희는 된장이라든지 간장, 모든 양념은 다 직접 담고, 또 소금도 중요하거든요. 그래서 식당을 하고 있는데 사람들이 드시고 너무 좋아하십니다. 정말 사람들 건강을 지키는 그런 일을 꼭 하고 싶어요.

일감 함씨네 밥상에서 밥을 늘 먹고 싶어서 전주로 이사를 오셨다는 분도 계시더라구요. 함정희 님은 유기농 농사를 지키려고 애를 쓰시잖아요?

함정희 저는 백프로 유기농이라고는 할 수 없고요. 백프로 우리 농산물이라고는 이야기를 해요. 제가 가까운 사람들 것을 많이 쓰고 그분들 마음을 솔직히 봅니다. 참깨나 들깨도 국산깨로 구입을 하거든요. 그분들 마음을 보면 섞었는지 안 섞었는지 알 수 있거든요.

일감 함씨네밥상에서 밥 먹어 본 사람이 이구동성으로 하는 이야기가 원재료의 맛이 살아있다 이런 이야기를 하는데 비결이 어떤 겁니까?

함정희 음식은 눈과 입이 즐거운 것보다는 몸에 좋아야 하기 때문에, 그냥 음식의 본맛, 본 기능을 살리고자 튀기거나 요리를 많이 하지 않고 기본으로 고추장이면 된장 마늘하고 드시고, 된장이면 풋고추와 드시고, 본맛을 살린 음식이라 그러시는 것 같아요.

일감 우리가 음식을 할 때 음식은 사랑이다 정성이다 이런 이야기 하지 않습니까? 가장 중요한 덕목이 뭐라고 생각하세요?

함정희 음식은 약이라고 하듯이 어떤 재료가 첫째고 정성을 담아서 내 음식을 먹고 사람들이 건강해지는 것을 보람으로 삼으면 참 보람되고 사람들한테 좋은 마음을 가지게 돼요.

일감 이 자리에 아드님이 오셨는데 엄마 대를 이어서 콩을 지키는 지킴이 역할을 잘 해주시고요 아들과 엄마의 무한한 발전을 기대합니다. 지금 현재 개발해놓은 식품들을 판매하고 알리고 또 강의도 많이 나가실 텐데, 바쁘시죠?

함정희 강의라기보다는 사례 발표로 나가죠. 우리 먹거리의 소중함을 알리고 싶어서 나갑니다. 우리콩을 자급을 하고 밀도 자급을 해서요. 앞으로 20년 후에는 식량난이 온다고 해요. 지금부터 그때를 대비하지 않으면 후손들한테 너무 힘든 세상이 올 것 같아서요. 밀과 콩은 자급이 되는 이모작이 가능하거든요. 농약을 전혀 하지 않아요. 밀은 11월에 심어서 6월에 거두고, 콩은 6월에 심어서 11월에 거두면 돼요. 농약을 더 하지 않고 환경을 살리고 건강을 살리고, 그리고 밀과 콩 두 가지를 자급을 한다고 하면 식량식민지가 되지 않잖아요. 아무리 다른 게 발전해도 먹을 것이 없으면 우리가 먹거리의 속국이 되잖아요. 그래서 모든 국민들의 의식이 깨어서 조금 비싸긴 하지만 절약하면 충분히 먹을 수 있어요. 밀하고 콩을 자급하는 그런 날이 왔으면 좋겠습니다.

일감 정말 너무나 귀한 말씀해 주시니 제가 기분이 다 좋아지는데요. 우리밀 살리기도 우리가 운동처럼 하고 있거든요. 저도 우리밀 살리기 운동본부에다가 회비도 넣고 열심히 했는데도 불구하고, 빵이라든지 이런 밀가루가 많이 쓰여지는 데에 우리밀을 많이 쓰면 좋을 텐데 이런 게 안 되는 이유가 있나요?

함정희 어찌 보면 자본주의 논리에 의해서 싼 가격 경쟁 때문에 그런 것 같아요. 먹거리나 이런 것은 산업이 아니고 생업이라고 생각해요.

생명을 이어가는 먹거린데 이것을 경제논리에다 갖다 붙이면 안 돼요. 농업이라는 것은 생명을 이어가야죠. 먹어야 사니깐. 좋은 먹거리가 3대까지 간대잖아요. 그런 것이 가격경쟁에서 자꾸 밀려서... 국민소득 2만불 시대에 먹거리 의식이 깨지 않으면, 계속 원산지 속이고 다른 나라에서 수입해다 먹는 일을 하잖아요. 우리가 세금을 좀 쓰더라도 학교나 군대에 100% 좋은 농산물을 썼으면 하는 마음이고요.

일감　정말 좋은 말씀을 해주셨어요. 어찌 보면 한창 자라나는 아이들에게 우리콩과 더불어서 우리 식품들, 될 수 있으면 농약을 안 하거나 적게 치는 식품을 구해서 애들한테 주어야 하고, 군대도 그렇게 해야 하고, 종교단체에서도 잘 알아서 노력했으면 좋겠어요. 앞으로 계획도 많으시죠?

"콩단백질 연구하는 콩연구소 차릴 겁니다"

함정희　저는 콩연구소도 하고 싶어요. 다른 나라 일본이나 중국은 콩연구소가 있어서 박사 석사 이런 사람들 백 명이 맨날 연구를 해요. 그런데 우리는 없어서 안타까워요. 우리 몸이 100으로 볼 때 70은 물이고 그럼 30이 남잖아요. 거기서 20%가 단백질이거든요. 단백질이 있어야 병도 이기고, 키도 크고, 면역력도 생기는데, 양질의 단백질을 먹어야 하는데 그것이 콩 단백질이거든요. 콩연구소가 있어서 우리 건강뿐만 아니라 세계 사람들 건강도 책임져야 할 의무가 있어요. 왜 하늘이 이렇게 우리에게 좋은 자연을 주었겠는가 하고...

일감 콩을 지키는 독립운동가처럼 콩을 지키셨는데 그러다가 잃는 것도 참 많으셨을 텐데, 이렇게 건강하고 활기차신 비결 같은 게 있으세요?

함정희 솔직히 여기까지 오게 된 것은 남편 덕이라고 봐요. 남편이 제 뜻 받고 그냥 했으면 편안히 살았을 텐데 못하게 막으니까 오히려 그게 더 활력소가 된 것 같아요. 한편으로는 남편에게 감사도 드립니다. 오고야 말 행복처럼 그런 날이 저희 가정에도 올 거라고 생각합니다.

일감 멋진 당신에게 보답하는 의미에서 〈당신 멋져〉라는 사행시로 마무리 한번 해주세요.

함정희 남편에게 〈당신 멋져〉로 하겠습니다. 당당하게 신나게 멋지게 져주면서 살자. 져준다는 것은 포옹이거든요. 그래서 여보! 당신 멋져!

일감 **멋있습니다. 우리 토종콩을 지키려고 어떻게 보면 목숨을 건 분하고 이야기를 나누어봤습니다. 이야기를 나누면서 너무나도 제 자신이 감격스럽다는 생각을 했고요. 우리나라는 식량자급률이 25%를 넘지 않는다고 해요. 물론 쌀은 좀 많이 생산되긴 합니다만 우리가 쌀로만 살아갈 수 없고요. 중요한 것은 밀가루, 콩, 기타 양념에 해**

당되는 잡곡들인데 우리는 이런 것을 너무 수입에 의존하는 것 같아요. 국제외교관계라든지 또는 석유가 너무 비싸져서라든가 여러 가지 일이 생길 수가 있죠. 그렇게 되면 식량은 무기가 될 수밖에 없습니다. 우리 목숨을 담보로 하고 있는데 이것은 특별히 생각해야 될 문제입니다. 특히 토종자산은 이 땅에서 수천 년, 수만 년 자라오면서 나름대로 환경이라든지 문화적 성격이 함께 있는 것이라고 볼 수 있는데 이런 토종에 대한 인식을 새롭게 시급하게 해야 한다고 생각합니다. 될 수 있으면 우리콩이다 유기농이다 우리 농산물이다 이런 것이 있으면 잘 살펴보시고, 우리 농민들을 잘 보호해 주시고 재미있는 농사. 미래가 있는 농사, 이런 것이 되어서, 우리 스스로를 지키고 건강하고 행복한 사회가 되었으면 좋겠습니다. 감사합니다.

두 번째

하루 두 시간 자며
4300킬로미터 달렸어요

그분들을 보고 나서 아무 얘기도 않고
두 시간을 매우 힘차게 달렸어요.
그분들한테 작은 도움이 될 수 있고 작은 희망을
줄 수 있다는 게 큰 의미로 다가오더라고요.
그렇게 하면서 아, 기부라는 게 돈만 주는 일이
아니고 서로가 공감을 해야 하는 행위구나
하는 것을 그때 계기로 배우게 됐습니다.

사이클리스트 ●●●. 김기중

SK Telecom
KOREA
RUDY
26

미국 대륙 횡단 싸이클 대회에 첫 출전해 우승하다

일감 안녕하셨어요? 요즘 살 빼는 것 고민하시나요? 항상 고민하세요? 그럼 자전거 좀 타실래요? 오늘 모시는 분은 살 빼기라기보다는 건강상의 이유로 자전거를 타기 시작하셨대요. 그런데 이제 병도 고치고 물론 살도 빼고요. 그 수준을 넘어서서 자전거 대회 같은 데도 나가셨다고 해요. 울트라마라톤 대회라는 게 있나 봐요. 미국의 램 대회 같은 대회가 있는데 미국 대륙을 서쪽에서 동쪽으로 횡단하는 4800km 거리를 12일 동안 하루에 20시간씩 달린다니 정말 대단하시죠? 울트라마라톤 사이클리스트 김기중님을 모시겠습니다.

일감 싸이클리스트는 싸이클을 타시는 분이다 이건 이해가 되는데 울트라마라톤은 왜 붙는 거예요?

김기중 보통 정상적인 거리를 넘어갈 때 울트라란 단어를 붙이거든요. 마라톤 같은 경우는 42km를 넘어서 한 50km 이상을 울트라마라톤이라고 그러고요, 자전거는 160km를 넘을 때 울트라마라톤이라고 부르는데, 제 기준으로는 하루에 500km 정도 자전거를 탈 수 있으면 울트라마라톤 사이클리스트라고 할 수 있을 것 같습니다.

일감　저는 마라톤이라는 것이 달리기에만 붙는 줄 알았더니 꼭 그런 것은 아니었군요. 램대회가 20시간을 달려야 되고, 열이틀 달려야 된다는 죽음의 레이스라는데 어떤 대회입니까?

김기중　램(RAAM)이라는 대회는요, 레이스 어크로스 아메리카 (Race Across America 미국 대륙횡단 레이스)의 약자로 램이라고 불리고 있고요, 보통 미국 서해안에서 출발을 해서 미국 동해안까지 자전거로 가게 돼 있습니다. 참가는 여러 부분이 있는데요, 솔로 부분은 혼자서 4800km나 5000km를 12일 만에 완주를 해야 되고요. 2인 팀, 4인 팀, 8인 팀으로 해서, 교대로 탈 때는, 9일 만에 완주를 해야 합니다. 혼자 달리는 경우 잠은 하루에 두 시간 정도 잘 수 있고요, 이번 대회 1등한 분 같은 경우는 8일 동안 한 7시간 자고 레이스를 완주했다고 들었습니다.

일감　8일! 그러면 하루에 한 시간씩 잔 거네요.

김기중　예. 하루에 한 시간 약간 덜 잤다고 이야기 들었습니다. 잠만 이야기하는 게 아니고요, 먹고 화장실 가고 이런 거 다해서 총 7시간 빼고는 자전거를 탔다고 합니다.

일감　그러면 달리면서 먹기도 해야 하고 그래야 되는 겁니까?

김기중 먹는 것은 대부분 달리면서 해결을 합니다.

일감 하루 종일 예를 들어 20시간을 자전거를 탈 수가 있나요?

김기중 제가 처음에 기록은 70시간 정도를 안 자고, 자전거에서 계속...

일감 내리지 않고?

김기중 내릴 때는 쉬지 않고 그냥 내리는 정도만 해서 70시간까지 타봤는데, 약간 무리는 있더라고요. 제가 타는 도중에 환각에도 많이 시달렸고요, 졸음 때문에 고생도 많이 했습니다.

일감 근육이... 계속 탈수는 있는 겁니까?

김기중 제가 링겔을 한 8번 정도 맞았거든요.?

일감 타면서?

김기중 네. 타면서 정 몸이 안 될 때는 차에 가서 링겔을 맞고, 또다시 레이싱 복귀하고...

일감 링겔을 꽂고 달리는 건 아니죠?(웃음)

김기중 네. 보통 한 시간 이상 잠잘 때는 링겔을 맞고요.

일감 그렇게 힘든 레이스를 두 번이나 하셨다는데 두 번 나간 이야기 좀 해주세요.

김기중 제가 많이 아팠거든요. 아픈데 자전거를 우연하게 접하게 되었어요. 15년 동안 투병 생활을 했었는데 제대로 걷지도 못하는 정도였거든요. 몸무게도 원래 105kg였다가 72kg까지 뺐어요. 그걸 3년 만에 빼다가 병에 걸렸거든요.

일감　너무 빨리 빼서?

김기중　안 먹고 제대로 안 하고 그래서... 제가 15년 정도 전신 관절염에 걸려서 투병생활을 했었고요. 그러다가 다시 살이 찌고 관절염에 걸리니까 운동을 못하겠더라고요. 제가 1km도 못 걸었거든요. 자전거를 만나서 살이 빠지고, 그다음에 2년 정도 타니까 건강이 진짜 완전히 나았어요. 그 상태에서 램이라는 데를 우연히 알게 됐어요. 관련된 영화를 보고 그 대회에 나가면 참 좋겠다 생각했어요. 왜냐하면 제가 약을 안 먹으면 빨리 피곤해지는 병이었거든요. 전신 관절염으로 약을 안 먹으면 하루를 못 버티던 제가 세계에서 제일 강도가 센 피로감을 이겨내야 되는 대회에 나간다는 상상이 저한테는 좋았어요.

일감　일종의 도전이었군요. 그렇게 처음 출전해서 어떤 결과가 있었습니까?

김기중　4인 팀이나 2인 팀으로 램을 완주를 하면, 솔로로 참가할 수 있는 자격이 주어지더라고요. 그래서 2011년도에 2인팀으로 한 번 나가고, 2년 뒤에 솔로 자격이 주어졌습니다.

일감　처음 2인조로 출전해서 어떻게 완주는 하셨겠죠?

김기중　네, 저희가 2인 팀 50세 이하에서 우승을 했습니다.

일감 아니 처음 나가셨는데 우승을 했단 말이죠?

김기중 그때 좀 운도 있었고요, 여러 가지 어려움도 있었지만 운이 많았던 것 같습니다.

일감 그러면 처음에 출전하실 때 두 분이서 어떻게 미리 서로 호흡을 잘 맞췄겠죠?(웃음)

김기중 같이 참가한 선수는 이형모라는 친군데요. 2011년도에 램은 아시아 선수 팀으로는 처음 참가하는 거였거든요. 이형모는 에베레스트를 네 번 올라갔던 친구에요. 사이클은 아마추어에서 한 1,2등 하고 철인 3종도 국가대표까지 생각했던 친구인데, 그래서 안면도 없던 그 친구를 찾아가 같이 가자고 요청을 했습니다. 간다고는 했는데 램이라는 대회에 큰 의미를 두지는 않았던 것 같았어요. 그런데 그 친구가 램 대회 3개월 전에 교통사고를 당해요. 다리와 팔이 부러지고 허리의 횡돌기뼈 두 개가 부러졌어요. 문병을 갔더니 갑자기 눈에 불을 켜고 가겠다는 거예요. 왜 그러냐 하니까 자기가 고산등반을 하면서도 가족들이나 여러 사람들을 생각해서 그만뒀고, 철인 국가대표도 부상 때문에 그만두고, 소방관도 하려고 했는데 그만두었는데, 자기가 계속 활을 쏘려고 잡고 있다가 그냥 내려놓아 버렸다는 생각을 했나 봐요. 그래서 부상은 당했지만 램이라는 대회에서는 한 번 쏴보고 싶다. 어떻게 되든지. 그 친구가 그렇게 뜻을 밝혀서 퇴원하고 2주일 만에 미국 램 대회에 함께 갔습니다.

일감 그럼 재활도 제대로 안된 상태에서 가신 거네요.

김기중　재활은 자전거 타면서 했습니다. 퇴원하고 이틀 만에 저희 집으로 데려와서 같이 생활을 했었거든요. 교통사고방지 턱 넘는 것도 아파했는데 2주일 정도 타니까 저보다 더 빨리 가고 그랬습니다.

일감　그렇게 정말 우여곡절이 있는 출전을 하시게 되었는데 완주만 해도 대단할 텐데 우승을 했단 말이죠?

김기중　네.

후원받는 대회가 아니라 후원하는 대회입니다

일감　다리가 부러지고 허리가 부러지고 재활이 아직 끝나지도 않았는데 무리하게 대회를 나가서 어쨌든 자기와의 싸움을 하신 건데 램대회는 또 다른 미덕이 있더라고요. 후원을 받고 출전하는 것인지, 아니면 오히려 후원을 해야 하는 것인지 그런 이야기가 있죠?

김기중　세계적으로 극한대회가 참 많은데요. 램이 참 독특한 성격을 가진 게 여럿 있는데, 그중에 하나가 참가 신청할 때 후원 단체를 적는 난이 있어요.

일감　내가 누구를 후원한다...

김기중　1년에 참가하는 팀이 한 80팀 정도 되는데 후원단체들이 램을 통해서 1년에 10억 이상 기부금을 모으고 있습니다. 저희는 기부금 적는 난을 비워 뒀어요. 얼마 모이겠느냐 싶어서. 사실 아버님이 장학사업을 하셨거든요. 25년 하셨는데 20년 정도 하시니까 사람들도 별로 관심이 없고 도움을 받는 분들도 크게 관심이 없더라고요. 제가 장학사업을 이어가야 한다는 생각은 했지만 어떻게 의미를 둬야할까 고민을 좀 했었거든요. 그러다 형모라는 친구랑 훈련을 가면서, 후원하고 싶은 단체가 있느냐 물어보니까 있다는 거예요. 옛날에 등산을 같이 다니던 후배가 무척 밝은 친구였는데 알고 보니까 고아원 출신이었대요. 그래서 그렇게 키워 준 고아원이 고마워서 강릉에 있는 자비원이라는 불교에서 하는 고아원을 도와주고 싶다 하더라고요. 그래서 저도 그러면 철인 운동하는 진오 스님이라고 그분이 〈꿈을 이루는 사람들〉이라는 이주민 단체를 위해서 하는 단체가 있는데...

일감　네. 마라톤하시는 스님?

김기중　네. 그분을 도와드리고 싶다. 그렇게 정하고, 찾아갔는데 스님이 너무 반가워하시더라고요. 이때까지 계속 달리면서 기부금 이야기를 했는데 누가 스스로 찾아오는 경우는 처음이었다고. 너무 고맙다고 하시면서 본인도 3일 뒤에 108km 마라톤으로 기부금 모으는 것을 준비하고 계셨대요. 극한의 레이스를 통해서 기부금을 모으는 방식이 통한다고 하시면서 저희한테 〈꿈을 이루는 사람들〉을 다 보여주셨어요. 이주민 중에는 폭력을 당해서 오신 분들, 교통사고를 당하고도 제대로 치료 못하신 분들이 있으시더라고요. 그분들을 보고 나서 아무 얘기도 않고 두 시간을 매우 힘차게 달렸어요. 그분들한테 작은 도움이 될 수 있고 작은 희망을 줄 수 있다는 게 큰 의미로 다가오더라고요. 그렇게 하면서 아, 기부라는 게 돈만 주는 일이 아니고 서로가 공감을 해야 하는 행위구나 하는 것을 그때 계기로 배우게 됐습니다.

일감 그 램 대회가 워낙에 위험한 대회는 아니고 힘든 대회라고 말씀하시는데, 제가 생각할 때 위험할 것 같아요. 졸다가 논두렁으로 떨어지기도 할 것 같고 사고도 얼마든지 날 수 있는 대회인데, 중간에 사고 나거나 그러지는 않으셨던가요?

김기중 실제로 2011년도에 갔을 때 4일째 되는 날 교통사고가 났어요.

일감 달리다가?

김기중 네. 심각할 정도는 아니고요. 4일째 되는 날 정말 힘들었어요. 계속 달릴 수 있을지 고민을 했어요. 그때 8인 팀이, 전쟁 등으로 팔다리를 잃으신 분들 8명이 지나가더라고요. 갑자기 다리가 없으신 분들이 지나가니까 정신이 번쩍 들더라고요. 그래서 다시 힘을 내서 쫓아가고... 그다음에 팔이 없으신 분이 지나갔어요. 한 500m 뒤에서 쫓아가는데 내리막에서 갑자기 차가 들어왔어요. 그래서 제가 5초도 안 되는 순간에 브레이크도 못 잡고 그대로 차에 한 50km 속도로 처박았거든요. 자전거가 산산조각이 났습니다. 그 파편에 맞아서 무릎이 육안으로 보일 정도로 부어올랐어요. 그래서 대신 형모가 15시간 정도 안 쉬고 달렸어요. 그걸 차에서 보는데 도저히 가만있지는 못하겠더라고요. 걷지도 못하고 붓기도 있었지만, 한 다리라도 써서 가겠다. 그렇게 하다 보니까 붓기가 자동으로 빠지더라고요.

일감 오히려 악화되는 게 아니고 좋아졌네요.

김기중 예. 그렇게 해서 그대로 100km를 네 시간동안 달려서 다시 레이스로 복귀했고 우승까지 할 수 있었습니다.

일감 이건 무슨 인간 드라마의 현장에 계시는겁니다, 지금... 그런데 어떻게 보면 자칫 목숨을 잃을 뻔도 했던 위험한 레이스를 왜 하시는 겁니까?

김기중 저는 솔직히 위험하다고 생각은 하지 않고요. 그런데 각오는 해야 되는 것 같아요. 다칠 각오... 2011년도에 세계에서 가장 힘든 산악자전거 레이스가 있어요. 호주에서 오지를 타고 다니는 자전거 시합인데 그걸 두 번 갔다 오고 난 뒤에 무릎이 좀 안 좋았어요. 십자인대가 끊어졌다고 하더라고요. 그런 상태에서 재활센터에 들어가 재활을 성공적으로 해서 자전거 레이스에 갔거든요. 그때 200km레이스에서 1등을 했어요. 그런데 그때 마지막 1km를 남겨놓고 넘어졌어요. 지금도 손에 흉터가 있는데 손이 11조각이 났었어요. 왜 위험을 감수하면서 하냐고 물어보셨는데 저도 잘 모르겠습니다. 그만큼 램이라는 걸 통해서 많은 것을 얻고 싶었던 것 같고요.

철인경기, 할 만해요

일감 대단하신데 청소년들이 꼭 봐야 되겠네요.(웃음) 사이클도 타시고 철인경기도 하셨다면서요? 어떻게 철인경기를 또 하시게 된 겁니까?

김기중 제가 자전거 타면서 병은 나았다고 생각을 했지만요. 15년 동안 병을 앓다 보니까 마음의 병이 있었던 것 같아요. 두려움이 생긴 거죠. 뭘 하는 데 대해서. 그래서 철인 경기도 자전거는 타도 마지막에 42.195km를 뛰어야 되는 달리기는 못할 거라고 생각을 했어요. 그런데 자전거를 잘 타다보니까 걸어도 완주를 할 수 있는 시간이 남아 버린 거예요. 수영 3.8km를 하고, 자전거 180km를 타고나니까 8시간이 남아 거의 80%는 걸었어요. 그래서 컷오프 40초 남겨놓고 완주를 했어요. 뒤에서 2등으로 완주를 해서...

일감 저도 좀 희망이 있을 것 같아요. 걸어서 가도 된다니까.

김기중 그런데 자전거를 엄청 빨리 타야 합니다. 제가 상위 5% 안에 타거든요. 보통 자전거에서 힘들어하는데 그렇게 철인이 돼서, 어, 내가 걸을 수 있네, 뛸 수 있네라는 걸 느꼈고요. 그다음 해에 동아마라톤에 나가서 완주를 하고...

일감 네, 시간 안에 들어왔습니까?

김기중 다섯 시간입니다. 5시간 20초에 들어와 컷오프를 맞추지는 못했습니다. 그런데 마라톤이라는 게 버스만 안 타고 들어오기만 해도 완주로 인정을 해주더라고요.

일감 해가 져도 들어오면 되니까...

김기중 그래서 그때 완주증을 받았고요. 그다음으로는 철인 풀코스를 다섯 번 정도 더 완주를 하면서 이제는 뛰는 것에 대한 두려움은 없고요. 램을 통해서 마음의 결을 바꾸는 등 정말 많은 것들을 배우게 되었습니다.

일감　스스로 치유를 하신 셈이네요?

김기중　네.

일감　어쨌든 건강을 되찾기 위해서 운동을 하셨고 덕분에 건강도 되찾았는데 부모님들도 좋아하시고 주변 사람들이 좋아하고 그랬을 텐데 그래도 램 대회를 집안에서 반대하고 그러지 않던가요?

김기중　네. 심각하게 반대했죠. 아내는 제가 매일 퇴근하고 국가대표 출신 사이클 코치한테 자전거를 배우는 걸 봤기 때문에 말리지는 못했어요. 부모님한테는 참가 출발하기 2주 전에 겨우 얘기를 했어요. 마침 동아일보에 제 기사가 크게 났거든요. 램에 간다고.

일감　이해가 될 것 같아요.

김기중　부모님 몰래 수술을 하기도 했습니다. 부모님이 제 밑에 층에 사셔서 엘리베이터에서 안 마주치려고 노력을 많이 했죠. 저희가 라이딩을 통해 기부금을 모았는데 혜민 스님께서 구미에서 강좌를 하고 500만 원을 기부하셨어요. 그걸 보시고 아버님 친구분이 기특하다고 전화를 했는데, 아버님은 내용을 모르시고 계셨던 거죠. 그래서 엄청 혼났죠. 하지만 부모님의 마음이라는 게 고맙더라고요. 일주일 만에 화를 다스리시고 경비에 보태 쓰라고 천만

고통 속에서 행복을 느끼니까 어떤 어려움이 있더라도
행복이 흔들리지 않는 것 같고요...

"요즘은 행복에 대한 생각을 많이 하지는 않습니다. 유토피아적인 책들은 인간의 행복을, 디스토피아적인 책들은 인간다움을 많이 그린다고 합니다. 혼자만의 행복이 아니라 많은 사람들과 함께 행복해지고 싶은데 현실적으로 불평등이 사회에 만연하다 보니 더 인간다운 삶에 대하여 생각을 많이 하게 되는 것 같습니다."

원도 주시고... 어머님도 정말 불안해하셨어요. 그래도 적어도 웃는 모습으로 어제 좋은 꿈 꿨다 안전하게 다녀올 것 같다 하시면서 편안하게 다녀올 수 있도록 해 주셨습니다.

일감 참 말 안 듣는 아드님이시네요? 그렇게 나가셔서 힘들게 하셨을 텐데 열이틀, 4800km, 대단한 거 아닙니까? 그런데 팀원들과의 호흡은 잘 맞고 그랬습니까?

고통스러운 행복에서 행복한 고통으로

김기중 이번에 제가 12일을 달리긴 했는데, 4300km에서 시간이 오버돼서 완주는 못했고요. 예상 못했던 더위라든지, 기후에 의해서 시간이 많이 지체되었습니다. 그러다 보니까 잠을 안자면서 가는 방법을 택했어요. 가다가 잠이 오면 알람시계를 쥐고 한 10분 정도 자다가 일어나서 또 가고. 갑자기 환각이 오더라고요. 앞에 비행기가 보이고, 기차가 지나가고, 도저히 레이스가 안 되더라고요.

일감 그렇구나. 기차가 지나가니까 갈 수가 없지.(웃음)

김기중 네. 깜짝 놀라고... 그게 바로 자면서 생기는 환각이거든요. 너무 위험하고 시간이 많이 지체되고 500km를 남겨놓고 아깝게 완주는 못했고요.

일감 꿈속에서 자전거보다도 기차를 타고 가면 빨리 가겠다, 뭐 이런 생각이 들었나 보네요. 미련이 좀 남으셨겠어요.

김기중 아니요. 미련은 남지 않았고요. 8일째 되는 날, 램을 완주 못할 걸 알았습니다. 이 속도로 가면 도저히 갈 수가 없다는 것을 알았어요. 그때 고민을 했어요. 가야 되느냐 말아야 되느냐...

일감 그래도 끝까지 했어요? 하는 데까지?

김기중 네. 기부금을 모으는 레이스가 있었거든요. 〈꿈을 이루는 사람들〉하고 자비원을 도와주는 레이스를 하고 있었기 때문에 어쨌든 갈 수 있는 데까지 가보자. 시간이 지나도 가보자고 해서 끝까지 갔습니다.

일감 환각이 오면서까지도 자전거를 타시는데 행복하신 거죠?

김기중 네. 저는 램에서 정말 행복한 기억만 지금은 남아 있는 것 같아요.

일감 힘들고 어려웠던 것조차도 이제는 행복으로 보이시는 거네요?

김기중 네. 가끔씩 사진을 보면 눈물이 날 정도로 힘들었던 순간이 기억나긴 하는데, 그런 사진을 보지 않으면 좋았던 기억밖에 나지 않는 것 같아요.

일감 우리도 램을 시작할까요? 정말로 힘든 죽음의 레이스를 하시면서 또 기부운동을 하고 그러시는데, 김기중님은 어떤 마음이 밑에 있어서 이렇게 행복하게 하시는 겁니까?

김기중 저도 잘 모르겠는데요. 스스로 물어봤어요. 왜 내가 행복할까?

다른 사람이 보기에는 돈 걱정 별로 안 해도 되고, 직장도 괜찮고, 가정도 있고... 그런데 실제로 저한테는 큰 도전도 없고, 편안하게 주말되면 TV 보는 그런 식의 생활만 계속되었거든요. 그러면서 오히려 불행했던 기억이 나요. 저는 그런 시절을 '고통스러운 행복' 이라고 생각을 해요. 그러나 운동을 하면 그 고통들은 '행복한 고통'이었어요. 고통 속에서 행복을 느끼니까 어떤 어려움이 있더라도 행복이 흔들리지 않는 것 같고요. 그다음으로 너무 제 꿈만 쫓아온 게 아닌가라는 생각을 많이 해요. 저는 지금 행복한데 주변을 보면 저보다는 덜 행복해 보이는 것 같아요. 그래서 이제는 가족에서 직장에서 조금 더 의미 있게 그분들과 같이 행복해지는 그런 것들을 많이 생각하고 있습니다.

일감 **정말 고통스러운, 어떻게 보면 죽음을 눈앞에 두는 그런 고통 속에서도, 내가 달리는 이 운동이 다른 사람의 행복을 만든다는 생각을 하시면서, 어떻게 해서든 끝까지 좌절하지 않고 나의 레이스를 잘 마쳐서 어려운 이웃에 기부를 하고, 또 그것으로 함께 행복해지는 특별한 인생 사이클리스트 김기중님과 함께 얘기를 해 보았습니다. 우리 삶에는 똑같은 상황 속에 있으면서도 힘들고 어렵다는 것만 쳐다보시는 분이 있으신가 하면, 그 속에서도 행복을 발견하시는 분들도 있습니다. 우리의 삶 속에도 늘 두 가지의 성질이 있을 것 같아요. 내가 힘들고 어려운 이것을 오히려 행복의 요소로 바꿔서 이 행복을 다른 사람에게 어떻게 하면 나눠줄까. 먼 미국에까지 가서 그 고통 속에서 행복을 가져오시기도 하고 이제는 주변에서 함**

께 행복을 만드시는 분과 이야기를 나누어봤습니다. 여름이 한창 진행되고 있습니다만, 우리 삶 속에 있는 웃음과 행복을 찾아내는 시간이 되었으면 좋겠습니다. 감사합니다.

세 번째

참된 예술은 이 세계에 평화를 가져 옵니다

제가 그림을 하면서 마음의 자유, 또 우리 모두의
자유, 이런 것을 늘 생각했습니다. 예술이라는 건
결국은 세계평화로 가는 가장 빠른 길이고,
나 자신이 자유로운 세계에서 그림을 그리면 이것이
세상에 하나의 씨앗이 되지 않을까 하는
마음으로 일해 왔습니다.

빛의 화가 ●●●. 방혜자

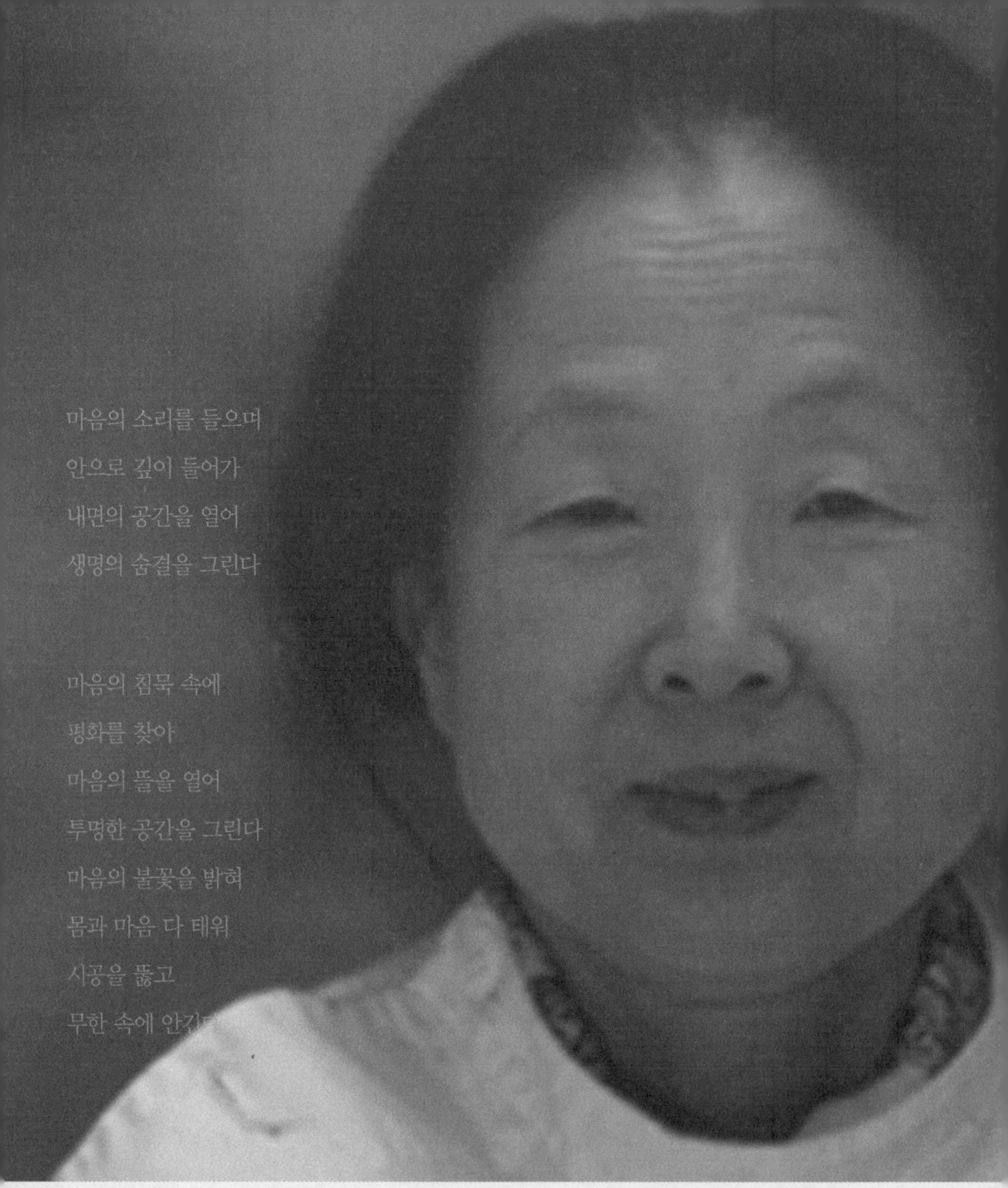

마음의 소리를 들으며
안으로 깊이 들어가
내면의 공간을 열어
생명의 숨결을 그린다

마음의 침묵 속에
평화를 찾아
마음의 뜰을 열어
투명한 공간을 그린다
마음의 불꽃을 밝혀
몸과 마음 다 태워
시공을 뚫고
무한 속에 안긴다

" 우리가 행복하게 살려면..."

자기 마음에 우러나는 대로 긍정적으로 모든 것을 기쁘게 바라보고 또 마음의 미소를 가지고 살아가면, 주위의 파장도 빛으로, 미소로, 평화로 이루어지지 않을까

침묵의 빛

마음의 빈자리에
침묵의 빛 피어나는 아침
핏줄기로 흐르는
정결한 소리 가득하고
작은 세포 하나하나
웃음으로 솟아오른다

극미세계의 작은 입자 속으로
붓끝을 대면
작은 것은 아름답다고
자연의 숨결은 일러준다

정밀한 실상의 세계

빛의 떨림이 진동하는 자리
안으로 걸어가
작은 입자들의 속속까지
뚫고 들어가면 빛이 열린다

침묵의 빛으로 가는 길은
어린아이처럼
마음의 눈 밝아지는 길
허물을 벗어던지고
새로 태어나는 길

탄허스님께서 '대자유인이 되라' 하셨어요

일감 시가 좋습니다. 마음이 그냥 청량해지는 느낌입니다. 잠시 화백이 아니라 시인이신가 했습니다. 요즘 우리 한류가 한창 뜨고 있는데요. 선생님은 일찍이 프랑스에서 화가로서 한류 바람을 일으키신 분입니다. 서구 유럽에 특히 많이 알려지셨고 세계적으로 한국 예술의 가치를 드높이고 계시는 방혜자 화백님을 모셨습니다. 시에 '침묵의 빛'이라는 시구가 들어있는데, 고요한 침묵 속에 빛이 있구나, 그래서 부처님의 미소 속에 지혜가 솟아나는 것 같다 그렇게 생각을 해봤는데 그렇게 이해해도 될련지요. 요즘 근황은 어떠세요? 영은 미술관에 계시는 거죠?

방혜자 네. 잠깐 나왔어요. 이번에 월정사에서 있었던 '탄허 스님 탄생 100주년 기념행사' 중의 하나로 틱낫한 스님께서 오셔서 '멈춤과 치유'라는 명상수련을 이끌어 주셨어요. 그래서 월정사에서 지내고 올라왔습니다.

일감 네, 좋으셨겠습니다~! 월정사는 전나무숲 길이 아주 좋고 거기에 말하자면 대강백이셨던 탄허 스님이 계셨는데, 이제 또 이 시대의 붓다로 추앙받고 있는 틱낫한 스님과 같이 행사를 하셨군요. 탄허 스님께 화엄경을 공부하셨죠?

방혜자 옛날에 했습니다.

일감 그 이야기 좀 들려주세요.

방혜자 제가 불란서 유학을 61년에 떠났습니다. 지금부터 52년 전, 한국의 예술이나 철학, 종교 등에 대해서 전혀 아는 게 없는 상태로 떠났는데요. 왜 그랬냐하면 저희가 일제시대에 학교 들어갔고, 여학교에 들어가니까 6.25사변이 나고, 또 저희 세대가 4.19 의거를 했거든요. 그래서 공부할 시간이 없어서 아주 무식한 채로 외국으로 떠났어요. 가서 불란서 사람들하고 사귀었는데 그들이 우리나라 예술, 철학이나 종교, 사상에 대해서 많은 것을 물어봐요. 그런데 너무 모르니까 70년대에 한국에 잠깐 들어왔을 때, 서울대학교 철학과 교수님을 찾아갔어요. 제가 외국에 가서 오래 있었지만 우리나라의 사상이나 종교, 예술에 대해서 너무 모르니까 무엇을 어떻게 공부했으면 좋겠느냐 여쭤봤더니, 그 교수님께서 우리나라에 책이 별로 없으니까 불어로 읽으라고 하셨어요. 그 정도로 70년대에는 책이 별로 없었어요. 그러다 우연히 기차에서 탄허 스님의 상좌 되시는 분을 만났는데, 지금은 환속하셨는데 그분이 탄허 스님을 소개하셨어요. 화엄경 강의가 청룡사에서 있으니까 가보자 그래서, 거기서 화엄경을 듣고 또 진관사에 계실 때는 진관사 찾아뵙고. 탄허 스님께 글씨도 받았어요. 정말 의지와 학식과 선의 세계에 높이 오르신 그런 분의 글씨를 받았는데 너무 황송해서... 그때 '향상일로 (向上一路)'라고 써주셨어요. 그게 무슨 소리냐고 여쭤봤더니 '아, 부처님 이마에 똥 싸는 소식이야' 그러시면서 그만큼 '대자유인이 되라' 하는 말이라고 일러주셨어요. 제가 그림을 하면서 마음의 자유, 또 우리 모두의 자유, 이런 것을 늘 생각했습니다. 예술이라는 건 결국은 세계 평화로 가는 가장 빠른 길이고, 나 자신이 자유로운 세계에서 그림을 그리면 이것이 세상에 하나의 씨앗이 되지 않을까 하는 마음으로 일해 왔습니다.

일감 탄허 스님과의 인연이 방 화백의 예술 세계에 큰 힘이 되셨겠네요?

방혜자 그럼요. 늘 존경스럽고, 아주 높은 산에 오르신 분이라고 생각했어요. 도가나 유가나 부처님 말씀, 이런 것이 다 하나로 녹아서 정말 화엄일화(華嚴一花)의 세계를 이루신 분이라고 마음 깊이 존경했습니다. 높은 봉우리에 오르면 다른 봉우리가 다 보이듯이 그러한 경지를 따라가고 싶다는 염원을 세우고 일해 왔습니다.

너무 울어 세느강의 수위를 높여

일감 유학 가셔서 공부하실 때 어려움도 많았을 텐데 부모님 보고 싶어서 어떻게 하셨어요?

방혜자 많이 보고 싶었고, 울기도 많이 울고, 고생도 많이 했어요. 하도 슬퍼하니까 기숙사 사감이 '얘가 온 뒤에 세느강의 수위가 높아졌다'고 할 정도로... 그렇지만 이상하게도 우리나라의 범종소리가 마음에 울리면 평화로워지고 그랬어요. 그 소리가 많은 위안이 되었는데 당시에는 전화국에 가서 전화를 걸어야 하고 부모님과 통화를 하면 울게 되니까 전화도 못 하고 매일 편지를 썼죠. 그리고 3년 동안 그림이 팔리면 그것으로 물감을 사고, 어떤 때는 그림 화폭이 없어서 치마도 잘라서 그리면서 어렵게 어렵게 공부했습니다.

일감 그때 어렵게 어렵게 공부한 그 화폭에 그린 그림이 지금은 안 남아있죠?

방혜자 남아있습니다. 윤경열 선생님 댁에도 한 점이 있어요.

일감 그렇구나. 공부하실 적에 이응노 화백이나 한묵 선생님과도 인연이 있으셨죠.

방혜자 제가 그때 수덕사에 휴양하러 갔었어요. 당시에 한묵 선생님과 이응노 선생님께서 그곳의 미술교사들에게 강습회를 해주셨어요. 그때 만나 뵙고 그 이후로 정말 일생을 함께 걸어왔다고 말할 수 있죠. 많이 아껴주시고 용기 주셨죠.

일감 그때 어른들한테 느끼는 에너지는 어떤 것이었을까요?

방혜자 참으로 시대적으로 가난과 어려움이 많았기 때문에 그분들의 의지라든가 거의 구도적인 마음으로 예술을 하시는 모습이 정말 아름다웠습니다.

어릴 때부터 빛에 대한 꿈을 꿔

일감 판화 같은 것도 공부하셨죠.

방혜자 네. 테크닉 면에서는 모든 것을 다 섭렵해야 자기 자신의 그림 화풍이 생기지 않을까 해서 판화는 물론 벽화 등 여러 가지를 다 공부했습니다.

일감 서양에서 공부하셨지만 그래도 한국에서 경험했던 어떤 마음속에 있는 색깔이라든지 빛이라든지 이런 것들이 많이 드러났을 것 같아요.

방혜자 제 그림을 보는 사람들마다 동양 세계를 보고 있다고 그러셨어요. 저희가 현대 미술에서 앞장서 가는 세대였기 때문에 서양 예술의 영향도 많이 받았지만, 두 손이 마주치면 하나 되듯이 동서양이 하나 되는 그런 세계를 그려왔다고 생각해요.

일감 학창시절에 그림과 관련해서 재미난 일도 많으셨을 것 같아요.

방혜자　네, 저는 문학을 좋아해서 불문학을 하려고 했어요. 그래서 그림보다도 불어공부를 열심히 했어요. 그런데 피난을 갔다 와서 고등학교 들어가니 김창옥 선생님이 계셨고, 그분은 제가 그림을 그려서 덮어놓으면 다음날 가면 제 그림을 벽에 붙여 놓으셨어요. 그러면서 미술반에 나오라고... 그런데 저 자신은 그림을 아주 못 그린다고 생각했기 때문에-지금도 그렇지만요-그래서 갈 생각을 못 했는데, 가끔 가서 보면 또 제 그림을 붙여놓으시고 그래서 마음이 쏠리기는 했었죠. 어느 날 세검정으로 다 같이 야외 풍경을 그리러 나갔어요. 선생님께서 품평회를 해주시는데, '너는 내가 16년간 연구한 것을 금방 터득했구나' 그러시는 거에요. 그래서 그때, '아, 나도 그림으로 뭔가를 해봐야겠다'는 마음을 냈어요. 열여섯 살에 아주 늦게...

일감　아이고, 너무 다행이었다. 그 선생님이 안 계셨으면 오늘날 우리 방 화백님이 안 계셨을지도 모르겠네요.

방혜자　저는 매일매일 그 선생님께 감사하고 있어요.

마음의 소리를 들으며
안으로 깊이 들어가
내면의 공간을 열어
생명의 숨결을 그린다
마음의 침묵 속에

평화를 찾아
마음의 뜰을 열어
투명한 공간을 그린다
마음의 불꽃을 밝혀
몸과 마음 다 태워
시공을 뚫고
무한 속에 안긴다

일감　시를 들어보니, 앞으로도 더 많이 쓰셔야 할 것 같습니다. 열심히 작업을 하다 보면 그래도 누군가 선생님의 그림을 알아줘야 하잖아요? 그런 배경에는 피에르 꾸르티옹 선생이 있으시다면서요? 어떤 인연으로 알게 되었죠?

방혜자　처음에 제가 기숙사에 있었어요. 국제 여류회라는 기관에서 운영하는 기숙사였는데, 세계 각국의 여학생들이 파리에 와서 공부하며 머무는 곳이었어요. 그곳에서 가끔 예술가, 평론가, 연극인, 음악가들이 강연도 했는데 어느 날 어떤 미술평론가가 왔었어요. 그분의 강연이 끝나고 기숙사 사감이 제 그림을 보여드렸어요. 그분이 '아, 이런 그림은 우리 스승님께서 보셔야겠다'고 하시면서, 당시 미술평론가협회 회장이시고 많은 화가들의 글을 쓰시는 아주 훌륭하신 분인 피에르 꾸르티옹 선생님을 기숙사에 모시고 오셨어요. 꾸르티옹 선생님께서 91세에 돌아가셨는데, 일생 동안 책을 99권을 쓰신 분이에요. 피카소, 마티스, 반 고흐 같은 작가부터 피에르 솔라주같은 현대작가까지 유명한 작가들을 소개하고 좋은 글도 많이 쓰셨어요. 그렇게 인연이 되어 매달 한 번씩 댁에 초대해 주셨고 점심을 함께하며 좋은 얘기를 많이 들려주시고 돌아가실 때까지 많은 도움을 주셨습니다.

일감 그러셨구나. 그때 처음 보여주셨던 것이 빛에 대한 그림이었던가요?

방혜자 저의 첫 그림이 서울 풍경을 그린 것인데 멀리서 빛 한 점이 빛나고 있는 그런 그림이었어요. 빛에 대한 경험은 처음부터 있었습니다. 어려서 몸이 약하니까 늘 명상을 좋아하고 바라보기를 좋아했어요. 어느 날 개울가에 앉아서 물속을 들여다보는데 해초들이며 자갈돌이 너무 아름다운데 그 위로 햇빛이 비치니까 찰랑찰랑했어요. 여덟 살인가 그랬어요. 어린 마음에도 '저런 빛도 그림으로 그릴 수 있을까' 이런 생각을 했어요. 이게 바로 씨앗이 되어서 늘 빛에 대한 생각도 하고 꿈도 많이 꿨어요.

일감 말씀을 들으면서 생각이 나는데 방 화백님의 그림을 보고 있으면 빛이 이렇게 가까이 와있는 것 같기도 하고, 정말 저 우주 바깥에 어떤 은하계나 수많은 은하의 세계를 보는 것 같기도 하거든요. 그 빛 속에 있으면 그것을 우리가 명상하면 거기서 마음의 평화가 일어나기 때문에 그 빛을 보고 나쁜 마음을 갖는 사람은 없을 것 같아요.

방혜자 그랬으면 좋겠어요.

일감 늘 빛 속에 살고 계시는 거죠?

방혜자 우주는 빛과 색, 그리고 에너지로 되어 있습니다. 그리고 우리는 이 세상에 올 때 빛으로 왔고 빛으로 돌아가는 존재라고 생각합니다. 그래서 저는 이 빛 한 점 한 점이 평화의 씨앗이라는 걸 마음 가득히 담고서 일해 나가고 있어요.

남편은 한국민속학 아들은 건축학 전공

일감 감사합니다. 가족 이야기 좀 해봐도 될까요? 남편분이 한국민속학을 공부하셨다고요. 그런데 두 분의 만남도 특이한 인연이 있을 것 같은데요?

방혜자 제 그림을 좋아하는 불란서 가족이 있었어요. 제 그림을 소장하고 있으니까 저를 항상 초대하셨습니다. 프랑스에서는 예술가를 초대하는 걸 아주 기쁨으로 생각하거든요. 방학 때마다 그곳에 가서 쉬곤 했는데 그 부인이 현재 제 남편의 이모였어요. 이모가 조카한테 늘 제 얘기를 했고, 저한테는 조카 얘기를 하고... 그렇게 해서 드디어 그 조카가 파리로 제 그림을 보러 올라왔어요. 그렇게 만났습니다.

일감 몇 살 때였어요?

방혜자 26살이었던가...

일감 첫 인상은 괜찮던가요?

방혜자 신학생인줄 알았어요. 검은색 옷을 입고 굉장히 정신세계가 깊어 보였고…

일감 그런데 어떻게 한국 민속학을 공부하셨대요?

방혜자 저희가 프랑스에서 1967년에 결혼을 했어요. 그런데 그 당시는 우리나라에서 해외에 나가지 못하게 금지되어 있었기 때문에 부모님께서 결혼식에 오지 못하셨어요. 그래서 저희가 인사드리러 한국으로 들어왔어요. 오기 전에 제가 남편에게 한국 예의범절을 잘 가르쳤어요. 인사하는 법, 절하는 법, 간단한 한국어를 가르쳐주었는데, 공항에 내리자마자 부모님께 시멘트 바닥에서 큰 절을 했어요. 그러니까 원래 반대하셨던 분이 친아들처럼 그렇게 사랑하시고 좋아하시고요, 딸 하나를 잃은 줄 알았더니 아들 하나를 더 얻었다 이러셨어요.

일감 아드님 이야기도 좀 듣고 싶어요. 아들이 건축학을 공부하셨죠? 그런데 우리 한국 건축가들 하고 같이 작업하고 그러셨다고 들었는데…

방혜자 네. 파리에서 건축대학을 나온 후에 한국에 가서 일해보고 싶다 해서 승효상 씨 밑에서 몇 년간 일하고 한옥도 많이 공부했어요. 북촌에 가면 우리 아들이 수리한 그런 집들도 있어요. 또 프랑스의 국립도서관을 지으신 유명 건축가가 이화여대 새 건물 건축을 맡았는데 그 프로젝트 총 감독으로 일했어요, 지금은 개인회사를 하고 있고, 제 화실과 우리 집을 아주 멋지게 지어줬어요.

일감 아마 아드님이 지으신 건물에는 틀림없이 프랑스의 기운과 한국의 기운이 동시에 서려 있을 것 같아요.

방혜자 프랑스의 건축은 건물 외부를 고칠 수가 없게 되어있어요. 그래서 내부만 다 한국식으로 고쳤어요. 마루도 우리 식으로 문도 우리 문으로...

일감 네. 집모양이 아주 그림이 그려집니다. 화폭에 그림을 그리시고 그 세계에 몰두하시고 그러다 보면 자녀들과 대화를 많이 할 수 있으셨던가요?

방혜자 네. 그럼요. 많은 대화를 하면서 지냈기 때문에 그걸 기록해뒀다 책도 내고요. 이번에 출판사에서 〈빛으로부터 온 아기〉라는 책도 내주셨어요.

일감 자녀들과 갈등이 있거나 그러진 않으셨을 것 같아요.

방혜자 그런 거 없었어요. 자기들이 다 알아서 하니까. 저도 자유롭게 키우고 싶었고요. 아이들도 그걸 감사하다고 해요.

법정 스님과의 인연으로 파리의 길상사에 탱화를 그려

일감 파리에 법정 스님과 인연이 있는 길상사라고 있잖아요? 거기 탱화를 방 화백님이 그리셨다면서요? 그 인연 이야기도 좀 해주세요.

방혜자 프랑스로 유학을 떠나기 전에 1961년 2월에 법정 스님께서 제 도

불전을 보시고 방명록에 싸인하신 인연이 있었어요. 제가 82년에 귀국 전시회를 했어요. 그 때 우리나라 흙도 못 밟아보고 시멘트 위만 걷다가 돌아간다는 말을 우연히 후배한테 했더니, 그 후배가 불일암에 연락해서 거기서 일주일 머물게 해주었어요. 우리 땅도 걸어보고 스님의 좋은 말씀도 많이 듣고 지낼 수 있었어요. 그 후 90년대에 한국에 왔을 때, 감사한 마음을 표하기 위해서 법정 스님을 파리로 초대했어요. 그래서 스님께서 파리에 오셨는데, 그 당시는 한국유학생들이 마치 뿌리 뽑힌 어린 싹처럼 고민도 많고 갈등도 겪고 있었어요. 그런 학생들을 위해서 좋은 말씀을 해주십사 해서 만남의 자리를 마련했습니다. 그때 법정 스님과 청학 스님께서 그러면 파리에도 명상센터를 하나 만들자고 하신 게 현재 파리 길상사가 되었습니다. 제가 후불탱화를 왜 그렇게 그렸냐하면요. 법정 스님께서 여긴 프랑스니까 현대화로 한번 해보라고 그러셔서 빛이 막 솟아오르는 추상화를 그렸어요.

일감　저도 십여 년 전에 길상사에 가서 방 선생님의 탱화가 걸려있는 것을 봤습니다. 사이즈가 크지는 않더라고요. 그래도 매우 이채롭고 앞으로도 이렇게 하면 좋겠다 그런 생각이 들었습니다.

방혜자　그 후에 평창동 보각사, 이리의 교무 훈련원, 그리고 방화동 개화사에도 큰 작품들이 들어가 있어요. 스님들이 원하시면 언제든지 가서 그려드릴 마음이 있습니다.

일감　네, 고맙습니다.

방혜자　제 생각에는 현대에 맞는 새로운 불교, 이러한 것이 스님들 마음에 우러났으면 하는 염원이 있습니다.

일감　아무튼 우리 방 선생님이 좋은 빛을 많이 많이 열어주시길 바래요.

본질의 마음이 되어
숨결을 가다듬으니
내면의 깊은 곳
다 드러내어
참뜻을 밝힌다
정지된 순간
빛을 있게 하는
침묵의 울림 ...
자아의 평화로
세상의 평화를 이루고
지혜와 사랑에 이른다

일감　이번에 월정사에서 틱낫한 스님하고 치유에 대한 교감을 나누고 하셨는데요, 이 시대의 흐름이 너무나도 빨리 변하고 각박하고 물질 위주의 세상으로 가다 보니까, 예술의 영역이 치유의 역할을 해야 하는 그런 시대가 안 되었나 하는 생각이 드는데 선생님도 그런 뜻에 공감하시는 거죠?

방혜자 옛날에 윤경열 선생님께서 '세계 평화를 이루는 가장 빠른 길은 예술이다'라고 하셨는데, 그 말씀이 제 마음에 뿌리가 되었습니다. 정말로 세계 평화는, 예술이 치유까지 가는 길로 간다면 가능하지 않을까 이런 생각을 하고 있습니다.

일감 앞으로도 예술과 치유가 함께하는 역할을 많이 해주시길 바라고요, 우리가 행복하게 살려면 어떻게 마음을 먹으면 좋을까요?

방혜자 자기 마음에 우러나는 대로 긍정적으로 모든 것을 기쁘게 바라보고 또 마음의 미소를 가지고 살아가면, 주위의 파장도 빛으로, 미소로, 평화로 이루어지지 않을까 그렇게 생각합니다.

일감 고맙습니다. 앞으로도 늘 건강하시고요. 좋은 그림 많이 보여주시길 바랍니다. 파리에서 활동하고 계시는 방혜자 선생님과 이야기 나누어보았는데요. 제가 저 아래 어떤 침묵의 빛 같은 데에서 이렇게 이야기하는 것 같은 생각이 들었습니다. 우리가 아침에 기도할 때 마음을 모으고 빛에 대한 명상을 하거나 고요에 대한 명상을 하면 거기에는 반드시 빛이 일어날 수 있습니다. 그 빛은 어떻게 보면 깨달음의 빛일 수도 있고 평화의 빛일 수도 있는데, 이 빛이 우리의 생명이다 이런 생각과 함께, 그 생명 속에는 나와 세상을 평화롭게 하는 그런 기운이 가득하지 않을까 그런 생각을 해봅니다. 내 마음 속에 본래부터 이미 있었던 마음의 빛, 우리는 그것을 부처님의 지혜라고 하면 좋을 것 같네요. 그런 지혜를 잘 살려서 세상을 평화롭게 하는 그런 시간을 가지면 좋겠습니다. 고맙습니다.

네 번째

우리음악 멋지지 않습니까?

제가 정리한 풍류라고 하는 것은
눈에 보이는 것과 눈에 보이지 않는 흐름,
이 이치를 어떻게 우리가 깨달아서 행복하게 살 수
있느냐, 그게 저는 풍류라고 생각합니다.

풍류 피아니스트 ●●●. 임동창

우리음악은 풍류음악~♬

일감　반가워요! 반갑습니다. 고맙습니다. 이제 초파일 다가오죠? 오늘은 초파일에 맞게 특집으로 꾸며봤습니다. 풍류 피아니스트라고 들어보셨죠? 풍류 피아니스트 임동창 선생님 모셨습니다. 한 10년 만에 이런 음반을 내셨어요. 우리 풀꽃 이야기라고... 우리가 아마 이 음악을 들으면 다 풀이 되어버릴 것 같아요. 꽃이 피는 풀꽃. 풀꽃 이야기를 한 번 더 들으면 좋겠죠?

♬우리 풀꽃 이야기 중에서
금강초롱꽃
〈작곡,연주/ 임동창〉

일감　무슨 다섯 살이나 여섯 살 되는 사내아이가 꽃밭길을 가면서 이렇게...

임동창 꽃 이름이 금강초롱꽃... 종처럼 생겼어요. 종처럼 매달렸다고...

일감 금강초롱... 아 좋다... 그런데 선생님은 어째 이 머리가 이렇게 저랑 동급이에요?

임동창 제 헤어스타일입니다.

일감 풍류 피아니스트시잖아요? 풍류는 옛날에 우리 최치원 선생님이 쓰셨던 얘긴데 풍류하고 피아니스트하고 시대적으로 맞는 겁니까?

임동창 글쎄요. 제가 평생을 음악이고 뭐고 공부를 쭉 해서 마지막 도달한 답이랄까 그게 풍류인데 여러 가지 근거가 있어요. 첫째는 우리 전통음악, 조상들이 남겨준 기가 막힌 전통음악을 한마디로 하면 풍류라고 해요. 최고의 뮤지션이 우리음악을 말할 때 풍류라고 해요. 음악이라고 안 하고. 그런 근거도 있고 또 하나는 최치원 선생이 이야기했던 것처럼 국유현묘지도(國有玄妙之道) 왈 풍류(風流), 우리나라에는 깊고 묘한 도가 있다. 그러니까 이 땅에 수많은 성인들이 오시기 훨씬 전부터 우리 조상들은 그 많은 도를 포함한 그 세계에 노닐었다 이런 뜻이 있는데 제가 해석하기로는 바람 풍(風)자잖아요? 바람은 분명히 움직이기는 하는데 눈에 보이지 않고, 그 바람이 흐른단 말이에요. 흐를 류(流)자인데 흐를 류자 안에는 물 수(水)자가 들어 있어요. 그런데 물도 흐른단 말이에요. 그런데 이 물은 눈에 보이는 거예요. 그래서 제가 정리한 풍류라고 하는 것은 눈에 보이는 것과 눈에 보이지 않는 흐름, 이 이치를 어떻게 우리가 깨달아서 행복하게 살 수 있느냐, 그게 저는 풍류라고 생각합니다.

일감 무슨 말인지는 잘 모르겠지만 무슨 큰...

임동창 아니 내가 영어로 이야기했어요?

일감 아니 무슨 큰스님이 말하는 법문 같아요.

임동창 나 키 작은데...

일감 아마 큰 것은 그렇게 정해지지 않을 거예요. 말하자면 흐르고 있으나 보인다고도 할 수 없고, 또 흐름이 있으나 정해지지 않고, 아마 우리는 그런 것을 법(法)이라고도 합니다. 풍류라는 말을 듣고 보니까 그런 생각이 드네요. 그런데 어떻게 헤어스타일이 이렇게 된 거는 소문에는 출가하신 적이 있었다는 이야기가 있던데...

임동창 그렇죠. 군대 가기 전에... 출가하게 된 것은 제가 작곡을 17살 때부터 열심히 했는데 처음엔 그냥 했어요. 갑자기 영감이 떠오른다고 얘기를 하지만 아무 이론도 공부하지 않고 막 작곡을 했는데 교수가 평가를 해 줬어요. 우연히 그럴 기회가 있어서... 교수가 논리적으로 기술적으로 곡을 써라. 아직 어리니까라고 해요. 그게 뭐냐면 보통 작곡 기법이라고 얘기를 하죠. 그래서 아, 그래. 기술기술! 열심히 책 파고 들었어요. 한 3년 4년을 그렇게 했어요. 됐다 기술! 곡을 써보자!

일감 그때가 몇 살 때였어요?

임동창 그때가 21 살인가... 기술도 많이 공부했겠다, 내 곡 쓰는데 이제 어려움은 없겠지 하고 딱 붙들었는데, 부들부들 떨기만 하고 음표 하나를 그릴 수가 없는 거예요. 이게 어떻게 된 일이야? 꽉 막혀 버린 거죠. 그래서 연필 놔버렸죠. 이게 뭐냐. 왜 이렇게 안 나오지? 아니 처음에 작곡할 때는 막 쏟아져 나왔어요. 막 나왔다구. 그런데 기술을 공부해서 작곡을 더 잘 하려고 했는데 안 나와요. 그래서 그때부터 가만히 사색을 했어요. 산으로 들로 강으로 걸으면서 이유가 뭘까... 하다가 어느 날 손을 풀기 위해서 곡을 썼어요. 한참 열심히 쓰다가 좀 쉬었다 해야지 하고 고개를 딱 드는데 괘종시계라고 하죠? 그 소리가 들려요. 뎅~ 뎅~ 뎅~ 어? 새벽 세 신가?

일감 밤새 해버렸네요.

임동창 그래서 앞에 탁상시계를 딱 보니까 열두 시예요. 밤 열두 시. 헷갈린 거예요. 지금이 새벽 세 신지 열두 신지. 그래서 시계가 죽었나 봤더니 째깍 째각 째깍 살아서 가요. 다시 헷갈리는 거야. 그래서 방을 나와 가지고 선생님 주무시는 방에 가서 선생님 주무세요? 그랬더니 아니 안 잔다, 텔레비전 본다 해요. 지금 몇 시예요 하니 열두 시다. 그 방에 시계가 있으니까요. 지금 몇 개 쳤어요? 열두 개 쳤잖냐 이놈아. 그때 거기서 쓰러져 버렸어요. 그 답을 듣는 그 순간에 그냥 쓰러져 버렸는데 무엇 때문에 쓰러졌는지를 지금부터 말로 설명을 하면요. 내가 지금 죽은 송장이 아닌데 살아있는 생명체인데 틀림없이 열두 개를 쳤을 거다. 선생님 말씀에 의하면. 그러면 내 고막은 틀림없이 진동을 했을 거다. 내 몸이 작용을 했을 거라고. 그런데 나는 앞의 아홉 개를 몰랐어요. 작업에 집중한 데서 빠져나와서 나머지 세 개만 인식을 한 거예요. 아, 내 귀가 듣는 게 아니구나. 이런 깨달음이 탁 온 거예요.

일감　어떤 놈이 들을까?

임동창　그러다 보니까 밥을 먹어도 밥을 먹는 놈이 입이 아닌 거예요. 뭘 봐도 이 눈을 통해서 보는 거지 결정적인 놈은 눈이 아닌 거예요. 오메 못 살것네 이게... 이게 분명히 나긴 난데 내가 나를 모르겠는 거예요. 아무리 찾아보려 해도 잡을 수가 없는 이게 나구나. 근데 이 나를 내가 모르는구나. 그러니 내 음악을 내가 만들 수가 없지. 이렇게 나온 거예요. 야~ 그러면 나를 알아야 된다. 음악을 하려면. 그래서 이제...

저를 사망신고하려고 구청에 갔습니다

일감　나를 찾아 떠나는...

임동창　네. 그래서 중학교 때 친구 따라 한번 놀러갔던 선생님이 생각나서 찾아갔어요. 선생님, 제가 이런 문제에 걸렸는데 해결하려면 어떻게 해야 됩니까? 불교공부를 해야지. 그러시면서 책 두 권을 딱 주세요. 이걸 읽고 오라고. 김일엽 스님이 쓴 〈청춘을 불사르고〉라고 하는 책하고, 원효. 의상 대사의 책 한 권. 집에 와서 떨리는 가슴으로 폈는데 반쪽을 못 읽겠어요. 아닌 거야. 그래서 그 다음날 바로 책을 들고 갔어요. 선생님 제가 원하는 건 이런 게 아닙니다. 그랬더니 그래? 참선해야 되겠구만, 그러는 거예요.

일감 선생님도 대단하시다.

임동창 네. 그래서 중학교 영어선생님이셨는데, 그게 뭔데요? 어떻게 하는 건데요 하니까 얘기를 딱 하시더라고요. 화두를 어떻게 하고 하시면서. 그거 땡기네요 그랬죠. 그거 해야 되겠어요. 그래? 그러면 그거 하면 되는데. 아니요 나 아예 중퇴하고 할래요. 뭐 추잡스럽게 깔짝깔짝 이거 싫고... 그래? 알았어. 그러면 부모님 허락받고 와. 출가를 하겠다고 하니까... 엄마한테 전화로 통보를 했죠. 나 가요. 그렇게 하고서 그 문연풍 선생님인데 그분이 이제 군산에서 고속버스비를 내 것까지 내서 서울로 가서 지하철을 타고 인천 주안역까지 가서 용화사의 송담 스님한테 탁 넘겼죠. 그때 송담 큰스님께선 저를 처음 만나서 한 30분을 앉아계시더라고요. 앉아있어라 하더니 당신도 탁 앉고 아무 말도 안 하고. 그러다가 해봐라. 그게 다였죠. 그렇게 해서 이제 열심히 〈이 뭣고〉 화두를 받아서 열심히 열심히 공양주 생활하면서 정말 열심히 했는데 갑자기 군대를 가게 되었어요. 그런데 군대 가서도 도저히 군대생활이... 화두에 완전 쩔어있으니까... 군대생활은 힘들진 않아요. 근데 나는 이 뭣고를 붙들고 살고 싶은데 그럴 수가 없으니까 탈영을 해야 되겠다. 이 세상에 없는 사람으로 살자. 그랬죠. 군악대로 갔었는데 대장님한테 거짓말을 해서 2박3일 특박증을 끊어서 나왔어요. 군산에 가서 선생님한테 인사드리고 그리고 용화사에 와서 동기들한테 승복 달라고 해서 군복은 벗어 아궁이에 태워서 다 불질러 버리고 군화 군번줄 싹 지르고, 머리 밀고... 구참 스님들이 또 차비 몇 푼씩 주고 그래서 챙겨서 새벽 한 시에 스님들한테 토굴 어디 있냐고 나 숨어 살 데... 그렇게 해서 도망갔는데 맨 처음에 제 계획은 뭐냐면 사망신고를 내려고 했어요. 사망신고를 내고 나 죽은 사람으로 살려고. 그래서 군산에 시청에 갔어요. 사망신고 내러 왔습니다 하니 누구? 그래서 저요, 그랬더니 완전히 난리가 났어요. 야 임마 니가 죽어야 돼 하면서... 그래서 첫 번째 계획은 실패하고, 무주 적상산에 있는 호국사 토굴이 있었어요. 거기에서 고무신 신고 비가 부슬부슬 내리는데 밑을 보니까 이 고독을 그때는 못 이기겠더라고요. 그래서 그래 스님한테 이야기하고 나 숨겨달라고 하자 차라리... 그리고 용화사로 갔더니 부대 들어가야 할 날짜를 벌써 6일을 넘긴 뒤였어요. 헌병대가 싹 훑어가서 절에 난리가 나 버린 거야. 송담 스님이 첨으로 그때 미국에 가려고 비자 내고 하던 차였는데 나 때문에 골치 아프죠. 그런데 진호 스님이라고 그 당시 입승을 보던 스님이 나보고 그러더라고요. 제가 법명이 보림이거든요. 보림 스님, 3년 군대 생활도 참지 못하는 사람이 어찌 평생 중 노릇을 하겠습니까? 이러는 거예요. 어쨌든 그래 가지고 바로 참회를 했죠. 참회 삼배를 하고 부대로 전화를 해서 들어가겠다 해서, 저 은사 스님이 상법 스님이에요. 상법 스님이 나를 데리고 혹시 중간에 샐까봐 인천 용화사에서부터 저 대구 영천 3사관학교까지 데리고 가서 우리 군악대장을 면회실에서 만나서, 군악대장은 갑자기 중이 나타나니 참... 군악대장은 당번 시켜서 군복 가져오라 해서 거기서 갈아입고 들어가고 자대영창도 살고, 헌병대 영창 가서 한 달도 살고, 이렇게 저렇게 했는데 아무튼 제대를 했어요. 제대를 했는데 나는 할 게 없어요. 세상에서 하고 싶은 것도 없고 그래서 절에 다시 갔는데 그때는 이미 첫사랑이 시작된 뒤였어요. 군대 제대를 26살에 했는데 그때 첫사랑을 한 거예요.

일감　아니 그 와중에 또 한쪽 눈이 어디를 봤나 보네 또...

임동창　그러니까 15살부터 그때까지는 음악공부 한다고 음악과 연관된 걸 쭉 해서 절까지 갔었고, 군대는 의무로 한 거고, 나오니까 뭐 세상일에 관심이 없다 보니까 그때부턴 첫사랑을...

우리 안에 사랑의 DNA가 있어요

일감　요즘 제자들하고 같이 지내신다면서요? 음악활동도 하고 인생 이야기도 하시고... 제자들하고 같이 지내시면서 책도 한 권 내셨다고...

임동창　어떻게 또 아셨대요?

일감　소문이... 항간에는 책을 내긴 내셨다는데 이게 뭐 제목은 〈거울경〉 이더라고요. 그래서 책은 책인데 그냥 보는 책은 아니고 오늘 운수를 펼치듯이...

임동창 그러면 스님 한번 펼쳐보세요!

일감 "무엇이든 조건 없이 받아들이는 그를 나는 항상 가득 찬 부끄러움으로 대한다. 오늘도 가득 찬 부끄러움으로 그 앞에 섰다."

임동창 캬~ 직인다. 아, 그런데 스님 내가 썼는데 뭔 소리래요?

일감 가득 찬 부끄러움이 어떻게 보면 나의 어떤 겸손함이나 이런 것을 안고서 님 앞에 엎드리는 것 같은, 부처님 대하는 마음 같은 것이 느껴지는데...

임동창 아마 거기서 말하는 그가 정말 부처님이 아닌가 그런 생각이 들죠.

일감 가득 찬 부끄러움으로 그 앞에 설 수 있다면 훌륭한 인생 같아요.

임동창 아~! 훌륭한 인생이죠.

일감 그 한동안 왕성한 활동하시다가 굉장한 인기를 누리다가 산으로 들어가셨다고...

임동창 2000년 끝나고...

일감 진짜 절로 들어가셨다면서요? 절에 가서 뭐 하셨어요?

임동창 그때 그러니까 17살 때부터 내 음악을 찾기 위해서 했는데 못 찾았고 이걸 찾기 위한 과정에서 나를 찾기 위해서 화두를 했는데 타파를 못했고, 마지막에 생긴 첫사랑 이후로 사랑에 대해 포기했던 나머지 삶을 통해서 다시 사랑을 돌아본 거예요. 사랑이란 도대체 뭘까 이렇게 세 개의 화두를 들고 이걸 내가 해결하지 않으면 행복할 수 없다는 것 때문에 들어앉은 거죠. 나이가 들면 기운 떨어져서 정진을 못할 것 아니에요. 그래서 좀 힘 있을 때 몰아쳐서 한번 부딪쳐보자 그래서 다 털고 들어갔죠. 그러다 보니까 10년 세월이 흘러버린 거죠.

일감 거기서 그냥 화두만 들고 있는 게 아니라 작곡도 많이 하셨다고 하던데...

임동창 네. 그러니까 〈수제천〉이라고 하는 조선시대 왕이 연회를 베풀 때 쓰던 음악인데 그 음악의 원류는 정읍사예요. '달하 높이곰 도다샤 어귀야 머리곰 비취오시라' 백제 가요죠. 그 당시에는 노래를 했는데 세월이 흐르면서 노래는 사라지고 악기로 연주만 남아있었어요. 그것을 조선시대 때 음악을 정비하면서 대규모 관악 합주곡으로 옷을 새로 갈아입혔죠. 임금님 잔치 때 무용 반주라든가 이런 음악으로. 그래서 드라마 보시면 왕이 행차할 때 깔리는 전통음악이 대부분 그런 게 있죠.

일감 아, 그런데 피아노로 전통음악을 할 수 있어요?

임동창 '쑥대머리에 귀신형용 적막옥방 찬 자리에 생각느니 임뿐이라' 이거는 우리 음악 중의 판소리라 하는 부분의 러브스토리예요. 오페라로 하면 아리아란 말이야. 전혀 다르지 느낌이. 어머머머 이거 안 되죠. 그런데 온 몸으로 사랑을 표현하는 거죠. 하지만 이

아리랑

정읍사 〈수제천〉 들어보면 전혀 달라요. 전혀 다르죠. 이렇게 우리 안에는 서양 것이 아니더라도 우리한테 엄청나게 좋은 사랑의 DNA가 깊고 넓게 박혀 있어요. 그런데 서양문화에 쩔어서 어머머만 남아있는 거예요. 우리한테는. 그러니 뿌리가 없어진 거죠.

일감 음악에도 국악과 양악의 차이가 분명히 있네요.

임동창 그렇죠. 그러니 우리 뿌리를 우리가 확실히 알고, 다시 말해서 우리 꼬라지를 나의 꼬라지를 정확히 알고, 남을 통해서 나한테 있는 것을 그냥 살려내면 되는 거거든요. 근데 이 나한테 있는 것이 남의 지배를 받아서 얘가 중심까지 가버리는 거예요. 슬프죠. 그러니 사랑에 대해서 감각이 전부 서구적으로 바뀐 거예요. 이 음악을 들어보면 한없이 기다려야 되는 거예요. 우리 조상들은 명상적인 사랑이 뿌리에 있는 거죠.

일감 기다리면서도 살아 있네요.

임동창 살아 있죠. 보세요 이 평화가 살아있잖아. 그러면서 짜릿짜릿해요. 어머머머 아이 러브 유 껍데기로 주고받고 치고받고 하는 이런 얍삽한 것이 아니라, 정말로 속에서 뿌리에서 나오는 그런 평화와 기쁨이랄까 그게 있어요.

허튼가락, 지 맘대로 마음 가는 대로

일감 그런데 선생님 작곡하신 것 중에 허튼가락이라고 있다면서요? 허튼가락은 처음 들어보기도 하고...

임동창 그래서 〈수제천〉이라는 음악을 가지고 국립국악원 연주자들 다 해서 연주법을 전부 수집을 하고 모으고 해서 다 분석을 했어요. 분석한 후에 작곡을 하기 위한 여러 가지 샘플들을 만들어서 들어앉았죠. 그래서 매일 일기 쓰듯이 곡을 쓴 거예요. 그러니 1년 2개월 동안 500쪽 정도를 작곡을 했으니까. 작곡을 한다는 것은 결정 난 것을 말하는 거거든요. 연습해서 버린 것 말고 결정 난 것만 500쪽 정도... 그중에 하나 쳐볼까요? 제가 첫 곡을 어떻게 만들었냐면은...

♬ 1,300년의 사랑이야기 중에서
아주 먼 곳으로부터
〈작곡,연주/ 임동창〉

임동창 이런 식으로 반듯하게 치는 음악이 있고요. 허튼가락은 뭐냐면 연주 뭐 어쨌다고? 이렇게 딴청도 부릴 수 있는, 지 맘대로, 마음 가는 대로 치는 거죠.

일감 마음 가는 대로 하는데도 나름대로의 틀 같은 것이 있는 것처럼 느껴지기도 하네요.

임동창 그렇죠. 지금까지 우리는 음악이 시간을 균등하게 잘랐잖아요. 그런데 그게 아니라 이거를 없애 버린 거죠. 시간을 균등하게 잘라가면서 연주하는 건 훈련의 결과예요. 훈련의 결과로 연주를 하는 거거든요. 그러나 저는 이게 훈련의 결과가 아니라 내 마음을 다스리는 결과로 나오거든요. 내 마음에 의해서 내 몸이 내 마음에 의해서 움직이게... 그런데 보통은 전부 스포츠 일종의 훈련입니다. 길들여서 스포츠적으로 습관적으로 하는 게 아니라 완전히 무장해제해서 내 마음을 자유롭게 놓고 그대로 아무것도 걸리지 않게 하는 그게 허튼가락...

일감 요즘에 허튼가락처럼 남원에서 사신다는 소문이 들리던데 제자들하고...

임동창 맨 소문이예요. 어떻게...

일감 웃음소(笑)자에다 문문(門)자... 그 집에는 항상 웃음소리가 나오는 집이다 해서 소문이예요. 내가 지금 지었어요.

임동창 아, 그랬어요? 그런 것 같아요.

일감 제자들하고 재밌게 지내신다면서요?

임동창 잘 놀고 있죠.

일감 그렇게 만날 행복하시니 얼굴도 항상 동안이세요.

임동창 그렇게 사는 동안...

뭘 이루겠다 하지는 않아요

일감 허튼가락 음악인한테 앞으로 뭘 할 것이냐고 물으면 또 허튼가락처럼 이야기 할 것 같고 행복하게 살려면... 뭐 원칙이나 이런 것은 당연히 없으시겠지만 어떻게 살면 행복할까요. 임 선생님은 어떻게 행복하게 사세요?

임동창 글쎄요. 저는 사는 게 다른 게 없어요. 계획을 세울 수는 있지만 예를 들어서 내일 뭐 해야 돼, 모레 뭐 해야 돼 이런 정도의 계획이지. 나는 이걸 이루고 말 거야 할 거야 이런 거, 저는 절대 그런 거 안 해요. 어려서부터 그렇게 산 적도 없고. 그런데 대부분 나는 할 거야 하는 사람들은 안 하는 사람이에요. 그 마약이 필요한 거지. 그 어떤 위안감? 이런 것이 필요한 거지... 실제로 하는 사람은 그런 생각할 필요가 없는 거죠. 이미 하고 있는데... 그런 계획이나 어떻게 살겠고, 뭐 하고 싶고, 그런 건 없고요. 다만 이제 가는 날까지 건강, 나만이 아니라 누구라도 다 건강했으면 좋겠고, 정말 무장해제를 해서 우리가 남을 자기처럼 여길 수 있는 그런 삶이 가장 행복한 삶이 아닌가. 그런데 무장이라고 하는 것은 내가 손해를 안 보려고 하니까 굳어지는 거고, 내가 뭔가를 해야 되는데 하니까 굳어지는 거지. 그런 일은 하지만 반드시 해야 한다는 사적 이익, 그 마음만 다스릴 수 있다면 그게 행복의 길이 아닌가...

일감 풍류 피아니스트 임동창 씨 하고 이야기를 나눠봤습니다. 어떻게 행복하냐라고 물어봤더니 계획 없이 그냥 하루하루 그냥 행복하답니다. 우리 불가에서는 일일시호일(日日是好日)이다 날마다 좋은 날이다 그런 얘기가 있는데 자기 마음속에 특별한 것을 바라거나 특별한 자기만의 기준 같은 것이 있지 않으면 어쩌면 날마다 행복한 날이 되지 않을까 생각을 합니다. 〈석탄일〉을 맞이해서 내 주위에 가까운 이웃들하고 행복한 마음도 나누시고 그 행복한 마음이 멀리멀리 퍼져가는 그런 부처님 오신 날이 되시기 바랍니다. 고맙습니다.

아무것도 할것이 없구나

그저 놀기만 하면 되는것을.....

논다는것은

삶을 흐르게 두는것이며

바람과 하나되는

숨결을 이루는 것이다

이것이 풍류로구나

그냥임동창

다섯 번째

구렁이 뱃속의 코끼리를 보는 게 예술가

어린왕자가 일곱 개의 별을 여행하면서
거기서 이야기하고 있는 중요한 게 있습니다.
일곱 개의 별을 다녀오면서...
아름다운 일곱 색깔 무지개가 있잖아요?
그런 세계를 이 지상에 만들어야 하지 않느냐.
예술가도 역시 하는 일이 바로 그러한 일이고,

설치 미술가 ●●● 육근병

de lyon
biennale de lyon
art contemporain

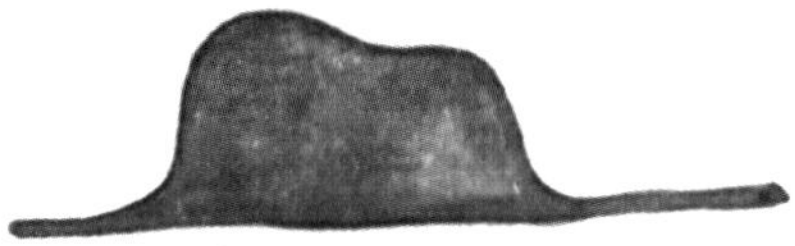

여섯 살 적에 나는 체험한 이야기라는 제목의 원시림에 관한 책에서
기막힌 그림 하나를 본 적이 있다.
맹수를 집어삼키고 있는 보아구렁이 그림이었다.
위의 그림은 그것을 옮겨 그린 것이다. 그 책에는 이렇게 씌어 있었다.
보아 구렁이는 먹이를 씹지도 않고 통째로 집어삼킨다. 그리고는 꼼짝도
하지 못하고 여섯 달 동안 잠을 자면서 그것을 소화시킨다.
나는 그래서 밀림 속에서의 모험에 대해 한참 생각해 보고 난 끝에 색연필을
가지고 내 나름대로 내 생애 첫 번째 그림을 그려 보았다. 나의 제1호였다.
그것은 이런 그림이었다. 나는 그 걸작품을 어른들에게 보여 주면서 내 그림이
무섭지 않느냐고 물었다. 그들은 "모자가 뭐가 무섭다는 거니?"

_어린왕자 중에서

매일 아침 '어린 왕자'를 읽습니다

일감　법정 스님께서 생전에 두 권의 책을 고르라고 하면 〈화엄경〉하고 〈어린왕자〉를 고를 수 있다고 말씀하셨대요. 그만큼 〈어린왕자〉에 대한 이야기들은 어떻게 보면 우리 삶의 진리 같은 것을 함축적으로 보여준 그런 짧은 책인데요, 오늘 모신 육근병 선생님은 생텍쥐베리의 〈어린왕자〉를 매일 아침에 경전처럼 읽으신대요. 그래서 그런지 육근병 선생의 작품들은 어린왕자가 찾아가는 꿈같은 여정의 냄새가 좀 납니다. 세계적인 비디오 아티스트라고도 하고 설치 미술가라고도 하는 육근병 선생님, 반갑습니다.

저도 어린왕자를 두 번 정도 밖에 안 읽어봤습니다. 어렸을 때 한 번 읽어보고 나중에 스님이 되어서 한번 읽어봤는데 어린왕자의 이야기는 그냥 단순한 이야기책은 아닌 것 같구나. 짧은 이야기 속에 여러 가지를 생각하게 하는 그런 책인데요, 〈어린왕자〉는 육근병 선생님에게는 무슨 책이에요?

육근병　사실 제가 어린왕자에 대해서 그렇게 접근하고 있는 이유는 딱 하나밖에 없죠. 어린왕자를 빌려서 어른들한테 보내는 메시지를 담고 있기 때문인데요. 제가 성장할수록 제가 어른이 될수록 책의 내용에서 귀감이 되는 것이 많고, 또 반성이라고 할까요 그런 것이 아주 많이 생깁니다. 예를 들면 어린왕자가 일곱 개의 별을 여행하면서 거기서 이야기하고 있는 중요한 게 있습니다. 일곱 개의 별을 다녀오면서...아름다운 일곱 색깔 무지개가 있잖아요? 그런 세계를 이 지상에 만들어야 하지 않느냐. 그런 세계를 열어가야 되지 않느냐라는 심정이 듬뿍 담겨있죠. 예술가로서는 그런 메시지가 스쳐 지나가지는 않죠. 예술가도 역시 하는 일이 바로 그러한 일이고, 또 그런 일을 해야 된다는 목적도 분명히 있고, 좀 더 나아가서 이야기한다면 그건 우리들의 운명입니다. 예술가로 살아가는 운명. 제가 얼마 전에 알게 된 건데 생떽쥐베리가 쓴 〈어린왕자〉는 바로 생떽쥐베리가 아닐까 그런 생각을 하고 있어요.

일감 그러니까 〈어린왕자〉는 육근병 선생의 예술세계에 지대한 영향을 끼쳤고 지금도 끼치고 있다는 그런 식이네요?

육근병 그렇습니다. 제가 〈어린왕자〉 책을 보기 전에 조그마한 습관이 하나 있었는데, 어렸을 때 제가 초등학생 때죠. 학교를 가려면 기역자로 꺾인 골목을 지나서 가게 됩니다. 그런데 기역자 골목에 있는 담벼락이 나무로 된 담벼락이에요. 나무로 된 담벼락이기 때문에 관설(소나무 옹이)구멍이 있습니다. 나이테가 있는 관설 구멍이 있죠. 그 구멍을 통해서 집을 훔쳐볼 수 있었어요. 제가 그러다 보니까 지각도 많이 했는데, 왜 자꾸 보게 됐냐하면 대문이 활짝 열린 상태에서 집을 보게 되면 별로 멋은 없어요. 평범한 집이죠. 그런데 구멍을 통해서 보게 되면 다른 거죠. 어떤 새로운 일루젼도 생기고... 예를 들면 텃밭에 있는 배추 같은 것도 커다란 나무처럼 보이고 강아지도 공룡처럼 보이고... 이상한 나라의 앨리스 같은 세계라고 할까요?

일감 야, 초등학교 주변에 있는 담벼락에는 구멍을 다 뚫어야 되겠네요.

(웃음) 육근병이라는 이름을 세계적으로 알린 계기가 1992년 도큐멘타였지 않습니까? 어떤 것이에요?

독일 '카셀 도큐멘타'에 초대되며 세계적인 작가로 성장하다

육근병 일반적으로 우리나라뿐만 아니라 아시아 쪽에서 많이 알고 있는 전시회가 〈베니스 비엔날레〉라고 아마 알고들 계실 겁니다. 굉장히 중요한 전시회 맞습니다. 세계적으로 비엔나는 2년에 한 번씩 하는 건데 상당히 많습니다. 그중에서 주목받고 있는 비엔날레가 〈베니스 비엔날레〉가 있고 〈쌍파울로 비엔날레〉가 있거든요. 그런데 〈도큐멘타〉라고 하는 것은 5년에 한 번씩 하게 되는 건데 같은 예술적 지향점을 가지고 있다는 것은 같지만, 그 안의 질량에서 조금 차이점이 있습니다. 2년에 한 번씩 하는 비엔나와 5년에 한 번씩 하는 도큐멘타는 준비과정이 다르듯이 거기 참여하는 작가의 자세도 역시 다릅니다. 또 선정되는 기준도 다른 모양새가 있습니다. 근데 제가 거기 참여해서 운이 좋게 작가활동으로서의 터닝 포인트가 되었고, 아티스트로서 라이프 사이클의 기점이 되었다고 볼 수가 있겠죠.

일감 한국에서도 그렇고 일본에서도 그렇고 난리가 났었다고 그랬는데 본인은 예감을 좀 하셨습니까?

육근병 예감 못했죠.

일감 소감이 어떠셨어요?

육근병 저는 운이 좋은 사람이고 저를 선정한 사람은 정말 굉장히 훌륭한 사람 같습니다.(웃음) 제가 〈다큐멘타〉에 선정이 됐을 때 전화가 많이 왔었는데 우리나라에서는 거의 없었어요. 잘 모르셨기 때문에...(웃음) 그런데 외국 중 일본에서는 전화도 많이 오고 초청도 많이 해주셨어요. 한번은 백남준 선생님께서 91년도 11월 달에 저에게 전화를 하셨어요. 제 소식을 듣고서 굉장히 기뻐셨던 모양입니다. 당신께서 일본에 계시니 혹시 시간이 나면 왔으면 좋겠다 해서 제가 가게 되었죠. 선생님을 처음 만나 뵙게 되었죠. 어마어마한 대가님을 처음 알현해서 몸 둘 바를 몰랐는데 너무나도 편하게 그 어른께서 저한테 조언이라고 할까요 그걸 건네준 기억이 있답니다.

일감 그때 출품했던 작품이 '무덤 속의 눈'이었잖아요? 어떤 작품이었던가요?

육근병 제가 무덤을 활용해서 전개를 하지만 무덤이라는 곳은 죽음의 공간이기도 하죠. 육체적인 것이 죽으면 마련하는 집이죠. 그러나 사람이라는 것은 본디 육신은 떨어져 나갔을지 몰라도 정신은 존재한다고 그렇게들 이야기를 하고 있으니까, 비록 무덤이지만 그것은 사자의 공간이 아니라 미래지향적인 공간이 될 수도 있고, 우리들의 배움터가 아니냐는 생각이 들었어요. 그곳을 살리자, 현실화시키자는 생각이 있었고요. 거기에서 과거가 된 그분들의 집인 봉분을 우리들과 대입시키려면 가장 좋은 게 '눈'이었다고 생각을 해서 눈을 거기다 장착을 한 작품이 되겠습니다.

KASSEL DOCUMENTA

일감 선생님 작품에는 이후로도 눈이 많이 등장했었잖아요? 눈은 어떤 의미가 있는 겁니까?

육근병 소위 말해서 우주의 축소라고 하면 지구라고 말하는데, 지구에는 70퍼센트의 물이 있죠? 사람한테도 70퍼센트가 물이라고 하더군요. 지구에는 오대양과 육대주가 있고 사람한테도 오장육부가 있죠. 동위원소가 유사하다는 면도 있죠. 이게 정확한 학설인지는 모르겠습니다만 그렇게 인식되고 있습니다. 그런데 인간이 지구의 축소체라면 인간을 대변할 수 있는 상징적인 몸 안의 그것이 뭘까 하고 생각을 하게 됐는데 그것을 눈이라고 생각한 거죠. 눈의 윗부분과 아랫부분을 보시면 윗부분이 아랫부분을 덮고 있거든요. 윗부분을 하늘로 보고, 밑을 땅으로 본 거죠. 가운데 동그랗게 있는 것은 하나의 소사이어티 사회구조고, 또 원 안에 조그마한 점이 하나 들어있습니다. 그 점과 바깥에 있는 서클과 연결하는 실선들이 있는데 실선들은 하나의 개체들, 가장 가운데 핵 점 같은 것은 진리 즉 서브젝트 같은 걸로 봤는데, 이건 그냥 저의 지고지순한 논리로 이야기하고 있는데 제 우주이론이거든요. 그렇다면 저는 나름대로 적절하게 그걸 이해를 하고 있다. 그래서 저는 과감하게 눈을 선정할 수 있었죠. 조형적인 작가로서 조형적인 언어가 필요했던 것이니까요. 그래서 저는 작품에 지금까지 그것을 차용하고 있고, 또 어떻게 보면 눈은 지향점이 굉장히 많지 않겠습니까? 눈은 언어가 없어도 소통이 되니까요. 그러니까 꾸준히 대화를 시도할 생각입니다.

눈의 목적은 보는 것이지 보이는 것이 아니다.
그 눈을 보게 함으로써 대립이 없어진다.
음과 양의 대립, 즉 전통과 현대를 잇는 '눈' 이
상반된 개념을 하나로 만든다.
보는 눈과 보이는 눈이 서로 교차되면서
삶.죽음.과거.현재.미래를 동시에 경험하는 것이다.

그저 아이들의 해맑은 눈을 바라보라.
그 어떤 질문이나 대답이 필요하겠는가?

_작가 노트 에서

일감 눈에도 다양한 눈이 있잖아요? 눈을 보면 기분이 좋기도 하고, 다가가고 싶은 눈도 있는가 하면 도망가고 싶은 눈도 있고 그러는데, 어쩌면 우리가 이렇게 다양한 진리의 모습들이 펼쳐져 있는 것이 진리의 본래 모습이 아닌가 그런 생각도 해봤습니다. 도큐멘타에 참석할 때 뒷이야기를 들어보니까 여비가 없으셔서 집을 팔았다는 후문이 있는데 사실입니까?

육근병 저한테 좋은 기회는 주어졌는데 그 기회를 이해하는 분들은 별로 없으셨어요. 그래서 저 혼자 스스로 해결해야 될 부분이 있었는데 역시 예산이 확보되어야 하는 상황이었어요. 소위 스폰서를 구하려고 동분서주하던 터에 저와 동고동락하고 있는 집사람이 문득 돈을 주는 겁니다. 큰돈은 아닌데 작은 돈도 아니었죠. 이게 뭔 돈인가 했더니 집을 팔아서 전세로 가고 그 때문에 남은 돈이었죠. 그걸 저한테 주고 가십시오 그렇게 하더군요.

일감　따지고 보면 가장 안목이 있는 분이 집의 사모님이셨네요.

육근병　그렇습니다. 하하하...

백남준과의 만남

일감　어쨌든 집을 팔아서 대회에 참석하고 제2의 백남준이다 이런 칭호도 얻기도 하셨는데 백남준 선생하고 실제로 작품을 같이 하기도 하셨나요?

육근병　그렇죠. 〈도큐멘타〉 이후로는 아무래도 저에 대한 관리를 이 나라 저 나라에 계시는 큐레이터나 관장들께서 하시다 보니까 함께 전시할 수 있는 기회가 많았죠. 저 개인한테는 정말 영광이죠. 백 선생님하고 같이 할 수 있으니. 백 선생님께서는 저한테 너무나 담백하고 순수하게 대해주셨습니다. 김군, 이군 하시는데 저는 육씨니까 육군이겠죠.

일감　육군, 해군, 공군 재밌네요.

육근병　'육군은 도망가지 않아서 좋다'라고 말씀하셨습니다. 젊은이가 그래야지라는 속뜻이 있었겠죠.

일감　네, 저도 이해할 것 같아요. 초청받을 당시가 중학교 미술선생님이셨잖아요? 그런데 선생님의 미술 수업이 좀 독특하셨다면서요?

육근병 미술부가 아니기 때문에 수업 중에는 미술을 통한 테라피 교육을 해야 된다고 저는 생각했습니다. 그림을 그리게 하는 것도 중요했지만 미술시간에 학생들에게 정서적인 성과가 필요했던 것이죠. 그림을 그리게 하면 그림을 못 그리는 아이들은 재미가 없는 거예요. 그런데 제가 음악을 틀어줘서 생각을 하게 한다든가, 음악을 들려주면서 책을 만들어 본다든가 했을 경우에는 그림과는 좀 다른 방향이었기 때문에... 일단은 재료를 안 샀으니까요. 학생들이 싫어하지는 않았던 것 같아요.(웃음)

일감 나도 미술선생님을 잘 만났어야 했는데...(웃음) 그렇죠. 미술을 그리는데 무슨 우등생이 있고 열등생이 있겠습니까. 미술을 표현하는 거야 말로, 아까 백남준 선생님께서 말한 대로 도망가지만 않고 그리기만 한다면, 자기 자신을 잘 표현하기만 한다면 그거야말로 최고의 작품이었을 텐데 어른들의 눈으로 잘 한다 못 한다 하지 않습니까?

육근병 그렇죠. 미술이 가지고 있는 역할은 분명한 거겠죠. 그냥 테라피 하는 거에요. 다른 거 아닙니다. 그리고 우리 전문가들은 테라피를 할 수 있도록 기회를 제공하는 거죠.

일감 테라피가 뭡니까?

육근병 치료하는 겁니다. 심리치료 하듯이 세상을 바라볼 때, 좀 더 정갈하게 바라볼 수 있도록 한다든가... 모두 다 전문가를 만드는 게 아니잖아요? 미술을 통해서 그렇게 해주는 역할이 분명히 있고요. 세상을 진단하는 거죠.

일감　그러니까 미술을 그리는 행위도 치료행위가 되는 거고, 전문가가 그려놓은 것을 보는 것도 치료행위가 되는 거네요.

육근병　네. 아까 〈어린왕자〉에서 첫 구절에 보아 구렁이 나오죠? 그 어린아이는 분명히 구렁이가 삼킨 코끼리를 그린 거예요. 그런데 어린아이가 물어보죠. 어른들한테 무섭지 않냐고 물어보는데 어른들은 모자처럼 생겼기 때문에 모자가 뭐가 무섭냐고 대답했죠. 예술도 똑같아요. 어린아이가 그렸던 뱃속의 코끼리를 그리는 게 예술가인데 그대로 보면 되는 거잖아요. 그런데 그걸 꼭 설명해 줘야 한다는 거죠. 어른들은 그것을 못 본 게 아니라 너무 정확히 보려고 했기 때문에 모자로 본 거죠. 그 속을 조금 들여다본다면 뱀 안의 코끼리구나... 말도 안 되는 거죠. 따지고 보면. 어떻게 구렁이 뱃속에 코끼리가 들어갑니까? 그런데 그렇게 했을 때 어느 쪽을 보고 사람들이 기뻐할까요? 아, 맞아! 구렁이 뱃속에 코끼리를 그린 걸 보고 씨익 웃죠. 재미있고... 그걸 모자라고 말했던 걸 반성을 하게 되지 않을까요? 아, 내가 왜 저걸 몰랐지? 저걸 생각할 수도 있었는데 하는 세계... 그 세계를 저희가 열려고 하는 것이죠. 현대미술에서 예술가들이 가지고 있는 애로사항이라고 할 수 있죠.

일감　미술의 세계는 어렵네요. 독일에서 돌아오셨는데 정작 돌아와 보니까 책상이 없어지셨다면서요? 어떻게 된 겁니까?

육근병 학교 이야기를 또 하게 되는군요. 제가 가기 전에 무슨 뜻은 아니었지만 본의 아니게 전교조에 가입이 됩니다. 그 당시에 참교육이라는 캐치프라이즈를 가지고 원래 교육방침을 개선하려고 했었습니다. 저는 그냥 갔었어요. 외국에. 우리나라에서도 참여를 해야 되니까요. 그런데 갔다 오니까 정부 방침이 전교조에 있던 분들은 강제 퇴직이었죠. 학교에서는 제 책상이 치워지고, 반론 제기하지 않고 알았습니다 하고 사표를 쓰고 나오게 된 거죠.

일감 참 안타깝습니다만 그걸 계기로 세계적인 활동을 하시게 되고 우리나라보다는 해외에서 더 알려지게 되신 전환점이 되신 거죠?

육근병 전환점이 거기서 시작되었다면 불행한 거죠. 제가 선생님하면서도 할 수 있다고 생각하거든요. 진짜 진정성 있는 행복이었다면 저는 선생을 하면서도 할 수 있다고 생각했었기 때문에...

일감 제가 점괘로 보건대 아마 선생님 하셨으면 좀 덜 유명해지셨을 텐데...?(웃음)

육근병 예, 인정하겠습니다 하하...

일감 열심히 활동하시다가 한동안 안 보이니까 사망설이 떠돌아다녔는데 무슨 소식이에요?

육근병 해외 활동을 했었는데요, 해외 활동 범위가 넓어지고 많다 보니까 국내 전시회 스케줄과 안 맞는 것이 많이 생겼어요. 그래서 본의 아니게 국내 활동에 소홀했었는데 그게 와전된 것 같습니다. 그래서 저 사람이 아픈가? 육근병 작가가 지금 작가를 그만뒀나? 이런 루머가 돌다가 죽었다라는 얘기도 돌았죠. 제가 외국에서 큐레이터들과 식사를 하면서 약주도 한 잔 먹고 있었을 땐 데요. 전화를 한통 받았어요. 받게 되는데 다음과 같습니다. '여보세요? 거봐 살아있잖아!' 기자분인데요. 저는 그게 무슨 말인지 뚱딴지 같이... 나중에 다시 전화가 왔더군요. 8시 뉴스로 나갔다는데... 그래서 안 되겠구나 한국 활동을 해야겠구나 이렇게 느꼈죠.

창조를 하려면 자신의 생태계가 늘 준비되어 있어야

일감 해외에서 활동하시다가 2011년도에 일민미술관에서 설치미술을 하셨잖아요?

육근병 2012년도요. 일민미술관에서 전시를 했습니다. 계속 활동을 안 하다 보면 잊혀진다 경고도 하셨기 때문에 겁도 나고요. 제가 한국 사람임은 틀림없으니까요. 그래서 기꺼이 하겠습니다 했죠.

일감 그때 길가에 커다란 통속에 눈 설치해놓은 것 저도 가서 보았는데요, 어떤 것은 이해가 되고 어떤 것은 이해가 안 되고 그런 것이 있었는데 설치미술을 제대로 감상하려면 스토리 이런 걸 이해해야 되나요? 잘 감상하려면 어떻게 해야 합니까?

육근병 책을 읽고 이해할 수 있지 않습니까? 책을 안 보고도 이해할 수 있겠죠. 특히 소위 현대미술이라는 것에 접근해 갈 때는 보러

오시는 분들도 어느 정도는 기본적인 것이라도 조금 알고 가시면 이해가 가장 쉽습니다. 작가에 대해서 인터넷상에 많이 나와있으니까. 이 예술이란 원래 어려운 게 전혀 아니거든요. 정말 어려운 것은 따로 있지 않을까요? 예술은 진짜 어려운 것이 아닌데 본인이 거기에 접근해 가지 않았던 과정이 있어서 어렵게 느끼시는 것 같아요. 제가 작가로 활동하기 때문에 그렇게 말씀드리는 게 아니고요, 실제로 가장 쉬운 겁니다. 사랑은 다 알지만 사랑을 하기가 어렵다 그러죠? 그런 거라 보시면 돼요.

일감　해보면 쉬운데 해보지 않아서 어렵다는 거군요? 육 선생은 창의적인 작품을 주로 하시잖아요? 창의적인 영감이라고나 할까 이런 건 어떻게 얻어지는 겁니까?

육근병　참 어려운...

일감　제가 질문을 하면서도 참 어떻게 이런 질문을 하나 싶으면서도 그래도 해 봅니다.

육근병　이게 좀 쉽게 설명할 수가 있는지 모르겠는데, 아이디어라는 것과 창의, 즉 창조가 다른 면이 있습니다. 아이디어라는 것은 기승전결이 정확히 있기 때문에 결론이 나있거든요. 그에 비해서 스프리트, 즉 창조는 순간에 오는 거에요. 그런데 그 순간은 그냥 오겠습니까? 번개도 칠 때 과정이 있잖아요. 전조도 있고 구르릉거리다가 탁하고 치는 게 있죠? 스프리트라고 볼 수가 있죠. 그렇게 오기 때문에 자기 생태계가 늘 준비가 되어있어야 해요. 작가로서 생태계가. 그런데 누구한테나 다 창의적인 요소는 있다고 보거든요. 그런데 작가들은 아무래도 자기가 갖고 있는 동위원소와 자기생태계서 놀다 보니까, 그게 왔을 때 번개가 친다 하더라도 그걸 번개를 보는 게 아니라 그걸 담아두는 그릇이 있겠죠. 저 또한 그렇게 하는 것이고요. 그러니까 뭐가 올지는 모르죠. 제가 해석하기 나름이기 때문이죠. 같은 나무를 봐도 해석하기 나름이잖아요. 저것이 아침에 볼 때는 싱그러운 녹색을 띠고 있지만 노을 시간에 보면 빨간색이잖아요. 제가 볼 수 있는 시선이 분명히 있을 겁니다. 그런 식으로 제가 영감을 얻는 것이 아닌가. 너무 추상적일 수 있는데요. 예술가로서 저는 늘 밥 먹듯이 그렇게 존재해가야 되지 않나 그렇게 생각합니다.

작가로서 가치를 찾아가는 게 나의 행복

일감　작가로서 늘 행복하시지는 않으실 것... 아니 늘 행복하시나요?

육근병　글쎄요. 제가 예술도 잘 모르겠듯이 행복도 잘 모르겠습니다. 행복도 모르는 이유가 있겠죠. 이유가 하나죠. 행복 잘 모릅니다. 다만 지금 내가 예술가로서 살아가고 있는 자세가 있다면 그건 가치가 있는 거잖아요. 예술가로서 가치가 있기 때문에, 가치 있는 이상을 찾아가기 때문에 그것보다 좋은 게 어디 있을까요. 그것이 행복이라면 행복인 것이죠. 근데 행복이 여러 가지 유형이 있겠지만 내 여식이 아빠 사랑해요 하는 말 한마디만 들어도 행복할 수 있죠. 근데 그게 행복인 줄은 모르겠어요. 그런데 기쁘긴 해요.

일감 그럼 표현을 바꿔볼게요. 어떨 때 제일 즐거워요?

육근병 제가 내 가치를 버리지 않고 있을 때죠. 내 자신에 대해서. 나란 존재는 어머니와 아버지가 나한테 건네준 피조물인데... 그 피조물이 그 가치를 잊어버리지 않으려고 노심초사하면서 살고 있는데 그 자체가 귀한 거죠.

일감 마누라님이 잔소리를 좀 하신 것 같아요?

육근병 귀찮죠. 그런데 돌아서면 그게 없으면 또 안 된다는 느낌이 있습니다.

일감 마누라가 칭찬을 하면 어떻습니까?

육근병 네, 불안하죠. 하하...

일감 그래도 작품 하느라고 수고했어 하고 칭찬해주시면 기분 좋으시죠?

육근병 제가 작업할 때 술 먹고 작업하고 오면 꿀물이라도 좀 주는데 다른 용무를 보면 꿀물도 늦게 주거나 여러 가지 물어봅니다. 누구랑 마셨냐 이런 거... 사슬이 많습니다.

일감 사슬이 많다는 건요 아직도 나를 사랑한다는 증거 아니겠습니까? 어쨌든 우리가 세상을 살면서 즐겁고 자족하는 마음으로 살려면 어떤 마음을 가지면 좋을까요?

육근병 저는 행복이란 걸 잘 모른다고 아까 말씀드렸죠? 그런데 저는 작가로서 행복이라고 말할 수 있는 건 있는데요. 그건 점이라고 생각합니다. 공간이 아니라 점. 공간에서는 많은 것을 찾아야 되잖아요? 점은 작지만 공간처럼 어떤 누리는 곳에서 보는 게 아니잖아요. 점은 생각하는 곳에서 있는 거지... 생각하는 것을 저는 점이라고 봅니다. 제가 말하는 게 조형적인 언어이긴 한데 어렵지 않게 말을 하고 있습니다. 점 안에 폼이 있는 거예요. 점은 늘 내가 가지고 있는 거죠. 그것은 행복인데 그것을 놔둔 채 공간을 쳐다보는 경우가 많은데, 거기에서 불행이라고 진단하는 게 문제지 원래는 행복이라는 자기 존재가 점이니까 있는 게 아닐까요. 제가 작가로서 그것을 확고하게 갖고 있는 거는 분명하죠. 그래서 저는 행복이 뭐냐고 또다시 물어본다면 작가이기 때문에, 그 가치를 찾아가려고 하기 때문에, 그것이 나는 점이라고 보기 때문에 얼마나 훌륭하냐. 나는 가치가 있다. 그것이 행복 아니겠는가라고 되묻고 싶습니다.

일감 **오늘 너무나도 귀한 말씀을 예술이라는 주제로 해주셨는데 조만간에 선생님이 하시는 작품이 잘 준비돼서 한국인의 어깨를 세계에 다시 한번 흩날려 주시길 바랍니다. 설치미술가 또 비디오 아티스트 육근병 선생님과 예술에 대한 얘기를 하다 보니까 정작 예술이 뭔지 잘 모르겠습니다. 그런데 알 듯 말 듯하는 가운데 다가오는 것이 좀 있었어요. 불교의 깨달음도 그런 게 아닐까 그런 생각을**

해봅니다. 깨달음이 하나로 정해져 있다든지 어떤 모양이 정해져 있다든지 하면 그건 깨달음이 아닐 거예요. 정해지지 않고 언제든지 모양을 만들 수도 있고 내려놓을 수도 있고, 그런 자유로움 속에서 내면의 가치를 발견하는 것, 이런 것이 어떻게 보면 예술인지 진리인지 불교인지 하는 것일지도 모르겠네요. 선생은 어떨 때 행복하시냐고 물어봤더니 자기 자신의 존재가치를 발견할 때 그것이 드러날 때 행복하시다는 말씀을 하셨어요. 점이라고 표현하셨는데 우리는 그 점을 보지 않고 바깥에 펼쳐진 공간만을 보기 때문에 오히려 불행한지도 모르겠어요. 정말로 우리가 가지고 있는 존재가치, 이 세상의 존재하는 그 어떤 것도 그것이 있어야 되는 존재가치는 반드시 있거든요. 내가 성격이 이러면 이런대로 저러면 저런대로 그 어떤 것도 존재가치가 분명히 있다. 그것을 발현할 때 어쩌면 거기에 행복이 있다. 단순하게 무엇과 비교한다든지 이러면 눈이 딴 데로 가는 거고 자기 자신에게 집중하고 충실할 때, 아까 어디로 도망가지 않는다고 말씀하셨는데 거기에 행복이 있지 않을까 그런 생각을 해봤습니다. 이제 본격적으로 여름인데 건강 조심하시고요 늘 자족하시는 마음과 행복으로 하루하루 잘 사시길 바라겠습니다. 고맙습니다.

여섯 번째

원칙에 따라 옻칠 하는구만요

우리 대에 끝난다고 하면 어떤 사람들은 욕심나서
안하는데, 우리는 그렇기도 하지만
아들도 그렇고 저도 마찬가지고,
아버지가 시킨 대로 해야지.
원칙대로 하면...

무형문화재 24호 목기장 ●●●. 덕암 김인규

아무것도 모르고 전통목기제작 장인에게 시집 와

일감 안녕하십니까. 다사다난했던 한 해가 가고 새해가 밝아오고 있습니다. 해마다 한 해를 보내면서 내년에는 좀 더 좋은 일들이 많이 있었으면 바래보고, 그 꿈들을 이루기 위해서 열심히 노력들을 하게 되는데 밝아오는 새해에도 많은 꿈이 이루어졌으면 합니다. 꿈을 이루기 위해서는 무엇보다 원칙이 지켜지고, 원칙 속에서 꿈을 이루는 것이 참 귀한 일이 아닌가 생각됩니다. 오늘은 평생을 목기 옻칠 장인으로, 정말 외고집처럼 원칙을 지키시며 살아오신 분들을 모십니다. 옻칠 장인 김인규옹과 아내 되시는 오옥선님을 모시겠습니다. 지금 계신 데가 대전광역시 대덕구 덕암동이신가요?

오옥선 네.

일감 3대째 목기에 옻칠을 하고 계시잖아요? 아버님, 할아버님이 옻칠을 하셨던가요?

김인규 네. 저는 아버님과 같이 했고 그땐 뭐 어렸으니까...

일감 그러니까 말하자면 아버님 그리고 김인규옹, 그리고 현재 아드님 이렇게 3대가 되시네요?

김인규 네. 그렇게 3대입니다.

일감 3대에 걸쳐서 목기에 옻칠을 이어오고 계시는데요. 요새 세상이 워낙에 빨리 바뀌고 해서 가문의 일을 잇는다는 것은 어려운 일인데, 이렇게 대를 이어서 전통 문화를 계승하고 계시는데 어려움도 많으시죠?

김인규 어려움 많죠. 한두 가지가 있는 게 아니고 그 과정을 생각하면 여간한 사람은 못합니다. 여간 마음먹고 하지는 못해요. 이걸 하라고 배운 것도 아니고, 스스로 배우려면 이 일을 그만둘 때까지는 배워야 해요. 소비자들이 보고 마음에 안 들면 수정을 자꾸 해줘야 하니까 시간이 많이 걸립니다. 일반적으로 이걸 많이 준비해 놓고, 얼추 다 될 무렵에 주문제작 들어오면 다시 건조를 해요. 그러니 그 과정이 칠까지 다 끝내려고 하면 이야기할 것도 없어요. 그렇게 어려워요.

일감 오옥선님은 시집오실 때 옻칠하는 집인 줄 알고 오셨어요?

오옥선 몰랐죠.

일감 모르고 오셨어요?

오옥선　몰랐죠. 전혀 몰랐죠.

일감　그런데 어떻게 시집오시게 되셨어요?.

오옥선　할머니가 엮어준 거지, 뭐. 아무것도 모르고 할머니 명령을 따라야 돼서, 원래 무서웠거든요.

일감　그럼 할머니가 손잡고 오셨어요?

오옥선　하라면 해야 되고 가라면 가야 되고. 그래서 아무것도 모르고 시집간 게 이렇게 된 거죠. 그때 알았으면 안 갔지. 이렇게 힘든 세상을 어떻게... 그렇지만 주어진 임무가 됐으니 어떻게 할 수도 없고...

일감　시집오셔서 처음에 옻칠하는 일하고 거기 따른 일들이 많아서 정말 힘드셨을 텐데 옻칠하고 그런 걸 그때 처음 보신 거죠?

오옥선　처음 봤죠. 이런 건 다 이렇게 하는가 보다 하고...

일감　옻칠하면 옻이 오르잖아요. 처음 오셨을 때 옻이 안 오르셨어요?

오옥선　왜 안 올라? 옻이 오르지.

김인규　지금은 괜찮은데 그전엔 옻 많이 탔죠. 자꾸 하다 보니 그런 건 이제 큰 문제가 없어요. 일에 지쳐서 그렇지.

일감　스님들이 쓰는 발우 있지 않습니까? 발우도 옻칠 발우가 있거든요. 이 옻칠 발우로 말하자면 여러 번 옻칠을 해야 되죠? 제작과정이 어떻게 됩니까?

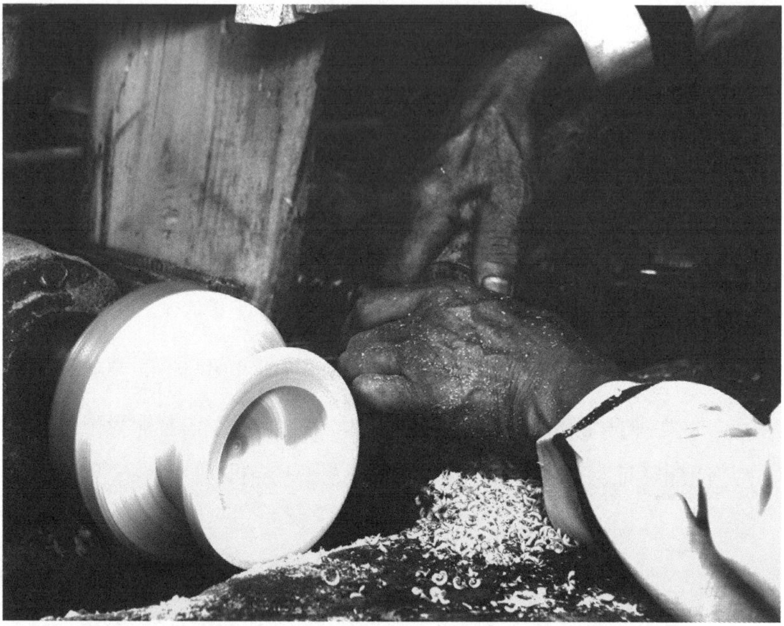

김인규　제작 과정은 먼저 나무를 파요. 초벌깎기를 해서 5개월 정도 말려요. 그러면 다시 가공을 해야 돼요. 나무가 비틀어지지 않게. 그대로 놔뒀다가 마르면 다시 재벌깎기가 들어가요. 그러면 안 틀어지고 딱딱 맞죠. 고대로 다시 깎아서 맞추니까. 칠도 보통 열한 번 들어가야 되고, 깎기는 그렇게 가공이 되고 집식구가 어쨌든 다 하지 뭐. 칠 같은 것은... 내가 딱해서 그런 얘기를 못합니다. 내가 너무 오래 이 사람에게 힘든 일을 시켜서 이야기를 못합니다. 쓰는 양반들은 좋은데... 참 피곤하게 살았어요.

일감　목기에 옻칠을 하고서, 다시 말하자면 그릇을 만들어서 옻을 이렇게 입히잖아요? 그러면 이 옻을 광이 나도록 하는 것을 물사포질이라고 하나요? 물에 넣어서 해서 물사포라고 하나요?

오옥선　제가 다 하다시피 하죠. 첫 과정은 깎아서 초벌칠이 들어갈 때는 이분이 해주시면 내가 물빼빠질, 다시 칠을 해서 다시 말려서 또 물빼빠질로 들어갑니다. 그렇게 반복을 해야 돼.

일감　그걸 몇 번이나 해요?

오옥선 그건 수도 없어요.

일감 수도 없어요? 광이 날 때까지?

오옥선 수도 없어요. 만날 하는 거라 세 보지는 않았지만, 해서 안 되면 다시 또 사포질을 해야 해요. 해서 내 눈에 들도록 해야 해요.

일감 기계로 할 수도 있죠?

오옥선 기계는 첫음에 해야지. 그다음에는 수작업으로 물빼빠질로 들어가야 돼요. 계속 연속 들어가야 되지. 그러니 힘이 들지...

일감 그러니까 본인이 판단해서 마음에 들 때까지 하시는 거네요?

오옥선 마음에 들 때까지 해야지. 내 마음에 안 들면 남의 눈에도 안 드는 거고 그러니 못 내보내요. 나도 그렇고 이 양반도 그렇고 우리 아들도 그렇고 그래요. 양심상 못 내보내요.

일감 그러니까 몇 번이 중요한 게 아니고 마음에 들 때까지 하시네요.

오옥선 마음에 들어야죠. 담아놓고 부치려고 전화하고는 다시 끌러서 보고. 그래야만 내 마음이 후련한 걸 어떻게 합니까?

일감 그렇게 물사포질 손으로 다 하면 손에 지문도 다 없어졌겠어요? 손 좀 보여주세요.

오옥선 뭐 볼 것 있다고 손을 본대요. (웃음) 지문이야 뭐 없어지기도 하고 그렇죠.

김인규 제가 주민등록 내러 가니까요 이게 안 나온 거예요. 그래서 주민등록도 못했어요. 장갑을 껴도 제대로 안 돼요. 손이 아무래도 손 감각하고 장갑 낀 감각하고 감각이 틀려요. 맨손으로 하다 보니 저도 지문이 아무것도 없어요. 주민등록 낼 일도 없으니 괜찮은데 그때는 참 무지 창피스럽더라고. 그게 안 나오니까. 제가 그렇게 살아왔어요.

일감 그게 창피한 일이 아니고 우리가 자랑스럽게 생각해야 되고 귀하게 여겨야 하는 그런 일이죠.

오옥선 그래도 누가 압니까? 얼마나 일을 해 부쳤으면 지문도 저래 안 나오고 그래 안 하겠습니까?

일감 귀하고 고마운 일이죠.

오옥선 아는 분들은 알지만 모르는 분들은 모릅니다.

일감 그러셨구나. 목기를 물사포 내느라고 지문이 하나도 없도록까지 애를 쓰시는 우리 보살님 손을 보면 고마운 마음이 드세요, 어떠세요?

김인규 아이고 남자가 어떻게... 그냥 마음적으로 그냥 그런가 보다 하지 표현을 잘 못해요. 좀 딱하다는 거 이런 거만... 그래도 나이가 들어가니까 그때보다 딱한 마음도 더 들고...

일감 그러면 아무도 안 볼 때 고생했다고 손도 만져주십니까 어쩌십니까?

김인규　어디 갈 때 제가 그러면 옛날 사람이라 확 뿌리치고 가버려. 내가 무심하게 살았다는 것도 느끼고 마음적으로는 딱해 그냥. 딴 것보다도.

일감　딱하다는 한 말씀에 모든 뜻이 다 들어있는 것 같습니다.

김인규　그렇죠. 여러 가지가 들어있죠. 내가 좀 말주변도 없고 잘 안 해서 그렇지.

일감　보살님 저 그 한마디에 들어있는 뜻을 다 아시겠죠?

오옥선　알아야지, 어떡합니까.(웃음)

일감　집에서도 옻그릇을 쓰시죠?

오옥선　네. 다 써요. 저희가.

일감　옻이 천년을 간다고 그러잖아요? 그릇에다 옻을 바르면 어떤 점이 좋습니까?

김인규　작품에다가 여러 번 옻칠을 해서 습도 85%, 온도 29도, 건조장에 48시간 건조 후에 반복적으로 사포질 후 옻칠을 발라요. 한번 발라 갖고 그냥 아무 데나 두면 마르질 않아요. 온도 습도를 똑같이 맞춰야 건조가 되지 안 그러면 마르지를 않아요. 과정이 아주 어렵습니다.

옻이 뭐에 좋은가 하면

일감 옻이 몸에 좋은 거죠? 어떤 좋은 점이 있어요?

오옥선 여자들 냉에 좋거든요.

일감 열이 나니까... 음식 같은 것 넣어도 잘 안 상한다면서요?

오옥선 하루 종일 밥 싸서 댕겨도 여름에도 쉬지도 않고 그러더라고요. 내가 한번 실험을 해봤어. 다른 것 같으면 쉬는데 안 쉬어요. 찬합을 내가 만날 쓰거든요. 오늘도 거기다 밥 싸가지고 왔죠.

일감 스님들이 그래서 발우를 옻발우로 만드셨군요.(웃음) 옻칠 장인들이 정말로 정성을 다해서 우리의 목기들을 만들어내고 계시는데 사모님께서 매일 아침에 기도를 하신다면서요?

오옥선 새벽 4시면 하는데, 그전에 수술 안 했을 때는 3시에 일어났는데 수술하고 나서는 4시에 일어나요. 오늘 아침에도 4시에 했어요. 기도 모시고 해야 하루 일과를 잘 이어나가지.

일감 저는 스님 한 지가 꽤 되긴 했습니다만 새벽에 일어나는 것이 여전히 힘든데 어떻게 그렇게 매일 일어나셔요?(웃음) 매일 새벽에?

오옥선 습관이 되면 다 매일 일어나게 되고 잠이 깨지고 그럽니다. 뭐 어떡해요?

일감 새벽에 보살님이 기도하실 때 거사님은 뭘 하시나요?

김인규　아, 저는 자요.(웃음) 낮에 일하고 힘들다가 잠들어버리면 잠이 잘 깨질 않아요. 차마 같이 하지는 못하고 누워서 죽은 것처럼 있어요.

일감　편안하게 주무시는 거네요? 그러면 되죠 뭐. 거사님이 만드신 발우를 쓰시면 스님들께서 바루에서 좋은 기운이 느껴진다고 그런 이야기 좀 들어 보셨죠? 지금 제가 봐도 바루가 손에 딱 붙는 게 참 좋은데 매일 아침 신심 있게 기도하셔서 그런 것 같은데...

오옥선　그래서 그러겠어요?(웃음) 20년을 내가 기도를 하고 채식을 하고 그렇게 기도를 하고 그럽니다만 모르겠어요. 앞으로 소원대로 이루어질려는가. 우리 아들이 잘 이어나가고 잘 살기만 바래봅니다. 그거 한 가지밖에 소원 안 합니다.

일감　그 소원은 이미 이루어진 것 같아요. 새벽에 어떤 기도 하세요?

오옥선　첨엔 발원문하고 천수경하고 해연선사 발원문, 금강경 그리고 끄트머리에 반야심경. 그리고 천주 돌리고 관세음보살. 천주도 우리 아들이 조계사 돌아가신 회장님한테서 가져왔어요. 그렇게 주신 것을 해야지 안하면 안 되고 해서...

일감　이산 해연선사 발원문. 연로하신데도 불구하고 그걸 다 외우시고 대단하십니다. 매일 아침에 기도하시는 거죠?

오옥선　아침에 네 편, 다섯 편을 다 외어야 하루 일과를 시작하죠. 그렇게 한 지가 20년 됐어요.

일감　그렇게 매일 아침에 기도하시고 낮에는 수행하는 마음으로 일하시고...

오옥선 그런 마음으로 일해야 그래야 마음이 잠잠하고...

일감 불교수행을 깊게 하고 싶은 마음이 있으신 것 같아요.

오옥선 내가 이 일을 손 놓으면 불교 공부하려고요.

일감 아드님에게 물려줘도 안심이 되겠다 싶을 때 물려주시고 옥련암으로 오세요.

오옥선 감사합니다.

좋은 직장 그만 두고 대를 잇는 아들의 각오

일감 어떻게 평생을 목기를 만드시며 애를 쓰시고 거기다가 보살님까지 옻칠, 사포질 이런 걸 어렵게 하셨는데 이제는 아드님께서 모든 일을 맡아 하시니 마음이 든든하시죠?

오옥선 네, 아들이 잘 해요. 잘하고 그 힘든 일을 그리하니 내가 우리 큰아들 보고 그랬어요. 우리 집에 들어오려면 저 해인사 가서 참회하고 들어오고, 지하 터널 같은 고생문으로 왜 들어오려고 애를 쓰냐고, 너는 너 갈 길로 가라고... 그래도 해본다니 뭐라 할 것입니까?

일감 원래는 아드님은 다른 일을 하셨었군요?

오옥선 큰 회사에 있었죠.

일감 그러셨구나. 그런데 아버님 대를 잇고 싶으시다고?

오옥선 네. 뭐 이게 뭐 좋다고 들어온다고 저 고생을 한대요.

일감 아버님은 어떠셨어요? 아들이 대를 잇는다고 할 때...

김인규 저야 마음적으로는 좋았죠. 걔가 회사 큰 데 차장으로 있었거든. 월급도 많이 받았어요. 그런데 느닷없이 이걸 와서 한대요. 그러니까 누가 좋아하겠어요. 쉽게 대답을 못했지. 지 엄마는 싫어하지. 생전 목기의 목자도 모르는 애가 와서 할려니까 반대를 좀 했는가도 모르겠어요.

오옥선 반대했죠. 내가 그 꼴 뭐가 좋다고 아들 보고 이거 해라 저거 해라...

일감 거사님은 겉으로는 좀 싫은 표정을 하셨지만 속으로는 좋으셨군요?

김인규 그렇죠. 우리 땅이 조금 있어요. 부지가 커. 전에는 땅이 없어서 남의 집터에다 쓰고 사용비를 다 줘야 돼요. 그러다가 지금은 토지가 한 몇백 평 되거든요. 부지가. 가만히 생각하니까 아들이 와서 하면 조금씩 공부도 될 뿐더러, 또 진실되게 하니까 주위에서 이렇게 소개소개해서 지금은 목기가 조금 더 나가요. 지금은 기술도 다 배웠고 잘 되었어요.

일감 이제는 말하자면 아버님 대신해서 아들이 가문의 대표가 될 만하다고 생각하세요? 잘하시죠?

김인규 그것도 믿어요. 지금 이야기하는데 우리도 2~3년만 더하고 어디

절 같은데 가서 지내자는 그런 마음을 먹고 있어요. 큰 거시기 없으면 마음먹은 대로 다 될 것 같아요.

일감 선생님은 그동안 많은 목기를 만드셨는데, 어떤 목기를 만들 때 기분이 제일 좋으세요?

김인규 스님들께서 공양하시는 발우, 조상들을 모시는 제기 등 찾고 있으나 시중에 싸구려들을 보면 우리 집에 물건 사러 온 사람마다 만든 사람들 욕을 해요. 물건도 이런 것은 저렇고 그렇고 나한테 들으라고 하는 소리 같기도 하고. 하지만 아버님이 반칙은 절대 하지 말라고 했거든. 원리 그대로만 해라. 그런 소리 들을 때 내가 마음이 짠해. 아, 이래서는 안 된다. 그런데 저는 아직까지도 돈에 대해 앞서갖고 빨리 한 개라도 더 할려고 이런 건 없어요 지금도. 검사는 식구가 다해요. 어디 나갈 때...

일감 잘 되었나 못 되었나?

김인규 다해서 담아놨다가 이거는 몇 작품 들어가고 몇 개 들어가고 궤에 다 딱딱 넣어요. 소비자가 와서 어디 부쳐달라고 하면 그냥 안 보내요. 다시 확인을 해야 돼요. 집사람은 우리 집의 검사원이라요. 딱 보고는 일일이 포장해놓은 것을 다시 펴요. 왜 그러냐하면 혹간 모른다는 거예요. 다시 내가 본다고. 그래서 믿고 검사원으로 두고 있죠.(웃음)

일감 그러니까 거사님께서 아무리 잘 만드셔도 보살님한테 통과가 돼야 되는군요? 우리 보살님은 어떨 때 제일로 기분이 좋으세요?

그릇들이 다 이렇게 잘 완성되었을 때 기분이 좋으신가요?

오옥선　물건 칠해서 말려서 갖추어 들어가서 잘 될 때는 기분이 좋고, 물건이 원하는대로 되지 않을 때는 이거 너무 힘들구나. 그래도 이걸 택배로 부쳐서 고객님들이 받아서 너무 좋습니다할 때는 진짜 좋습니다.

일감　사람들이 좋아하면 그때 행복하시군요?

오옥선　내 물건이라 항상 나가도 걱정스럽거든요. 전화가 오면 잘 받았다고 작품이 너무 좋다고 하면 그때 좋죠.

일감　옻칠그릇이 좋기 때문에 우리가 자주 쓰는데 긁히기도 할 수 있고 그러면 어떻게 하나요? 다시 가져오면 옻칠을 다시 해주나요?

오옥선　싹 사포질 다시 해서 몇 번 반복해서 해 주죠. 새것같이. 보내라 해요 무조건...

일감　사후 관리를 다 해주시는군요?

오옥선　우리가 보장을 해줘야죠. 끝까지...

김인규　우리 대에 끝난다고 하면 어떤 사람들은 욕심나서 안 하는데, 우리는 그렇기도 하지만 아들도 그렇고 저도 마찬가지고, 아버지가 시킨 대로 해야지.

일감　원칙대로?

김인규　원칙대로만 하면...

일감 오늘은 옻칠 목기제작 장인 두 분하고 말씀을 나누어봤습니다. 목기를 그릇이 되기까지, 말리는 과정, 초벌을 깎아서 다시 또 말리고 그렇게 옻칠을 여러 번 입히고, 입힌 다음에도 광이 나게끔 하고, 이런 과정에서 손에 있는 지문이 다 닳도록 그 일을 평생을 해 오셨답니다. 한꺼번에 돈이 벌리는 일도 아니고 그렇다고 빨리빨리 할 수 있는 일도 아닌 것을, 평생을 이렇게 해 오셨는데요. 어쩌면 우리 스님들이 쓰는 바루라든지, 제사를 지낼 때 쓰는 제기 이런 것은 그 그릇에다가 단순히 음식을 넣어서 먹고 이런다기보다는 어쩌면 그 그릇에 이미 정성이라고 하는 뜻이 들어있을 겁니다. 옻칠 그릇을 쓰시는 분들이 그 옻칠의 정신에 따라서 옳고 바르게 사셨으면 하는 그런 뜻이 있으셔서 평생 이렇게 어려운 일을 하셨는지도 모르겠습니다. 세상을 살아가면서 힘들고 어려운 일이 얼마나 많겠습니까마는 그래도 내가 하는 이 고생을 통해서 사람들이 힘을 내고 기뻐한다면 그것으로 행복하시다라고 말씀하시는 우리 보살님, 또 매일 새벽 그런 마음으로 기도를 하신다는 이야기를 듣고, 정말 일과 수행이 둘이 아니라는 생각을 새해에 가져봅니다. 여러분들도 기도하시고 살아가시는 모든 일이 수행이시다 이렇게 생각하시고 곧은 마음과 빛나는 마음을 가지는 시간이 되셨기를 바랍니다. 고맙습니다.

일곱 번째

고통받는 동물,
그대로 둬야 할까요

그렇게 생명을 적자생존이란 말로 경쟁에 몰아넣는데
생명은 그런 게 아니거든요.
인간이 만물의 영장이라 하지만
인간은 다른 생명과 더불어 살아서
존재하는 생명이고... .

수의사 ●●●. 박종무

반려동물은 치매 예방에도 좋답니다

일감 이제 봄이 한창이죠? 지금 산에 들에 나가보면 새들이 부쩍 더 많아진 것을 느낄 수 있고요, 또 동물들도 활동하기 좋은 그런 계절이 돌아온 것 같습니다. 여러분들 새나 동물들 좋아하시죠? 새가 짝을 찾는 소리는 어떻습니까? 듣기 좋죠? 하지만 고양이가 짝을 찾는 소리는 어떤가요? 그 소리는 저도 썩 내키지는 않는 것 같습니다. 그러나 새나 고양이나 생명의 입장에서는 어느 누가 더 높거나 낮다고 우열을 가릴 수가 없을 겁니다. 심지어는 동물도 사람도, 생명의 가치는 똑같이 존중받아야 된다 이렇게 볼 수가 있는데요, 〈카라〉 라는 동물보호단체에서 의료대장을 맡고 계시고 동물뿐만 아니고 세상의 생명과 평화에 대해서 헌신하시는 수의사 박종무님, 어서 오세요. 동물보호단체에서 봉사하신다고 하셨는데 봉사만 하시는 건 아니시죠?

박종무 봉사만 할 수는 없고요. 저도 딸이 둘 있거든요. 두 딸을 키우기 위해서 돈도 벌어야 하기 때문에 조그만 동물병원도 하고 있습니다.

일감　그럼 동물병원에는 어쨌든 병원이니까 손님이 와야 되잖아요? 어떤 손님들이 오시나요?

박종무　보통 집에서 많이 키우는 개나 고양이들 위주로 오고요. 가끔가다가 햄스터 그런 동물들도 오고...

일감　가끔 악어 이런 것도 올 것 같아요.

박종무　아, 그런 동물은 저도 무서워서...

일감　수의사도 무서워하는 동물이 있군요.

박종무　아, 무섭죠. 고양이도 가끔 무서워요. 할퀴기 때문에...

일감　그럼 개가 수의사 선생님을 물기도 합니까?

박종무　네, 무는 애들도 있죠.

일감　어떻게 해요? 개가 물면...

박종무　어느 정도 동물병원을 하다 보니까 딱 보면 재가 물겠다 싶은 감이 옵니다. 그럼 입마개를 하든지, 주인한테 잡아달라고 해요.

일감　TV에서 보니까 노인들이 화초를 기르던데 반려화초라고 그러더라고요. 그러듯이 동물들도 반려 동물이 있으면 좋을 것 같은데. 그런 분들에게 정책적으로 도움을 주기도 합니까? 어떤가요?

박종무 동물을 키우는 걸 사치라고 생각하는 분들이 아직은 많아서요 정책적으로 지원하기는 아직 힘들 것 같아요. 저희 병원에도 몸이 안 좋거나 연로하신데 혼자 사시는 분들이 오시는데 그분들은 온종일 집에 혼자 있거든요. 친구가 있는 것도 아니고 자식이 있는 것도 아니고. 잠잘 때도 외롭게 혼자서 주무시고... 반려 동물이 한 마리 있으면 말동무 삼아 계속 말을 하게 되고 그러면 치매 같은 것에도 굉장히 효과가 있다 하는 얘기도 있거든요.

동물에 대한 인간의 이기성과 잔인함에 대한 반성으로 생긴 동물보호단체 카라

일감 가족부 장관이나 보건복지부 장관이 독거노인들 중 반려동물을 원하시는 분들에게는 키울 수 있게 해주는 그런 제도가 생겼으면 하네요. 어렸을 때부터 동물을 좋아하셨어요?

박종무 어렸을 때 70년대는 그때 다 마당이 있었고 그 마당에 개 한 마리씩 키우잖아요? 그냥 마당에 개 있구나 하는 정도지 동물을 특별히 좋아하지는 않았습니다.

일감 수의사가 되겠다고 생각하신 건 언제였어요?

박종무 고2 때부터 앞으로 뭐 하면서 먹고 살 건가 고민을 한참 했는데요. 어릴 때 폭력이란 걸 좀 당했는데, 잘 되라고 한 것이라도 당한 입장에서는 그런 게 큰 상처가 되면서, 인간에 대하여 사는 게 뭔지... 사춘기니까 이런저런 고민을 하게 되었어요. 학교에서는 인간은 이성의 동물이고 만물의 영장이라고 하는데 현실을 보면 꼭 그렇지도 않다고 생각했어요. 인간은 평화롭고 이성적인 존재는 아닌 것 같고, 폭력적인 존재구나 그런 것을 느끼고, 그런 폭력으로 인해서 계속 상처를 받고 죽임을 당하는 생명이 보이더라구요. 그게 동물이었는데 사람한테 상처를 받으니까...저는 약간 내성적이었어요. 그러니까 사람을 직접 상대하지 않고 뭘 할까 하다가 동물들이 사람 때문에 상처를 많이 입는 것을 보면서, 결자해지라고 누군가는 치료해주는 사람도 있어야 되겠구나 싶어서 수의사를 해야 되겠다 결심했습니다.

일감　그럼 대학 다닐 때는 더 적극적으로 동물 사랑하는 일을 하셨겠네요.

박종무　동물에 대해서는 사람들이 모두 동물을 생명 입장에서 보고 그럴 줄 알았는데, 모두 다 꼭 그렇지는 않더라고요. 가축들은 인간을 위해서 존재하는데 약간 문제가 생기면... 만약 차가 고장 나면 차를 고치잖아요. 그런 식으로 동물도 인간의 경제적 이익을 위해서 아프면 손해가 되니까 하는 그런 시각이 있더라구요. 그리고 80년대는 억압적인 전두환정권 시대고 대학 분위기가 동물에 대하여 생명의 시각에서 이야기할 분위기가 전혀 아니고, 당시 분위기가 역사나 사회에 대한 관심이 많을 때인데...

일감　동물보호단체 〈카라〉에 대해 얘기 좀 들어보겠습니다. 영화감독

임순례님도 거기서 활동을 하고 계신데 카라가 어떤 단체예요?

박종무 〈카라〉가 2002년도에 동물 보호에 관심 있는 몇 사람으로부터 시작해서 규모가 커졌는데 우리나라에 동물보호단체가 몇 군데 있거든요. 이게 생명의 문제와도 연관되는데, 생명의 문제라고 이야기하면 인간 생명의 문제만을 이야기하고 동물 생명의 문제는 열외거든요. 그런 시각 때문에 동물과 관련된 너무나 많은 문제들이 있고 그 문제들을 어떻게 해결할 것인가 방법을 찾는 활동방식에서도 차이가 있어요. 카라같은 경우는 가장 중요한 것은 사람들의 생각을 바꿔야지 행동이 바뀌고 문화가 바뀐다고 하는 입장에서 교육센터를 운영하고 봉사활동 같은 작업을 하고 있습니다. 여러 캠페인도 하고 버려진 동물들이 굉장히 많기 때문에 유기동물 보호센터에 가서 봉사활동을 주로 하고 있습니다.

카라 소개

동물권 행동 카라는 이 땅에 동물보호운동이 아직은 뿌리내리지 못했던 2002년 지구상에서 가장 약자인 동물들의 고통을 대변하여 주려는 이들이 모여 "아름품"을 설립하였습니다.

아직은 전문적이지 못했으나 어려운 여건 속에서도 아름품은 5000여 회원들의 힘을 모아 많은 활동을 해왔습니다. 기본적으로는 사회 전반의 낙후된 생명존중의식의 재고를 위한 인식전환 캠페인에 주력하며, 올바른 동물보호법 개정을 위한 연구와 제안, 다양한 개식용 반대 캠페인, 실험동물 반대, 농장동물의 복지 증진, 오락동물의 반대, 기타 채식문화 운동을 전개하여 왔습니다.

2006년 보다 발전된 모습의 동물보호활동을 위해 "KARA" (Korea Animal Rights Advocates)란 새 이름으로 변경하고 보다 강력하고 효율적인 동물보호활동의 발판을 만들게 되었습니다.

후미진 구석에서, 실험실에서, 농장에서, 인간의 탐욕과 그릇된 생명경시 풍조는 알게 모르게 수많은 동물들에게 고통을 안겨주고 있습니다. 그러나 말 못 하는 동물들은 자신의 처참한 고통을 호소할 방법이 없습니다. 이에 동물보호시민단체 KARA는 뜻을 같이 하는 이들과 힘을 합하여 동물들의 생명권을 지켜주고 그들의 소리를 대변해주고자 노력하고 있습니다.

일감 의료봉사 대장을 맡고 계신데 의료봉사팀이 할 일이 많겠네요?

박종무 봉사를 다니다 보면 일반인들이 참으로 상상할 수 없는 굉장히 열악한 환경들과 맞부딪히게 돼요. 예를 들어 70대 할머니 한 분이 개를 한 2~300마리 데리고 있어요. 경제적인 여유가 있어서 그러는 게 아니고 할머니가 매트릭스 깔고 자는데 개들도 같이 자니까 집이 똥밭이고. 처음부터 열악한 환경이었던 건 아니에요. 처음에는 버려진 개 두세 마리 데려다 놓으면 짝짓기를 하잖아요. 그럼 자고 일어나면 10마리 되고, 40마리 80마리... 그렇게 1년 지나면 2~300마리가 돼있는 거예요. 그런 좁은 데서 사는 동물들도 불쌍하고 또 동물들과 같이 사는 사람도 너무나 비인간적인 삶을 살고. 일단 살아있는 생명은 살아야하니까 그 생명은 살도록 하고 더 이상 늘어나는 것을 막아주는 중성화 수술을 하죠.

일감 동물들을 사람들이 다 좋아하는 것만은 아니거든요? 그럼 이런 일을 하시다 보면 사람들의 곱지 않은 시선을 받고 그런 문제도 있죠? 그럴 때는 어떻게 하세요?

박종무 사람들이 무엇을 어떻게 생각하느냐에 따라서 다른 것 같은데요. 우리나라 같은 경우는 동물관련 문제가 너무 많아요. 요즘 뜨거운 감자 같은 게 개고기 문제인데, 개는 머리가 영리하거든요. 고통도 그만큼 심각하게 느껴요. 그런 개를 잡아먹기 위해서 철조망 같은 곳에 개를 가둬서 키우거든요. 개를 불편한 상태에서 키워서 파는 사람들은 돈이 목적이기 때문에 음식쓰레기 짬밥이라고 하는 것들을 거둬다가 먹이고. 그렇게 먹는 것도 안 좋고 사는 곳도 굉장히 열악하고 고통스러운 환경이거든요. 보신탕을 먹어서 몸이 얼마나 보신될지 모르겠지만, 과연 다른 생명에게 고통을 그렇게 주는 것이 바람직한가는 고민을 하게 돼요.

일감 지금도 기억이 생생합니다만 구제역 바람이 휘몰아칠 때 얼마나 많은 생명이 생매장되는 것을 보았습니까? 그런 걸 생각하면 지금도 저뿐만이 아니고 대부분의 우리 국민들이 가슴앓이를 하며 바라보고 했는데 그런 불행한 사태가 다시는 일어나지 않도록 하는 준비도 해야 할 텐데요?

박종무 구제역이 발생하면서 그걸 본 국민들이 굉장히 큰 충격을 받았어요. 살아있는 돼지, 소, 어미소가 있는 새끼소를 따라서 같이 묻고... 그건 참, 같은 생명으로서 할 짓이 아니거든요. 그런 일이 있고나서 고기 수요가 잠깐 줄었다가 지금 다시 늘어났는데... 구제역 같은 경우는 죽을 병이 아니거든요. 단지 가축이 병에 걸리면 살찌는 속도가 늦거나 수출하는데 문제가 생기니까 금전적이고 경제적인 이유만으로 400만 마리의 생명을 죽였거든요. 또 구제역에 가려서 안 보였는데 조류 인플루엔자도 같은 시기에 있었기 때문에 닭이나 오리 600만 마리가 그런 식으로 포대자루에 담겨 생매장되는 일이 있었어요. 그런 생명들이 땅에 산 채로 묻혀서 질식할 때 얼마나 괴로웠을까를 생각하면 우리가 이런 방식을 그대로 놔둘 것인가 하는 생각이 들어요. 그런 문제의 근본적인 원인이 뭐냐 하면 공장식 축산이라고 얘기하는데요, 동물들을 더 많은 이윤을 얻기 위해서 좁은 공간에서 키우거든요. 소비자들이 싼 돈으로 많은 고기를 먹기를 원하기 때문에 그런 문제가 발생을 해요. 그런 것에 대한 일반국민의 의식이 달라져야 해요. 고기를 먹더라도 덜 고통받은 고기를 먹고 육식을 되도록 줄이는 방식으로 가면 공장식 축산도 개선되고 그러면서 근본적으로 해결할 수 있는 문제를 찾을 수 있지 않을까 싶어요.

아이들은 동물에게서 정서적으로 도움을 많이 받아

일감 요즘 유기견이 문제가 되고 그러지 않습니까. 유기견 문제가 있으면 어떻게 해요? 동물병원에 데려 갑니까? 어떻게 합니까?

박종무 유기견은 공식적으로는 구청에 신고를 하고 그러면 구청에서 연계된 동물구조협회가 있거든요. 거기로 가요. 인터넷에 공고를 하고 공고 후 일주일 정도 지나면 자율적으로 처리하는데 10일 정도 후에 안락사 시키거든요. 그런 걸 알기 때문에 어떤 동물병원은 그쪽에 보내는 걸 싫어해요. 천사 같은 마음을 가진 동물병원 원장님은 유기견만 2~30마리 있어요. 원래 살던 곳에 놔두면 어쨌든 자기생명 다할 때까진 사는데...

일감 사람들은 왜 기르던 동물을 버리게 됩니까?

박종무 동물을 키울 때 어떤 생각으로 키우느냐 하는 그 부분에 근본적인 문제가 있는 것 같아요. 동물을 키울 때 하나의 생명을 내 집에 들인다. 가령 아이를 입양할 때는 많은 고민을 하잖아요. 이 아이를 내가 잘 키울 수 있을까 하는 고민을 하는데 강아지를 들여올 때는 안 그러거든요. 조그만 꼬마들이 시험 잘 봤으니 강아지 한 마리 사줘 해서 보통 이렇게 들여오잖아요. 또 남자 어르신들이 많이 그러는데, 술 마시고 지하철 입구를 지나가다가 박스의 강아지가 쳐다보고 있으면 저 강아지가 왠지 나를 쳐다보는 것 같고... 그러다 다음날 아침에 일어나 보면, 어 왜 이 강아지가 우리 집에 와있지? 이렇게 되잖아요. 이렇게 충동적으로 강아지를 데려와 키우다 보면 이런저런 예방주사도 놔줘야 하고 미용하고 관리하고 대소변 치우고 그런 게 귀찮잖아요. 아이들은 싫증도 잘 내잖아요. 처음엔 예뻤는데 싫증이 나는 거예요. 관리도 안 하고 이런 식으로 버려진 개들도 많아요. 또 임신한 경우 신랑신부가 결혼해서 애를 낳을 때가 되면 애 때문에 주변에서 압력이 들어오죠. 아이를 가졌는데 치워야 하지 않느냐하고.

일감 유기견도 문제지만 동물을 키우면서 학대하는 것도 문제잖아요? 때로 이런 동영상을 보여줘서 마음을 아프게 하고 그러는데 그런 문제도 있는 거죠?

박종무 동물 학대 문제는 기본적으로는 우리가 생명을 어떻게 생각하느냐 하는 문제도 있지만 동물을 학대하는 사람의 마음은... 일반인들은 그런 건 못하거든요. 얼마 전에 보니까 개한테 신나를 뿌려 불붙이는 장면 같은... 우리 사회에 상처를 받은 사람이 너무나 많기 때문에, 평소에 배려를 받지 못한 마음들이 화가 되어 쌓이고 쌓여 그런 짓을 하는 거라 생각해요. 사회적으로 마음의 평화가 깃들 수 있도록 해야 할 것 같습니다.

일감 동물의 문제가 비단 동물만의 문제가 아니고 사람들의 문제가 동물에게 영향을 미칠 수 있다고 하는 걸 들었는데요. 요즘 청소년들 문제가 심각해서 청소년들의 자살률이 높다든가 폭력, 왕따 같은 문제가 많은데, 그래도 동물들이 청소년들의 반려가 되어서 좋은 영향을 미칠 수도 있는 거죠?

박종무 개를 키우게 된 이유를 보호자들에게 듣는 경우가 많거든요. 여자 아이들은 괜찮아요. 대부분 조용하고 포용적이고... 그런데 사춘기 때 남자아이는 질풍노도의 시기를 겪을 때는 부모님들이 어떻게 할 수 없잖아요. 무슨 말을 하면 튀고, 마음에 안 맞으면 집에 안 들어오고, 혼내면 더 안 들어오고... 요즘은 다들 맞벌이를 많이 하기 때문에 아이가 집에 들어와도 아무도 없으니까 더 안 들어오게 되는 거예요. 그런데 개를 사주면 집에 개만 홀로 있잖아요. 아이도 홀로 있는 개가 측은한 거예요. 바쁜 엄마 아빠한테 관심을 받고 싶은 데 못 받아서 상처 입은 아이 입장에서는 강아지를 돌보면서 서로 간에 이해하고 해소되는 부분도 많죠. 바깥에 있을 시간에 집에 들어와서 개를 돌보고. 바깥으로 나돌려는 애가 집에 들어오게 되었다는 소리를 많이 듣거든요. 또 내가 죽으면 강아지는 누가 책임지나 하면서 자살 위기를 넘기는 경우도 있고... 동물을 키우면서 인간이 정서적으로 많은 도움을 받는다는 그런 연구결과도 많거든요.

버려진 고양이를 치료하며 생명의 의미 다시 생각하게 돼

일감 저도 어렸을 때 저희 집에 개가 있었는데 학교 갔다 오면 개가 제일 먼저 반기잖아요? 어떤 면에서는 개가 사람보다 낫다 그런 얘기도 하지 않습니까? 그런데 사람이나 동물이나 서로 정이 들면 이렇게 서로를 도와줄 수가 있는데, 박종무님 병원에도 고양이가 있고 강아지도 있고 그러시죠?

박종무　동물병원을 하다보면 어쩔 수 없이 워낙 버리겠다는 개들이 많기 때문에 그걸 받으면 한도 끝도 없어지거든요. 처음부터 딱 잘라요. 못 받는다고. 그렇지만 사람이 사는 게 생각대로 안 되잖아요. 어떻게 하다보면 한 마리 한 마리 받게 돼요. 그래서 지금까지도 몇 마리 키웠거든요. 늙어 죽은 애들도 있고...

일감　동물들을 이렇게 가까이하고 치료도 하고 보호도 하고 여러 가지 일들이 많이 있었을 것 같아요. 기억에 남는 일화가 있으면 하나 들려주세요.

박종무　제가 동물을 치료하다 보면, 저 같은 경우는 기본적으로 동물이라는 생명에 대해서 사람이 존중하고 치료해야 한다는 약간 직업적인 입장을 가지고 접근을 하는데, 손님들을 접하다 보면 다양한 사람을 접하게 돼요. 얼마 전에 어느 아주머니께서 별이라는 고양이를 데리고 동물병원에 왔는데 그 고양이는 집에서 키우던 것은 아니고 아파트 앞 풀숲에서 기어가더래요. 길고양인데 잘 움직이지도 못하고 해서 영양실조인가 해서 병원에 데려왔어요. 영양주사 맞으면 좀 나아질 거라고 했는데 애가 이틀 정도 치료 받고나니까 일어나서 걷는데 한쪽으로 걸어가더라고요. 이런 경우는 신경 쪽의 문제거든요. 동물 같은 경우는 MRI가 흔한 게 아니기 때문에 검사비가 좀 비싸요. 이분이 저한테 어떻게 방법이 없겠냐고 물어보고 동물보호단체 KARA에도 전화해서 애를 치료 좀 해줬으면 좋겠다 그러니 외면할 수가 없잖아요. 그래서 MRI

검사를 했는데 중이염이 있었더라고요. 그 비용을 KARA와 보호자가 어느 정도씩 나누어 부담하고. 한 달 가까이 치료를 받으니 애가 삐딱하게 걷던 것이 정상적인 보행도 하고... 제가 안내문을 써서 입양할 분을 찾았어요. 그리고 두 달 정도 있다가 애가 우리 병원에 왔는데 너무 예쁜 거예요. 그런 걸 보면서 참 사람의 어떤 마음, 생명에 대한 열정이 쓸쓸하게 아파트의 차가운 바닥에서 죽었을 생명을 다시 살려냈구나 하는 생각을 했어요.

일감 잘하셨습니다. 복 받으실 거예요. 사람하고 동물들하고 좀 평화롭게 지내야 되잖아요? 그러려면 우리가 어떤 마음을 가져야 될까요?

박종무 문제는 동물뿐만 아니라 사람 사이에서도 기본적인 생각을 어떻게 갖느냐에 따라 틀려지는 것 같아요. 우리 사회는 너무 경쟁, 처음부터 끝까지 경쟁, 특히 자제분들을 키우다보면 애들 학교 보내는 경쟁 때문에 삶이 삶이 아니거든요. 그렇게 생명을 적자생존이란 말로 경쟁에 몰아넣는데 생명은 그런 게 아니거든요. 인간이 만물의 영장이라 하지만 인간은 다른 생명과 더불어 살아서 존재하는 생명이고... 여름철에 매미가 울잖아요. 좀 시끄럽거든요. 그렇다고 그 매미를 다 없애는 게 바람직한 것인가. 불편해도 아 여름이 왔구나 이렇게 받아들이고 다른 생명들과 같이 공존하는 삶을 살아가는 것이 좋겠죠.

일감 정말 사람과 사람 간에도 평화가 있어야 되고 사람과 동물 간에도 평화가 있어야 하는데요, 사람보다도 동물을 더 많이 상대하실

지도 모르겠는데 박종무님이 발견하신 행복은 어떤 것이고 우리가 어떻게 살아야 행복한 세상이 될 수 있는지 한 말씀 해주세요.

박종무 저는 모든 분들이 느끼시겠지만 그런 것 같아요. 자기에게 있는 것에 만족하고 그것에 감사하는 삶을 사는 것, 그리고 여유가 된다면 누군가에게 봉사를 할 수 있을 때 더욱더 행복이 커지는 것 같고요.

일감 오늘은 수의사이시긴 한데 조금 특별한 수의사님과 이야기를 해보았습니다. 많은 동물들의 아픔을 자기 자신의 아픔인 것처럼 보호하시고 우리 사회에 그런 아픔이 생기지 않도록 운동도 하고 그러시는데요, 불교에서는 살생하지 말라는 것을 아주 무거운 계율로 생각합니다. 한 걸음 나아가서는 살생을 넘어서서 살생의 위기에 놓여있는 동물이나 사람이나 생명을 보호해라 또는 살려라하는 계율로까지 발전하고 있습니다. 세상의 모든 만물 중에 사람이 가장 위에 있는 것 같고 사람만이 최고의 생명인 것처럼 우리는 착각하기 쉽습니다. 만약에 우리 주변에 자연이 없고 사람 외에 다른 생명들이 존재하지 않는다면 사람들도 살 수 없는 세상이 될 겁니다. 온 우주 법계가 한 점의 가치라도 온전하게 함께 사는 세상 그것이 바로 사람이 가장 살기 좋은 세상이 될 것이고 또 그런 것이 부처님과 역대 성인들이 말씀하시는 뜻이 아니겠는가 그런 생각을 해봅니다. 우리 주변에 작은 동물들, 식물들, 눈에 보이지 않는 미물들까지도 다 한생명이다 이런 생각 가지시고 따뜻한 눈길로 동물들을, 자연들을, 식물들을 바라보는 그런 시간들을 가졌으면 좋겠습니다. 고맙습니다.

여덟 번째

숫자를 잃은 대신에 역사를 얻다 '소중한 날의 꿈'

어떻게 하면 우리 안에서 환타지를 찾을 수 있을까?
이제까지 흑백으로만 보셨던 분들,
옛 풍경을 흑백사진으로만 보았던 젊은 분들한테
그것들이 칼라라는 환타지로 바뀌면서 정서적으로
다른 느낌이 들 거고요.

애니메이션 감독 ●●●. 안재훈

외출

내몰지 말아다오
싫은 이유 있는 거다

사람마다 사연이 모여서
외면 가지고는 안 되는 거다

내몰지 말아다오
싫은 이유 있는 거다

사연마다 궁금해서 물을 수는 없는 거다
내몰지 말아다오 싫은 이유 있는 거다

우리나라 사람이 만든 우리의 풍경 그리고 싶어

일감 여러분들 어렸을 때 만화영화 많이 보셨죠? 저도 어렸을 때 디즈니에서 만든 만화영화나 일본에서 제작한 것들을 많이 봤는데요. 최근에 한국인의 정서가 가득 담긴, 어른이 봐도 좋고 아이들이 봐도 좋은 토종 한국 애니메이션 〈소중한 날의 꿈〉을 제작하고 감독하신 안재훈 님을 모셨습니다. 이 시의 배경이 있을 것 같아요. 어떤 내용이 들어있는 시입니까?

안재훈 애니메이션을 하면서 제가 모임이나 단체에 참석을 잘 안 하다 보니까, 주변에서 사회생활이라는 일반적인 교류의 필요성을 이야기들 하셨어요. 저한테도 나가기 싫은 이유가 있는 건데 자꾸 내모는 게 아닌가 해서 일기 대신에 끄적인 것입니다.

일감 '외출' 이라는 시 말고도 또 다른 시도 있겠네요?

안재훈 어른이 되어서는 남이 언젠가 볼 것 같은 두려움이 있어서 일기를 잘 못 썼습니다. 오히려 짧게 쓰는 글이 솔직하고 기분 좋은 위로도 되어서 생각날 때 적고 있습니다.

일감 우리가 초등학교 때 일기를 쓰면, 오늘 날씨 맑음, 오늘 학교 갔음, 돌아왔음, 숙제하고 잠, 이게 일기였거든요.(웃음) 그런 일기 쓰지 말라고 만날 혼나고 그랬지만 또 쓰다 보면 그거밖에 할 말이 없어요.(웃음) 짧은 일상을 시로 쓰니까 좋을 것 같다는 생각이 드네요. 〈소중한 날의 꿈〉 제작 발표하고 강연도 자주 다니시고 그러시는데 아직도 많이 바쁘십니까?

안재훈 지금은 작업하느라 바쁘고요. 이전에는 내손을 떠나 관객의 것이 되어버린 영화에 사족을 다는 것을 좋아하지는 않았는데, 〈소중한 날의 꿈〉은 만드는 과정도 대단했고 만들고 나서 겪은 일들도 평범하게 겪을 수 있는 일은 아니었거든요. 나라도 이야기하지 않으면 그 안에 참여했던 이들의 젊은 날도 아쉽게 되는 것 같아 주제넘은 자리가 아니면 말씀드리고 있습니다.

일감 영화를 중간 중간 봤는데 어떻게 저렇게 잘 묘사했을까. 내가 학교 다니던 시절에 교련도 했었고, 아침 조회시간에 줄 서 있는 모습하며 자전거 타고 지나가는 풍경들 이런 것이 너무나 똑같더라고요. 어른들이 좋아하는 모습들이 많아서 그런 겁니까? 어째서 어른들이 좋아하는 걸까요?

안재훈 제가 〈뽀로로〉를 처음 기획할 때 참여를 했었거든요. 그때 내가 아이들한테 뭔가를 들려줄 준비가 덜 되어 있고 차원이 좀 다른 노력이 있구나하는 생각을 했었어요. 그 뒤로 애니메이션으로 나는 어떠한 이야기를 할 수 있을까 이런 고민들이 모여 한편의 글이 되었습니다. 저하고 비슷한 연령대의 동시대를 살아오신 분들, 또 저보다 연배가 좀 더 있으신 분들한테 한국에서 한국 사람이 만든, 자기 인생과 함께 온 애니메이션이 없거든요. 우리 풍경과 우리의 생활 터전에서 아프고 사랑하고 살아온 사람들을 위한 애니메이션을 하고 싶고, 그 작품을 보며 지금의 아이들이 함께 성장의 과정을 거치면 한국애니메이션이 꽤 괜찮겠구나 생각했습니다.

일감 지금 보니까 〈소중한 날의 꿈〉은 어른 세대들이 간직했던 꿈이고, 그 꿈을 다시 끄집어내서 우리의 남은 삶을 값지게 할 수 있는 그런 소중한 일이 될 것 같은데요, 어떤 내용인지 이야기해 주시죠.

안재훈 〈소중한 날의 꿈〉은 보시면 알겠지만 특별한 사고와 사건이 없는 애니메이션입니다. 어린 날에 작은 어떤 일을 겪으면서 트라우마를 갖게 되고, 자기가 갖지 못한 장점을 가진 친구들을 만나게 되고, 그 친구들을 만나면서 질투도 하고 동경도 하고, 나는 무엇인가에 대해서 스스로 해답을 찾아가는 그런 애니메이션이고요. 그 안에 있는 우리 주변의 풍경이나 사람들 이런 것들이 정서적인 선물로 주어지기도 하는 이야기입니다.

버려지는 것들이 있어야 한 장이 탄생

일감 영화를 보면서 옛날을 떠올리고 추억 속으로 들어가는 여행을 하는 그런 좋은 시간이 될 것 같은데 제작기간이 좀 길었다면서요? 얼마나 걸렸어요.

안재훈 2002년 3월부터 한 11년 정도 걸렸고요. 11년 동안 그 작품만 한 게 아니라, 배용준 씨 나오는 겨울연가 애니메이션, 소지섭 씨가 나오는 〈미안하다 사랑한다〉, 그리고 청소년용 애니메이션에 참여하면서 그 작품들의 응원을 담아서 〈소중한 날의 꿈〉을 긴 기간 만들었습니다.

일감 애니메이션 영화는 동작 동작을 한 장 한 장 만화로 그려서 그것을 연결해서 보여주는 거잖아요? 1초의 영상이 나오려면 몇 장 정도 그려야 합니까?

안재훈 보통 애니메이션은 1초를 24프레임이라고 해서, 24프레임이 모여서 1초가 되는데요. 미국 같은 경우는 자본도 많다 보니까 프레임마다 그림이 다 들어가거든요. 1초에 24장을 다 쓰는 애니메이션을 풀애니메이션이라 해서 디즈니나 이런 쪽에서 많이 쓰고요, 1초에 3프레임에 한 장 정도씩 넣어서 조금 덜컥거리지만 운치가 있는 것이 일본 TV시리즈 애니메이션이고 그런 작품들은 1초에 8장 정도가 들어가고요. 〈소중한 날의 꿈〉은 그것들이 혼재되어 있어서 보통 1초에 12장 정도가 들어가는데, 문제는 한 프레임 안에 한 명이 나올 때가 12장 정도가 들어가는 거고, 소중한 날에 보면 체육대회를 하는 신이 있어요. 만약에 100명이 나오면 100명이 1초당 12장씩이면 엄청나게 많이 들어가는 거고, 통상적으로 1초에 몇 장 하는 것은 한 명만 나올 때죠.

일감 그러니 단순하게 얘기하긴 어렵겠네요? 〈소중한 날의 꿈은〉은 100분이 넘는 장편영화잖아요? 대체 몇 장이나 들어갔냐고 물어보면 어리석은 질문이 되려나요?

안재훈 실제 영상으로 된 것은 10만 장 정도 되는데요. 문제는 한 장을 그리는데 열 번 스무 번 이상 그림을 고쳐 그리니까, 사실은 10만 장이면 100만 장 이상의 그림을 그려서 살아남는 거니까 〈소중한 날의 꿈〉 주제랑 비슷한 것 같아요. 한 장 한 장 쌓여진 것들은 다 의미 없는 것들이 아니라, 결국엔 쌓여진 것들 중에 버려진 것들이 있어야 한 장이 탄생한다는 것이 작품의 내용과도 맞습니다.

일감 말씀을 듣고 보니까 참 허투루 버려질 만한 게 없다는 생각이 드는데, 100만 장 속의 10만 장, 제작기간 11년, 제작비도 엄청 났겠는데, 어떻게 만드신 거고 제작비는 어떻게 마련하신 거예요?

안재훈 대한민국에서 〈소중한 날의 꿈〉같은 애니메이션을 만든다고 했을 때 모든 분들이 불가능하다고 했거든요. 한국 사람의 손재주가 상당함에도 우리나라에서는 애니메이션이 관객들한테 자리를 잘 잡지를 못했어요. 우리 풍경을 그린 것들, 눈도 작고 체형도 올망졸망한 이런 한국 사람들을 다룬 애니메이션이 과연 만들어질 수 있을까 하는 것이 그 당시 상황이라 그만큼 우리 창작자들에 대한 기대가 별로 없었어요. 그래서 〈소중한 날의 꿈〉은 11년이 걸려도, 젊은 애니메이터들과 저의 힘으로 만들어 내면, 만들어 낸 뒤에 우리에게 주는 이야기가 있을 거라고 보았습니다. 어떤 역사든 시작 시기의 역사가 갖는 어려움이 있었고, 어쩔 수 없이 헌신과 노력과 정성이라는 이름이 앞서게 되었습니다. 그러나 지금은 그런 말이 아니어도 되는 행복한 작업환경에 다다르고 있습니다.

블록버스터에 밀려 극장에서 내려지자 관객들이 스스로 올려

일감 그 기간 동안 어떻게 보면 미래를 기약할 수 없는 그 시간들을 견뎌내는 작업 자체가 명상하듯이 했을 것 같다는 생각이 드는데,

저 역시 이런 일을 할 때 결과를 예측하거나 그럴 필요 없이 정말 자기가 하는 일이 소중한 일이라고 생각되면 만들어가는 자체가 소중하다 생각되는데... 흥행이 되었습니까? 제작비는 건져야 될 텐데 어땠나요?

안재훈 〈소중한 날의 꿈〉이 만들어졌을 때, 저희는 원래 20개관 정도만 생각을 했어요. 시사회를 했을 때 다들 기대가 생겼어요. 응원이 생겼어요. 해서 개봉관 수가 100개로 늘어났죠. 그렇게 개봉을 했는데, 외국의 큰 블록버스터 영화가 한국극장의 90% 이상을 차지하고 도배가 되면서 한국영화를 다 내리게 되었습니다. 지금의 독과점이 시작된 바로 그날이었습니다. 그래서 당시에 많은 분들이 문제 제기를 하고, 도와주셨음에도 2박 3일 만에 극장에서 내려갔거든요. 기적은 그다음이죠. 저희가 이 작품을 만든 것도 기적이지만 그렇게 내려갔을 때 작은 극장들, 예술영화 전용관 같은 극장들이 하나둘 상영해 주었고 선생님 단체에서도 극장을 확보해 주셔서 상영을 했어요. 춘천에서는 시민들이 큰 극장주에게 요청해서 다시 개봉했죠. 2년이 지난 뒤까지도 많은 곳에서 상영하고 있고 해외에서도 많이 상영되고 있습니다. 숫자를 잃은 대신에 역사를 얻었습니다.

일감 애니메이션을 만드신 분이니까 아무래도 어렸을 때부터 동화라든지 만화라든지 이런 것과 인연이 맺어져서 만들었을 것 같은데 어땠습니까?

안재훈 어릴 때부터 글 쓰는 걸 좋아했어요. 그림 그리는 것도 물론 좋아했지만요. 학교에 가면 도서관에 있는 책을 다 보고 그다음에 틈틈이 만화책을 봤지 만화책만 빠져서 보지는 않았고 지금도 그건 똑같은 것 같아요.

일감 그러면 동화를 좋아하셨나요? 어렸을 때니까?

안재훈 어렸을 때는 특별히 따지지 않고 학교 도서관 구석부터 반대편까지 다 본다 생각했죠.

일감 대단하셨네... 그러니까 만화영화를 만드시게 된 계기가 동화였다고도 해도 될까요?

안재훈 동화보다는 시 쪽이 가깝습니다. 지금도 시는 주기적으로 읽어서 그 언어와 그 상상력을 잃지 않으려고 하구요. 예전에 시인들이 가졌던 사람에 대한 애정 관심들, 우리 언어를 최대한 곱게 발견하고자 했던 시인들을 사랑했고 영향을 받았습니다. 물론 지금은 세상에서 만나는 모든 분들이 동기이자 거울이자 작품의 방향을 주고 있습니다.

일감 어렸을 때부터 안재훈님은 애니메이터라고 해야 되나요? 애니메이터를 꿈꾸셨나요?

안재훈 어릴 때는 시골에 살다 보니까 그런 만화 영화를 염두에 두지는 못했고요. 언젠가는 시집을 내는 시인이 되고 싶다. 그리고 한두 장의 그림을 그리는 삽화가 정도였습니다.

일감 그러니 시인이 될 수도 있었네요? 지금도 시인이시네.

안재훈　어릴 때 많이 꿈꿨던 것 같습니다.

일감　'아직 살아있는 꿈아 너가 반갑다'라는 안재훈 님의 시를 보니까 가슴이 그냥 찡해지는데요. 우리에게는 꿈이라고 하는 것이 그렇게 소중하다는 생각이 들고, 어쩌면 어렸을 때 꾸었던 그 꿈은 맑은 영혼으로 향하는 본질적인 것 같다는 그런 생각이 드는데요. 그런 걸 생각하면 아이들이 꾸는 꿈이 어떤 꿈이고 어떤 색깔이든지 간에 그걸 소중하게 다뤄줄 필요가 있는데, 우리 어른들은 아이들의 꿈을 아예 만들어주잖아요? 너는 이것이 되어라. 꿈을 만들어 주고 그 꿈을 향해서 달려가도록 맨날 무거운 가방에 어깨가 처지도록 공부를 시켜서, 자기 본래 꿈하고는 상관없는 꿈을 꾸어야 하는 아픈 현실인데요. 안재훈 님도 자신의 꿈 때문에 부모님과 맞지 않아서 가출도 하고 그랬다면서요?

안재훈　꿈이 맞지 않는다 그 정도까지 생각은 안한 것 같고요 그 당시 일기를 봐도 뭐라 그럴까 공부를 제대로 하는 편도 아니고 스스로 창피해서 도망간 게 아닌가 그렇게 생각합니다.(웃음) 지금도 그 시간을 온전히 겪어낸 친구들이 대단하다고 생각하지 지금 때문에 그 당시가 미화되는 것은 불편한 편입니다

일감　흠, 어쨌든 대단하다. 가출은 아무나 하는 게 아니거든요.(웃음) 저도 가출 시도를 여러 번 해봤습니다. 어머니한테 혼나면... 가출할 때는 용감하게 가출을 했는데 동구 밖쯤 가서는 꼬리 내리고 돌아가자 몇 번 그런 적이 있었는데... 그때 일기를 매일 쓰셨다고

하는데 그때의 일기를 보시면 어떤 생각이 드세요?

안재훈 아마 일기가 없었으면 어린 저를 좀 포장하고 그랬을 것 같아요. 〈소중한 날의 꿈〉이라는 작품을 하면서 들여다 본 일기 속의 저는 굉장히 한심하거든요. 답답하고 한심하고 멍청하고... 하지만 누군가를 좋아하고 아파하고 그런 것들이 있어서 〈소중한 날의 꿈〉을 하면서 스텝들과 대화를 나누고 꿈을 꿔가는 분들에게 들려드릴 수 있는 이야기를 만드는 기준이 된 것 같습니다.

일감 소중한 날의 꿈을 보면 70년대의 모습이 그대로 있단 말이죠? 어떻게 보면 안감독이나 저나 어렸을 때 추억들이 그대로 비춰지는 것 같은데 시나리오를 직접 쓰셨죠?

안재훈 원작을 제가 쓰고, 시나리오 맡기는 걸 한 번 더 하고, 각색을 제가 하고 그런 식으로 주고받으면서 했습니다.

아이들이, 자신을 이뻐하는 방법을 모르고 있어

일감 영화를 본 후 메시지는 본인들이 알아서 가져가면 좋을 텐데 그래도 안감독님이 전해주고 싶은 메시지가 있죠? 어떤 겁니까?

안재훈 아무리 어른이 되고 많은 고민을 했어도 젊은 분들한테 어떤 해답을 줄 수 있는 게 없다는 것을 느끼게 되거든요. 그래서 내가 나한테 하는 응원이 어떤 것일까 생각했어요. 또 하나는 요즘 아이들은 TV에서 보는 사람들을 예뻐하지, 자신을 예뻐하는 방법을 잘 모르는 것 같아요. 〈소중한 날의 꿈〉을 보면서 내가 나를 예쁘게 보는 방법에 대해서 알게 되는 계기가 되었으면 좋겠고요. 그리고 〈소중한 날의 꿈〉 속에 있는 많은 소품, 배경, 행인들과 군중들은 매우 정성스럽게 그려낸 그림이라는 것을 보시면 알 수가 있거든요. 그 안에 풍족하게 들어있는 누군가들의 노력들이 앞으로 사시는데 있어서 작은 응원은 충분히 된다고 생각합니다.

일감 만화영화는 어떻게 보면 현실에서 이루어지지 않는 일들, 기차가 날아 간다든지 영화 속에서나 가능한 일들이 더 많이 등장하고 그러는데 그런 것이 없어 오히려 궁금증을 유발시키거든요. 의도적으로 그렇게 하셨는가 싶은데 그렇습니까?

안재훈 애니메이션의 매력 중 하나는 말씀하신 것처럼 사람이 상상할 수 있는 것을 그려내는 데도 있지만, 세상에 존재하는 모든 것들이 우연히 카메라에 찍히는 것이 아니라 사람 손으로 일일이 그려내야 하는 것도 애니메이션의 본질이거든요. 〈소중한 날의 꿈〉으로 그 본질에 한 번 최대한 가까이 다가가고 싶다는 것이 하나 있었고요. 또 하나는 다른 나라 사람들은 자기네 나라의 환타지 소설이라든지 여러 이름들을 통해서 고유의 환타지를 가지고 있어요. 한국의 많은 창작자들은 외국 사람들이 만들어 놓은 창작물을 가지고 우리의 환타지를 꿈꾸거든요. 어떻게 하면 우리 안에서 환타지를 찾을 수 있을까? 이 생각을 한 게 우리나라가 1982년에 칼라TV가 전면적으로 보급되었는데 그때 시점을 가져다 애니메이션에 담으면 어떨까 싶었죠, 이제까지 흑백으로

만 보셨던 분들, 옛 풍경을 흑백사진으로만 보았던 젊은 분들한테 그것들이 칼라라는 환타지로 바뀌면서 정서적으로 다른 느낌이 들 거고요. 이런 환타지에서 한국 애니메이션이 시작을 하고 이후에 거기서 파생된 다양한 환타지들이 나온다면, 그때 어른들도 애니메이션을 가지고 소통할 수 있고 아이들도 우리의 근간들을 부모님이 살던 배경과 소품들에서 이어가지 않을까 그런 생각을 했습니다.

일감　이런 영화들이 만들어질 수 있도록 누가 투자도 해주고 후원도 해주고 그래야 되는데 현실은 어떻습니까?

안재훈　〈소중한 날의 꿈〉을 만들 때에는 서울 애니메이션 센터와 〈뽀로로〉 제작사인 아이코닉스에서 함께해주셨고요. 〈소중한 날의 꿈 〉 같은 경우는 애니메이터의 본질의 힘으로 제작된 것인데 앞으로 더 더욱 이런 애니메이션을 진득하게 그려낼 수 있는 환경은 나올 수가 없을 것 같아요. 아마도 그림을 그리는 분들은 아실 것 같아요 소중한 날의 꿈으로 성장한 스탭이 그것을 넘어서는 진짜 작화의 맛이 있는 애니메이션을 만들어 주었으면 합니다.

한국단편문학, 애니메이션에 담아 세계인이 보게 할 것

일감　그 〈소중한 날의 꿈〉처럼 정말 한국 애니메이션은 이런 거다 그런 자부심을 안감독님이 가졌으면 좋겠다는 생각이 들면서요.

한국 만화영화의 어떤 지평을 열어나간다고 할까요. 표준이 된다고나 할까요. 앞으로 어떤 계획이 있으신가요? 〈소중한 날의 꿈〉이 나름대로 성공을 거두면서 EBS나 김영사 같은 곳과도 작업을 하셨죠?

안재훈 〈메밀꽃 필 무렵〉 〈봄봄〉같은 한국단편문학 애니메이션 작업은 정말 계속해가고 싶어요. 한국에서 애니메이션 감독을 꿈꾸고 애니메이터를 꿈꾸는 학생들이 지금도 한 작품 한 작품 참여하면서 진짜로 배워가고 있거든요. 우리의 정서와 우리의 배경들이 바탕이 된 단편문학 애니메이션이 꾸준히 만들어져서 먼 훗날 전 세계에서 우리 풍경으로 상영되는 것을 꿈꾸고 있습니다.

일감 정말 기대가 되고요. 어쩌면 우리 마음속 어떤 깨달음이나 본성 같은 것들을 찾아가는 그런 영화가 되겠다는 생각이 들고요. 〈연필로 명상하기〉라고 하는 스튜디오 이름처럼 아내를 비롯해서 모든 스텝진들이 명상을 생활 속에서 늘 하고 있는 것처럼 편안해 보이고, 또 행복해 보이고, 그런 자족하는 마음들이 엿보이는데, 어떻습니까? 우리 안 감독님이 발견한 행복의 길 같은 것은 어떤 거예요?

안재훈 제가 〈소중한 날의 꿈〉을 작업할 때는 정신이라는 데에 중점을 많이 뒀거든요. 프로답지 못한 사람들, 혹은 또 다른 목적이 있는 사람들을 보면서 내가 가진 직업의 본질에 맞게끔 최선을 다하자 해서 그런 정신이라는 것에 중점을 뒀는데 지금은 조금 바뀌었어요. 애니메이션을 22년 한 사람이 이런 정신을 떠나서 다른 것을 추구한다는 것이 이르기는 하지만, 요즘 들어와서는 행복이라는 것을 많이 생각하고 있어요. 그렇게 자기 정신을 가지고 한 직업에 몰두하는 것도 행복일 수도 있겠지만, 이제는 제가 경험을 했으니까 지금은 그렇게 수도하듯이 하는 것보다는 좀 더 다른 행복도 누려가면서 애니메이션 작업을 해나가는 방법이 없을까 이런 고민들을 하고 있어요.

일감 **안 감독님은 우리가 어렸을 때 가졌던 소중한 꿈들을 일생 동안 꿈꾸고 있는 그런 분이구나 하는 생각이 듭니다. 크게 보면 우리 인생사가 다 꿈이지 않습니까? 어렸을 때 꾸었던 꿈은 어쩌면 우리들의 탐진치가 덜 묻어있는 아이 같은 꿈이 아닌가 그런 생각이 드는데요. 아이들이 꾸는 꿈은 대부분 좋은 세상의 꿈이에요. 나만을 위한다든지 험악한 거라기보다는 정말 극락 동산에서 꿈꾸는 그런 것들인데, 우리도 한때는 그런 꿈들을 다 가진 사람들이었죠. 지금은 삶이 힘들고 도저히 그런 꿈을 꿀 수 없는 상황이기도 하죠. 그렇지만 어렸을 때 가졌던 소중한 꿈이나 일기를 다시 꺼내 보듯이 되짚어보면서, 하루하루가 사실은 소중한 꿈이다, 이 꿈을 잘 완성하고 만들어간다는 생각으로 안 감독님이 만든 〈소중한 날의 꿈〉을 한 번 보시고요, 소중한 인생의 꿈을 잘 완성하시기를 말씀드리고 싶습니다. 감사합니다.**

흙이 주는 생명보다야 못하겠지만
내가 정성 들여 그린 그림이 누군가의 생애에
햇살 같은 응원이 잠시라도 되었으면...

1996년 9월 16일 애니메이션을 시작하여
지금까지 그려오고 있습니다

현재는 천 년의 동행 살아오름이라는 극장용 작품과
한국단편문학 극장전을 이어가고 있습니다

[공간| 연필로 명상하기] 라는 이름으로 남산 명동에 위치한
스튜디오의 대청에 작품들의 흔적을 전시하고 있습니다.

" 관객을 손님으로 맞이하기 위해
화단에 물주며 흙을 만져 좋습니다 "

아홉 번째

시골 보건진료소는 어르신들의 놀이터입니다

밀가루를 약으로 줘도 잘 낫는다는 것은
따뜻한 가슴으로 사랑을 가지고 대하고,
또 그분들의 마음 높이에서
이해해드리기 때문인데요.

시골 보건진료소장 ●●●. 김향숙

피곤하고 외로운 어르신들께는 웃음이 먼저에요

일감　오늘은 웃음치료사 분이 나오셨어요. 그런데 이분은 웃음치료뿐만 아니라 여러 가지 일을 하세요. 시골의 할아버지 할머니들과 함께 지내시면서 댄스교실, 한글교실, 서예교실 심지어는 숲 해설까지 다양한 활동을 하고 계시는데 이순신 장군의 노량대첩으로 유명한 남해의 보건진료소 소장님이세요. 김향숙 소장님을 모시겠습니다. 어서 오세요. 남해에서 오셨는데 배 타고 오신 건 아니죠?

김향숙　뱃길이 있으면 배 타고 왔을 건데 뱃길이 없으니 버스를 타고 왔습니다.

일감　버스 타고 오셨어요? 노량해전이라고 이순신 장군의 마지막 전투가 벌어졌던 곳이죠. 거기하고 가까운가요?

김향숙　보건진료소 앞이 노량해협인데 현재도 거북선이 떠 있습니다.

일감　그러면 매일 이순신 장군을 생각할 수 있겠네요.

김향숙　그렇습니다. '한산섬 달 밝은 밤에...' 시조가 줄줄 나옵니다.(웃음)

일감　이순신 장군께서 나라를 지키셨는데, 김향숙 소장님은 할아버지 할머니들의 건강을 지켜라 그렇게 말씀하시겠어요. 바람소리에 실어서.

김향숙　그렇습니다. 〈나이팅게일의 웃음대첩〉이라고 쓰인 보건진료소의 현판을 볼 때마다 나이팅게일과 이순신 장군의 얼을 새기려고 마음을 다잡아봅니다.

일감　웃음치료는 어쩌다 하게 되셨어요?

김향숙　시골에서 농사짓는 어르신들 엄청 피곤하시잖아요. 매우 힘드시고 땡볕에서 일하시느라 얼굴이 검게 그을려지셨잖아요. 아프고 일그러지고 표정이 어떻겠어요. 일에 피곤한 그분들에게 보건진료소장으로서 건강교육만 시켜 드리려니 아무리 좋은 내용이라도 마음에 잘 들어가지가 않는 거예요. 그래서 웃음치료를 건강교육에 포함시켜서 재미있게 즐기면서 실천할 수 있도록 하다 보니 웃음치료를 하게 되었습니다.

일감　보건진료소에 할아버지 할머니들이 오시면 만나자마자 웃음보가 터트려지게 하시는 겁니까?

김향숙　일단 어르신들의 굳어진 인상을 쫙 펴드립니다. 인사를 나누고 눈을 마주보고 함께 웃어보자고 다가가서 손도 잡아드리면서,

찌그러진 표정, 아프고 고통스러운 표정을 풀게 하고 마음이 열리게 되면 진료를 시작합니다.

일감 보건진료장님이 웃으면서 다가와서 손도 잡고 하면 할아버지가 깜짝 놀라시겠어요.

김향숙 가끔씩 놀라시기도 하는데요.(웃음) 대부분 어르신들은 친딸이나 내 며늘아기처럼 좋아라 하시지요.

마늘종 스트레칭 한 번 해 보세요

일감 그런데 좀 특이한 걸 개발하셨다면서요? 무슨 스트레칭을 개발하셨다는데 이름이 재밌네요? 마늘종 스트레칭? 마늘을 뽑아서 장아찌도 담가먹는 그 마늘종입니까?

김향숙 네. 장아찌 담가먹는 마늘종 맞습니다.

일감 재밌습니다. 어떤 스트레칭이예요?

김향숙 마늘하면 일단 남해 보물섬이고 남해 보물섬 하면 마늘농사인데, 그 마늘농사 중에서 땡볕에 하루 종일 속히 뽑아야 하는 마늘종 작업이 있습니다. 어르신들이 쉬지 않고 뽑다보니 머리는 지끈거리고 어깨는 무겁고 허리는 욱신거리고 땡볕에 수분부족으로 입도 마르고요. 그렇게 작업하시는 것을 보니 저렇게 내버려두면 골병이 절로 들뿐 아니라 이미 중병이 들어서 병원에서 치료하다 안 되면 대도시의 큰 병원에 가야되니까 시간과 돈을 너무 많이 쓰겠다는 걱정이 되었습니다. 이런저런 궁리 끝에 먼저 신체활동으로 스트레칭을 해서 두 시간정도 일하고, 5분 정도 몸을 풀어 주면 좋겠다는 생각을 하게 되었어요. 그냥 운동하라고 하면 어르신들이 자꾸 잊어버리시는 거예요. 그래서 농한기에는 마을회관에 모여서 농부증을 위한 스트레칭을 익히도록 훈련을 하였습니다. 농번기에는 농한기에 배운 동작들을 현장에서 일하면서 나오는 수확물로 그것을 세라밴드처럼 들고 운동하자. 들녘마다 골골이 뽑던 마늘종을 들고 스트레칭을 해보자. 그렇게 해서 마늘종 스트레칭이라고 이름을 붙였지요. 마늘종 작업을 하면서 짬짬이 스트레칭을 하면 어깨가 결리고, 머리가 아프고, 무릎이 시큰거리고, 손발이 저리는 농부증 증상이 훨씬 덜 하겠구나싶어서 개발하게 된 것입니다.

일감 지금 현장이 아니어서 우리가 마늘종이 없는데 어떻게 한번 보여줄 수 있어요?

김향숙 마늘종이 없어도 스트레칭 흉내는 내어보겠습니다. 마늘종 스트레칭은 유연성 운동입니다. 마늘종 길이가 요만한 것을 한 움큼 집어듭니다. 양손으로 잡은 후에 몸을 천천히 쭉쭉 늘여주는 것입니다.

일감 아이고 마늘 많이 뽑았네 하면서... 굉장히 귀한 거네요. 그런데 어떤 일감이든지 간에 일감을 들고서 현장에서 하면 되네요.(웃음) 어르신들을 위해서 마늘종 스트레칭 하시는 건 이해가 되는데 서예교실이라든지 한글교실, 댄스교실 이런 것은 쉽게 할 수 있는 일이 아니잖아요? 어떻게 그런 일을 하시게 되셨어요?

김향숙　우리 어르신들의 건강을 챙기는데 한 가지로 프로그램만으로는 한계가 있습니다. 어르신들은 건강에 대한 욕구나 취향도 자꾸 고급화되고 있기 때문에 더 다양한 것을 재밌게 즐기시도록 하기 위해서 댄스도 하고, 서예도 하고, 요일별로 정해놓고 하게 되었습니다.

일감　그 동네로 이사 가면 안 되나요?

김향숙　우리 남해 인구가 자꾸 줄어들어서 걱정입니다. 우리들의 희망입니다. 얼른 이사 오십시오. 두 팔 벌려 환영합니다.

서예도 가르칩니다

일감　〈2011년 서예전〉이라고 책을 가져오셨는데 할머니 할아버지들이 만든 작품을 책자로 내셨어요. 다 그 동네 사시는 분들이죠?

김향숙　네. 그렇습니다.

일감　그런데 그분들이 언제부터 글을 쓰셨는지 너무나 글을 잘 쓰셨어요. '원더풀 보물섬', '파워풀 남해 마늘'... 마늘이래요. 남해 마늘, 이렇게 할아버지들이 직접 '천하절경 보물섬', '천하으뜸 남해 마늘'... 할아버지 할머니들이 서예를 잘 하세요? 소장님께서 서예를 원래 잘 하시는 거예요?

김향숙 제가 맏이에요. 다섯 살 꼬맹이 적부터 선친께서 맏이 리더십을 키운다고 굉장히 혹독하게 교육을 시키셨어요. 천자문을 가르치실 적에는 직접 먹을 갈아 붓으로 쓰면서 천자문을 익히게 하셨고요. 또 친정어머니께서는 그 시절 시골풍속으로 혼수 필수품인 사돈지를 많이 대필해 주셨어요. 저는 어머니의 치마꼬리를 잡고 따라다니면서 먹도 갈아드리고 구경도 하면서 자연스럽게 문방사우와 친해졌지요. 그냥 놀이 삼아 즐기던 것이 취미가 되었습니다. 대학교 때는 서예 동아리에 들어가서 대구지역의 대학교 연합서클에도 가입을 했고요. 그렇게 서예와 친해졌는데 잘하는 것은 아니고 붓으로 노는 것에 자신감이 생겼고 취미로 여물어진 것 같아요. 시골 어르신들은 대부분이 배우고 싶어도 배울 수가 없었고 본인은 못 배웠지만 내 자식만은 교육을 잘 시키고 싶었지요. 그런데 도시로 나간 자식들은 너무나 교육을 잘 받고 성공하였지만 고향에는 잘 안 오니까 고독하고 외로우시지요. 그렇지만 어르신들의 가슴속에는 배우지 못한 한(恨)이 서려있는 거예요. 버스를 타고 읍내 5일장에 가보니 버스승강장에서 노랑버스가 어디에 있는지 글자를 모르잖아요. 멀리 있는 내 자식에게 전화를 하려니 1234 번호도 모르잖아요. 그 무렵 남해군에서는 글자를 모르는 어르신들을 대상으로 한글 익히기 공부가 시작되었어요. 그런데 저는 한글을 배우는 어르신들을 대상으로 연필로 쓰기보다는 붓으로 쓰면 종이접기도 되고, 먹을 갈면 명상도 되고, 마음도 차분해지고 좋겠다는 생각을 하게 되었습니다. 정성스럽게 붓글씨를 쓰면 여러 가지로 정신적인 면이

나 신체적인 건강에 도움이 되겠다 싶어서, 교육적인 측면과 문화예술적인 측면을 같이 아울렀습니다.

건강증진 프로그램에 대한 논문만 11편 쓴 억척 소장님

일감 할머니 할아버지들하고 지내시고 이러시면서 여러 가지 일도 있겠습니다만 어쨌든 보건진료소장님은 의료인이시잖아요? 할아버지 할머니 건강이 제일로 염려가 되시고 늘 그런 일로 노심초사 하실 텐데 의료인의 길은 어쩌다가 걷게 되셨어요?

김향숙 오래전 시간을 돌아보게 되네요. 안동에서 고등학교를 졸업하고 간호사가 되기 위해서 간호대 시험을 쳤습니다. 거기서 차석으로 입학을 했습니다. 성적이 좋은 학생에게는 공중보건 장학생이라는 제도가 있었습니다. 공중보건 장학생 제도는 의사가 없는 무의촌인 농어촌 의료취약지에 가서 2년 정도 봉사를 하고 공무원으로서 생활을 할 수 있는 그런 좋은 제도였습니다. 공중보건 장학생으로서 별 어려움 없이 순리적으로 가다보니 여기까지 오게 된 것 같습니다.

일감 그런데 어떻게 하다가 시골... 더군다나 남해로 가시게 되었어요?

김향숙 남편과는 대구에서 대학생 시절에 연애를 했어요. 캠퍼스 커플이라고 하지요. 남해에서 온 사람의 사투리가 너무 재밌는 거예요.(웃음) 키가 훤칠하고 성실하고 그 당시 간호학과에서 체육대회가 있으면 남편을 배구 가르치는 코치로 특별히 초빙을 했어요. 그렇게 시작된 인연이지요.

일감 그런데 두 분이 만나셔서 그러면 손잡고 바닷가에 가서 데이트하실 때 남해 바닷가로 가신 건가요?

김향숙 남편은 여행을 좋아해요. 그래도 사면이 바다인 남해 바닷가는 가끔씩 다녔습니다.

일감 있기는 있는데 드물다, 좋은 일입니다. 시골에 계시면서 지역민들과 관계된 논문을 열한 편이나 발표하셨다 그러던데 논문 한 편 쓰기도 어려운데 열한 편이나 어떻게 쓰셨대요? 자랑 좀 해주세요.

김향숙 이걸 자랑이라고 해야 될지 별나다고 해야 될지 학문 앞에서는 겸손해집니다. 시골 보건진료소에서 지내다 보면 건강증진 프로그램을 개발해야 하고 실무도 잘 해야 합니다. 그런데 실무를 하다 보면 이것이 내가 혼자서 잘하는 것인지 못하는 것인지 물음표를 제시할 때가 있어서 공부를 시작하게 되었습니다. 공부를 하면서 건강증진 프로그램을 과학적으로 검증을 해가면서 실무를 하게 되었습니다. 어떤 프로그램이라도 일시적으로 끝나지 않고, 주민들에게도 제가 이렇게 해보니 참 좋았습니다. 주민 여러분들의 경험에서 나온 효과였습니다. 우리가 현재 하는 건강교실이 잘하는 것이라고 검증이 되었으니 우리 모두 계속 잘 합시다. 이렇게 뿌듯한 마음으로 오랫동안 지속시키기 위한 끈이었다고 여겨집니다.

일본과 독일에서도 견학 오는 남해 시골 보건진료소

일감 지금 노량보건진료소 오시기 전에 남해 동천보건진료소에서 10년 계셨다면서요? 거기서 어떻게 하셨는지... 일본의 오이타 대학과 독일의 하이델베르크 대학에서 동천보건진료소에 오셔서 좋은 점을 배워가기도 했다는데 자랑 좀 해주세요.

김향숙 전국적으로도 더 잘하시는 선배님과 후배님들도 많이 계셨을 겁니다. 특별한 것은 남해에서 건강증진 프로그램을 논문으로 쓰고 일회성이 아니라 계속적으로 유지했다는 데에 차별성이 있었고요 또 한 가지는 프로그램이 다양하게 이루어진다는 것, 그리고 시골에서 이루어지고 있다는 점입니다. 시골에 보건진료소가 있는 우리나라는 참 살기 좋은 나라입니다. 일본이나 독일에서는 일차보건 의료제도 중에서 우리나라와 같은 보건진료소라는 제도가 없습니다. 한국이라는 나라는 도대체 어떻길래 이런 시골마을에까지 보건진료소가 있단 말인가. 그런 갸웃거림을 총망라한 의료전달체계를 배우기 위해서 왔었지요.

일감 그런데 그분들이 단순한 우리 제도만 보고 갔다기보다는 그 제도가 살아 숨 쉬는 것, 그 생생한 현장과 그것이 충분한 가치를 발휘하는 걸 보고 갔을 것 같아요. 일본이나 독일이면 그래도 우리보다는 그런 부분에서 앞서가는 나라라고 볼 수가 있는데 오히려 그들이 배워갔다니 기분 좋은 일입니다. 그런데 아무리 좋은 프로그램이 있다 하더라도 그 프로그램을 실행했을 때 받아주신 어르

신들이 호응을 해줘야 성공할 텐데 시골 할아버지 할머니들의 마음을 얻으시려면 쉬운 일이 아닐 텐데 어떻게 해서 마음을 얻으신 거예요?

김향숙 아, 그거 참으로 어렵습니다. 뭐라고 설명해야 할지요. 건강증진프로그램을 진행하면서 눈물 나는 일도 많았습니다. 의료인으로서 따뜻한 가슴... 아까 스님께서도 말씀하셨다시피 밀가루를 약으로 줘도 잘 낫는다는 것은 따뜻한 가슴으로 사랑을 가지고 대하고, 또 그분들의 마음 높이에서 이해해드리기 때문인데요. 보건진료소에서 생활하고 어르신들하고 가까이 살기 때문에 24시간 연속적으로 소통하였지요. 그렇게 오랫동안 이 모양 저 모양으로 저를 지켜보신 후 '보건진료소장이 이만하면 믿을만하구나!'라는 신뢰감이 드디어 이루어지더라고요. 그 고지까지 가기 위해서는 피나는 노력이 따릅니다. 의료인으로서 진심 어린 마음으로 집집마다 낮이고 밤이고 시간을 내어서 찾아뵙지요. 어르신들이 이야기하시는 것은 인내심을 가지고 처음부터 끝까지 들어주고요. 혼자 사시는 어르신들이 등이 가려우면 아버지처럼 대하면서 시원하게 등을 긁어드리지요. 뇌졸중으로 한쪽이 마비가 되어서 위생상태가 엉망이면 손발을 씻고 보습제를 발라 드리지요. 부엌을 둘러보고 밥상 차림이 아니다싶으면 나물도 조물조물 무쳐드리기도 하지요. 아주 낮은 마음으로 어르신들을 돌보던 숱한 사연과 애환들은 어르신들과의 신뢰감 형성에 소중한 밑거름이 되었습니다.

일감 이렇게 할아버지 할머니들하고 여러 가지 프로그램을 하시려면 보건진료소 직원들 숫자도 많아야 할 것 같은데 식구들이 몇이나 돼요? 보건진료소에...

김향숙 시골 보건진료소는 보건진료소장 한 명이 근무하는 곳이 대부분입니다.

일감 그러면 혼자서 댄스도 가르쳤다가 서예도 했다가 웃음치료도 하시고, 주사도 놓으시고 다 하시는 거예요?

김향숙 그런 일들을 꼼꼼하게 준비하고 계획을 세우지요. 오전에는 보건진료소를 방문하시는 분들에게 진료를 해드리고, 점심을 먹고 나서 오후에는 요일별로 프로그램이 다양하게 돌아가는 것입니다. 가정방문은 오후에 가고... 일주일간의 계획이 시간별로 잡혀져있으면 그렇게 번잡하거나 어렵지는 않습니다.

일감 할아버지 할머니들이 주사 맞고 가시면 고맙다고 오실 때 주머니에서 토종닭, 계란 그런 거 가지고 오시고 그러시지 않으세요? 오이를 하나 싸 가지고 오신다든지?

김향숙 가슴이 먹먹합니다. 어르신들과 시골에 산다는 것은 어렵기도 하지만 정을 나누는 것이 정말 좋습니다. 어르신들의 온정은 저를 깜짝 놀라게끔 하시지요. 어르신들이 직접 길러서 손에 들고 오신 달걀 몇 알에 눈시울이 젖고요. 텃밭에 심은 풋 남새들을 가족들과 맛보라고 몇 번을 씻어서 검은 비닐봉지에 담아오면 심장이 얼얼해집니다.

일감 어렵기는 하지만 행복하기도 하시겠어요?

김향숙　현재의 자리가 최고의 꽃자리인양 행복하고 재미있습니다.

주민들이 저희 가족을 행복하게 합니다

일감　밤에도 늦은 시간에 급한 환자가 생기면 문도 두드리고 그러시잖아요. 그럴 때도 있으시죠?

김향숙　가족이 모두 관사에서 살다 보니까 주민들과는 더욱 쉽게 만나게 되어져요. 주민들은 아이들의 이름을 부르면서 무덤덤하게 다가올 때가 많아요 "아이고 소장, 내가 갑자기 저녁을 먹고 나서 식중독이 걸린 것 같아 우짜노. 근무시간은 지났지만 내 좀 어째 좀 해주라." 이러시면 거절할 수가 없잖아요. 여태까지 가족처럼 지내던 분들이니 웃으면서 진료를 해드리지요. 현재 근무하는 노량보건진료소는 이름난 관광지로 남해대교와 더불어 노량대첩의 충무공 이순신장군의 발자취를 둘러오는 관광지이지요. 심지어 외국에서 오신 분들도 밤에 가끔씩 병원이 없으니까 보건진료소의 문을 두드립니다. 그러면 외국에서 오신 분들을 어떻게 진료를 거절하겠습니까. 어머니의 마음으로 최선을 다해서 불편한 점을 돌봐드리곤 합니다.

일감　여러 가지 이야기가 참 많으실 텐데 어쨌든 하루 24시간이 짧다면 짧은 그런 생활을 하고 계시는데 그러다보면 아무래도 남편이나 가족들이 어쩌면 우리들에게는 시간을 안 주고 맨날 주민들에게

만 시간을 할애한다고 불만이 있으실 것 같아요. 불만 좀 없어요?

김향숙 '엄마는 직장이 먼저예요? 우리 가족이 먼저예요?' 아이들이 어릴 때는 그런 말을 가끔씩 했습니다. 아이들은 엄마가 인정받고 잘하는 것들을 보고 '역시 우리 엄마가 능력을 인정받고 열심히 하니까 어르신들하고 이렇게 잘 지내는구나!' 그러면서 우리가 좀 불편하지만 보건진료소에서 잘 살 수 있는 것도 주민들의 덕택이니까요. 남편 역시 '그래 당신 열심히 잘해봐라, 힘들면 우리 같이 힘 모아서 잘해보자!' 이렇게 등을 토닥거려 주며 힘을 주던 울타리가 가족이었습니다.

일감 아이고, 고맙습니다. 이렇게 할아버지 할머니를 기쁘게 해드리고 행복하게 하는 것도 좋지만 본인도 좀 행복해야 이 일을 오래 할 수 있고 그렇지 않습니까? 김향숙님은 어떤 것을 행복이라고 생각하세요?

김향숙 일단은 내 자신이 가장 소중하고 행복함을 느낄 때 가족들에게도 좋은 에너지를 발휘할 수 있고요. 저는 다른 것은 잘 모르겠습니다. 아직 여러 가지 경험이 부족해서... 선친께서 지어준 이름 세 자, 김 그리고 향기 향(香), 맑을 숙(淑), 정말 금빛처럼 따뜻한 가슴으로 맑고 향기롭게 그냥 살아가노라면 그것이 저의 행복의 길이 아닌가라는 믿음을 가지고 있습니다.

일감 **'맑고 향기롭게'라고 말만 하셔도 그냥 맑고 향기로워지는데 이렇게 웃음을 띠시면서 고운 성품으로 말씀하시니까 제가 다 맑고 향**

기로워지는 것 같습니다. 오늘은 남해의 시골 보건진료소장님하고 말씀을 나눠봤습니다. 어떻게 보면 많은 분들의 아픔을 치료하고 또 아픔이 생기지 않도록 예방하고 이런 일이야말로 정말 중요한 일인데요, 관세음보살님께서는 중생의 아픔이 있는 곳에 언제든지 달려가서 밤이고 낮이고 보살펴주신다고 경전에 나와 있습니다. 우선 본인이 행복해야만이 행복이 전해진다고 하시는데 어쩌면 우리가 가지고 있는 나만의 잘못된 어리석은 생각이나, 과도한 성냄, 쓸데없는 욕심 같은 것들이 우리를 더 행복하게 하지 못하는 요소가 될지 모르겠습니다. 그래서 우선 내가 행복해지기 위해서는 내 마음을 좀 내려놓고 따사로운 마음으로 주변을 보면 주변에 관세음보살의 역할을 해줘야 할 분이 많이 계시다는 것을 볼 수 있습니다. 내가 먼저 행복해져서 그 마음을 가지고 주변의 아픔과 어려움들을 돌아보고 함께 손잡고 추운 겨울을 보내는 따사로운 마음을 가져보는 시간이 되었으면 좋겠습니다. 고맙습니다.

열 번째

길거리에서 도장 파던 소년에서 전각예술의 최고봉으로

전각이라고 하는 과정은, 시. 서. 화. 각이 결합된
동양예술의, 동양예술하면 세계예술이죠.
그야말로 정수라고 감히 역설할 수 있겠습니다.

전각예술가 ●●●. 진공재

열여섯 살에 집을 나와 열여덟에 득도하다

일감　안녕하세요. 잘 지내셨죠? 그냥 내비두면 개성으로 꽃피운다는 이야기를 한 적 있는데 여러분도 개성을 살려서 꽃 잘 피우고 계시죠? 초등학교 졸업하실 때 선물로 도장 받으신 거 기억나세요? 학교에서 파줬는지 아버님이 파줬는지는 모르겠지만 저도 그때 도장 선물을 받았어요. 도장 쓰는 일 생기는 게 성인이 된 것 같기도 하고 대접받는 것 같기도 하고 그랬는데, 그 도장도 알고 보면 전각입니다. 오늘 모실 분은 그런 작은 나무에 새기는 도장에서부터 돌에 새기는 전각, 그리고 이름 새기는 것을 넘어서서 작은 공간이나 큰 공간에, 또는 재료도 여러 가지를 써서 반야심경이라든지 금강경이라든지 이런 경전을 새기는 일도 하시는 분입니다. 어떻게 보면 전각을 통해서 수행을 하는 듯한 그런 분입니다. 심인방 전각가 진공재님을 모셨습니다.

일감 좀 전에 제가 전각이라고 말씀을 드렸는데 도장 새기는 것도 전각 이라고 해도 되는 거죠?

진공재 네. 그렇습니다. 도장이 바로 전각입니다.

일감 전각하고 서각은 다른 겁니까? 어떻게 이해해야 하는 겁니까?

진공재 서각이라는 것은 대부분이 목판에다 써진 글씨를 붙여서 새기는 것이고요. 예를 들면 사찰에 가면 대웅전이라든가 그런 여러 가지 글씨를 서각이라고 합니다. 그리고 전각이라는 것은 서각하고 좀 달라서 도장에서부터 비롯되는 것인데, 나무나 돌 같은 여러 재료에다가 문자나 도형. 그림. 이런 것을 총체적으로 새기는 것이라고 할 수 있겠습니다.

일감 말하자면 대웅전 현판도 서각에 해당될 거고 주련 이런 것도 서각일 것 같은데, 전각은 돌에다 새기고 그러지 않습니까. 전각은 용도가 무엇입니까?

진공재 전각은 주로 신빙(信憑)을 표현하기 위해서 생겨났습니다. 기관이라든가 개인의 신빙, 예를 들자면 관인에서부터 시작해서 오늘날 개인이 쓰는 인장까지 그것을 전각이라고 할 수 있겠는데요, 보통 서화인들이 쓰는 낙관용 도장도 보편적인 전각의 기본이라고 볼 수 있겠고요. 요즘에 와서는 돌이라든가 나무 등에 낙관용 인장뿐만 아니고 여러 가지 좋은 글귀라든가 좋은 이미지라든가 그림 같은 것을 새겨 찍어서 완상하고 감상할 수 있는 예술로까지 승화되었습니다.

일감 그러니까 단순히 도장을 새기는 차원을 넘어서서 이제는 예술로까지 승화되어 있군요. 전각예술의 최고봉이라는 칭호도 받으셨는데 언제 이런 전각을 시작하신 겁니까?

진공재 외람된 이야기 같습니다만 저는 열여섯 살에 출가를 해서 열여덟 살에 득도를 한 사람입니다.

일감 우리 스님들도 출가해서 득도한다고 그러는데, 진공재님도 출가해서 득도를 하셨군요. 분야가 좀 다르긴 합니다만...(웃음)

진공재 저는 전라북도 남원이 고향이고요. 열여섯 살에 무작정 상경을 한 것이 출가고요. 밥벌이를 위해서 안 해본 일이 없다가 열여덟 살 때 길에서 칼 한 자루를 주웠다 해서, 얻을 득(得)자 칼 도(刀)자를 쓰는데, 스님들은 얻을 득(得)자, 길 도(道)자로 도(道)를 얻으신 거고, 저는 칼 한 자루를 얻었기 때문에 득도(得刀)라고 합니다만, 그 의미는 다르다고 볼 수 있겠죠. (웃음)

일감 그럼 칼 한 자루를 길에서 얻었다는 게 단순히 길에서 칼을 주웠다는 개념은 아닐 거고 그 일을 시작하셨다 그 말씀이시네요?

진공재 그렇습니다. 밥벌이를 위해서 이것저것 하다가 길거리에서 도장 새기는 것을 업으로 삼기 시작했습니다. 여러분들도 잘 아시다시피 시장이나 육교 같은 곳, 지금도 그런 게 있습니다만 그때 당시에 오백 원이라고 공공칠가방에다가 써 붙여 놓고, 길거리에 앉아서 밥벌이 수단으로 도장을 새기기 시작했습니다. 그것이 오늘날의 예술가가 되기까지의 첫 단추라고 보면 됩니다.

일감 그러니까 이제 득도는 득도네요.

진공재 그렇다고 볼 수 있습니다.

일감 칼을 얻었다고 해서 다 도장을 파지는 않을 텐데 진공재님은 소질이 좀 있었던가요? 그런 분야에.

진공재 네. 어려서부터 하여간 새김질하는 짓을 좋아했습니다. 도토리에서부터 시작해서 고구마. 지우개 이런 것을 칼로 새김질을 하다가, 집에 새김질거리가 없으면 심지어 앉은뱅이 책상 같은 것도 파대고요. 그래서 혼나기도 하고 나아가서는 할아버지 인장을 갈아서 그 위에 내 이름을 새기기도 하고...

일감 할아버지 도장 잘 새겨져 있는 것을 갈아서 새로 새기고 참 할아버지가 어이가 없으셨겠네요.

진공재 그래서 아주 혼도 많이 났습니다.

일감 그래도 혼나는 과정 속에서 연습이 될 수밖에 없었네요?

진공재 그 짓을 하고 싶으니까, 그 짓을 누가 시켜서 하는 것도 아니고. 하다가 결국은 여기서 밝혀서 될지 모르겠지만 어머니가 열네 살 때 돌아가셨습니다. 집에 있는 것이 힘들고 참 보통 고약한 일이 아니죠. 그래서 불가피하게 무작정 상경을 한 것이 출가라고 제가 재미나게 이야기하는 겁니다.

시. 서. 화. 각이 결합된 동양예술의 정수를 세계화하는 작업

일감 그렇게 시작하셔서 도장 가게도 운영해 보시고 공공칠가방 들고 도장도 파시고 그러시다가, 어떻게 하시다가 대한민국 서예대전에서 최고상도 받으셨는데 서예도 하신 겁니까?

진공재 네. 처음에는 생계수단으로 길거리에서 도장을 파서 밥을 먹기 시작했습니다. 그러다보니 돈이 좀 벌리고 안양 1번가에 예인당이라고 인장가게를 냈습니다. 그런데 그걸로 만족이 되지 않아요. 좋은 도장을 어떻게 새길 것인가 고민해 보니까 서예를 모르고서는 고급 도장을 새길 수 없더라고요. 그래서 독학 자습으로 서예를 시작했습니다. 서예에 심취하게 되었죠. 도장의 원류는 전각이고 전각을 찾아 들어가니까 서예가 나오게 되고, 서(書)와 화(畵)는 동원(同原)이라, 그래서 그림도 알게 되고, 부단히 정진은 하는데 제 경지가 어느 정도인지 궁금하더라고요. 여러 차례 공모전에 출품도 해보고 여러 해 낙선 끝에 입선도 하고 특선도 하다가 마침내 〈91년도 대한민국 서예대전〉에서 전각부문 최고상을 제가 수상하게 됩니다. 쾌거죠.

일감 몇 번 떨어졌냐고 물어보려고 했더니...

진공재 그것은 뭐 수도 없이...(웃음)

일감 그때 그 상을 받으셨을 때 기분이 좋으셨죠?

진공재 그때 기분이야말로 이루 말할 수 없었죠. 대한민국 5대 일간지에 제 이름과 작품이 전부 다 나왔었고요. 거기서 잊지 못할 은문(恩門)도 만나게 됩니다. 석도륜 선생님이신데요 심사위원으로서 제 출품작을 우수상으로 선출해주셨습니다. 91년도 5월 스승의 날이었는데 알아보니까 산중에 계시다가 내려오신 분이더라고요. 찾아뵙고 인사를 드리고 그러고 매주 한 번씩 20년을 만나 뵈었는데 2년 전에 그만 불귀의 객이 되셔서 먼 길을 떠나셨습니다. 눈시울이 붉어집니다.

일감 어떻게 보면 진공재 선생님도 이미 일가를 이루셨기 때문에 뭘 더 배우지 않아도 되었겠지만 그래도 그 선생님의 영향을 많이 받으셨다고 볼 수 있겠네요.

진공재 저는 그때 당시 나름대로 제 길을 가는 사람이었기 때문에 누구 것도 받아들일 생각이 없었습니다. 선생님을 매주 찾아뵈었지만 서예나 전각을 배운 건 아니고요, 인생을 살아가면서 지침이 될 만한 말씀을 많이 들었습니다. 그 어르신은 맥주를 좋아하셔서 맥주를 얻어 마시는 걸로 공부를 했습니다.

일감 전각이라고 하는 것에 과정이 있나요?

진공재 전각이라고 하는 과정은 아주 복잡한 과정이기도 하고, 또 어떻게 보면 단순합니다. 새기고자 하는 재료를 구하고, 거기에다가 새기고자 하는 문장 있죠? 주로 개연이라든가 내가 귀감으로 삼을 수 있는 문장을 배치하고 거기다 그림 식으로 포치(布置)를 하는 거죠. 예술적으로. 그것을 조각적 기법으로 새깁니다. 서예가 있고,

그림이 있고, 조각이 있고, 그다음에 문장이 있으니까 시가 있죠. 그래서 시. 서. 화. 각이 결합된 동양예술의, 동양예술하면 세계예술이죠. 그야말로 정수라고 감히 역설할 수 있겠습니다.

일감　말씀을 듣고 보니까 그러네요. 그중에 한 가지만 빠지더라도 훌륭한 작품이 될 수 없잖아요.

진공재　그렇습니다. 사위가 일체가 되어야만 그야말로 명전각이 될 수 있습니다.

일감　각을 돌에 새길 때 보면 칼로 새기는 거잖아요? 새기기 좋은 돌이 따로 있겠네요?

진공재　새기기 좋아야 또 좋은 돌이고요. 일반 대리석 같은 돌이 아닙니다. 이 돌은 우리나라에서는 해남 지방의 옥매산이라는 산에서 나오는 납석 종류로 굉장히 아름답고 부드럽습니다. 한국에서는 나오는 곳이 더 없고 대부분 중국에서 석재가 나오는데 가격도 천층만층(千層萬層)입니다. 손가락 두께만한 돌이 몇 천만 원 가는 것도 있고 계혈석이라고 해서... 그건 희소가치에 따라서 금덩어리를 능가합니다. 내가 새기고 싶은 것, 마음속에 있는 것을 전부 다 새긴다고 해서 심각(心刻)이라고 표현을 하는데요. 돌도 다양하죠. 모양이라든가 색이라든가... 일반적으로 쓰는 도장을 전각이라고 하는데 저는 도장을 예술화해 한 단계 격을 상향시켰죠.

일감　어떤 분들은 기와에 새기기도 하더라고요.

진공재　저도 그렇게 하고 있습니다.

일감　아무 재료에다 막 새겨도 되는 겁니까?

진공재　기와나 돌판에 새기는 것은 전각이라고 할 수는 없겠고요, 서예와 전각예술의 조화라고 볼 수 있겠습니다. 서예의 문자와 전각의 칼질기법. 서예라고 하는 것은 흰 종이에 검은 글씨인데 이걸 가지고는 승부가 안 됩니다. 적어도 지금 우리시대에서는… 서예의 본질을 일탈하지 않은 범위 내에서 영역 확장을 꾀한 거죠. 사찰 뒤편에 가 보면 썩어가는 기왓장이 있습니다. 흙으로 돌아가기 직전의 것들인데 운이 나쁜 건지 좋은 건지 칼잽이 눈에 띄어서 기와가 흙으로 회귀하는 길목에서 다시 생명을 얻은 거죠. 기와에 새기기도 하고 그것도 없으면 벼룻돌 같은 돌판에 새기기도 하는데 일반 종이에 쓴 서예와는 전혀 다른 맛이 기가 막힙니다.

〈채근담〉 12611자를 전부 돌에다 새겨 병풍으로 만들어

일감　진공재님은 불경도 많이 새기시고 채근담 같은 좋은 말씀도 병풍으로 만들고 그러셨잖아요? 그러면 규모가 어마어마할 텐데…

진공재　98년도니까 마흔 한 살 때입니다. 열여섯에 집 나온 지 15년 만에 〈채근담〉 12611 글자를 돌에다 전부 새겨서 병풍을 만들었습니다. 그러고 나서 어느 날 보니까 제 머리가 완전히 백발이 되고, 수염이 백수염이 되고 눈썹이 백미가 되고, 그야말로 기와 맥이

다하도록 열과 성을 다한 작품이었던 겁니다. 채근담 전문을 책으로 탄생시켰던 것이죠. 이것은 세계 초유 작품입니다.

일감　시간이 얼마나 걸렸어요?

전공재　한 10여 년 걸렸습니다.

일감　채근담을 병풍에 새기면서 흑발이 백발이 되셨다는데 지금 보니까 다시 흑발이 되셨네요?

진공재　그땐 기진맥진한 상황이었어요. 이빨이 무너져서 지금 입 안이 금광입니다. 무릎이 무너져서 병원을 좀 다녔고요. 그리고 척추가 이상이 생겨서 추나요법 치료도 받았고요. 그런 다음에 특별한 약을 먹거나 그러진 않았는데 일 년 만에 흑발로 돌아와서 사람들이 깜짝 놀라기도 하고 희한한 일인데 회춘을 했다고 생각을 합니다.

일감　아마 고된 작업을 내려놓으시고 마음도 좀 편안해지고 그래서 좋아지셨나 봅니다. 〈반야심경〉도 병풍으로 만드셨죠?

진공재　네. 〈반야심경〉 270자를 다 새겼고, 또 별도로 돌 하나하나에다 〈반야심경〉을 여러 가지 형태로 새겨서, 이것을 찍어서 표현하는 방법에 따라 병풍도 되고 가리개도 되고 또 한 장에다 연출할 수도 있고...

일감　그런 작품을 보면 사람들이 좀 이해하고 반응이 옵니까?

진공재　우선 독특하잖아요. 독특하고 열정이 누가 봐도 느껴지지 않습니까? 그래서 일반적인 작품하고는 다릅니다. 새길 때 인고라고 해서 처음에 배치할 때 정성, 새기면서 정성, 찍으면서 정성, 그러다 보니 누가 봐도 느끼고 놀라워합니다.

일감 그렇게 힘들여서 한 자 한 자 새겨진 병풍 앞에 있으면 좋은 기운도 받지 싶어요.

진공재 그건 제가 가지고 있는 에너지입니다. 아직도 가난하지만 나는 죽어서 다시 태어나도 다른 일을 하지 않겠다. 죽어서 다시 태어나도 석도필묵과 함께 전각을 하면서 살아가고 싶다 그것이 남이 모르는 마력이요 에너지입니다.

브래드 피트 부부, 레오나르도 디카프리오도 고객

일감 도장을 새겨 사람들에게 선물하고 그런 과정에서 좋은 에피소드도 있을 것 같아요.

진공재 여러 가지가 있습니다. 외국에 나가서 도장을 새겨본 적이 있고요, 〈프랑크푸르트 국제도서전〉이라고 있습니다. 2005년에 우리가 주빈국 관계에 있었습니다. 제가 그 주빈국 주간에 초대받아 이 돌덩어리를 짊어지고 가서 현장에서 전시도 하고 장서인을 새겨서 팔기도 했어요. 프랑크푸르트 시장, 요수카 피셔라고 녹색당 당수 이런 분들이 와서 직접 주문을 했습니다. 그래서 상당히 많은 양을 팔았습니다. 팔아서 향긋하고 오붓하고 짜릿한 유럽여행을 하고 좀 남겨서 돌아왔습니다.

일감 거기서 브래드 피트, 안젤리나 졸리가 와서 도장을 구입했다면서요?

진공재 아, 브래드피트나 안젤리나 졸리는 현장에는 오지 않았고요, 그분들이 한국에 오셨을 때, 영화 시사회 같은 것 때문에 들어오거든요. 윌스미스 부자라든가 레오나르도 디카프리오 같은 유명한 사람들에게, 제가 장서인으로 돌에다 한국적 문양에다가 그 밑에 그 사람들의 이름을 새겨줍니다. 책에다 찍을 수 있도록, 감상할 수 있도록 해주면 아주 좋아합니다. 영화사에서 주문받아서 한 것이고요, 우리나라에는 이해찬 전 국무총리라든가, 조정래 선생님이라든가, 고은 선생님 같은 분들 장서인도 제가 주문받아서 새겨드리고 그랬습니다.

일감 독일에서 전시하실 적에, 독일 사람들도 장서인에 대한 개념은 자기들도 있으니 알 거고 반응이 어떻던가요?

진공재 그 사람들은 장서인보다 장서표의 개념이 더 높죠. 장서표를 판화형식으로 만들어 쓰는데 제가 간단하게 장서인으로 해주니까 간결미라든가 그런데 대해서 아주 좋아했습니다. 국영 2TV에서도 찍어서 방영하고. 동양 예술의 함축미에 대해서 놀라더라고요. 기회가 된다면 유럽에 가서 살아보고 싶은데 기회가 올지 모르겠습니다.

2. 鹿鳴 녹명 140×173

진영근 글씨체 24종 보급

일감　이렇게 유명해지신 분이 문득 2009년에 작품을 모두 소각하고 산으로 들어가셨다는데 어떤 이야기입니까?

진공재　2003년으로 거슬러갑니다. 91년도에 상을 받고 서당에서 10년을 몸담고 이런저런 벼슬살이를 했습니다. 서예 벼슬살이죠. 10년이 지나서 보니까 참 부질없는 세월을 많이 보냈더라고요. 그래서 2003년 3월 29일부로 한국 서예협회 이사, 한국 전각학회 감사, 한국 현대 서예 문인화 협회 이사, 경기도 지부장, 이 모든 직책을 한날한시에 내려놓고 보따리를 싸서 산으로 들어갔습니다. 그러고 나서 남원으로 해서 부산으로 해가지고 지리산 산청골로 해서 결국은 유랑의 피를 속일 수 없어서 여기저기 뒤적거리고 있습니다.

일감　절의 스님들은 만행이라고 하는데 만행을 다녀오셔서 안정이 되셨던가요?

진공재　모르겠습니다. 절대 안정은 아닌 것 같고요. 그저 이렇게 제 편한 대로, 제 살고 싶은 대로 자유로운 삶을 앞으로도 살고 싶고요. 지금은 그래도 편안함으로 가고 있지 않은가 생각해요.

일감　전각 글씨체도 개발하셨다면서요?

진공재　우리나라 유수의 폰트회사에서 주문이 와, 전각글씨체 한글로만 여섯 가지 글씨를 새기고 그것을 네 가지 형태로 변형을 해서 6체 24종을 개발한 거죠. 지금 폰트회사에서 팔고 있고 사람들이 쓰고 있습니다.

일감 그런데 글씨체 이름이 진공재가 아니고 진영근 글씨체잖아요? 그건 왜 그렇습니까?

진공재 아버지께서 지어준 이름이 길 영(永)자 뿌리 근(根)자, 진영근입니다. 영근이죠. 열여섯 살에 집을 나오면서 떠돌이생활을 시작했죠. 생각해보십쇼. 열여섯 살 소년이 이 골목 저 골목에서 사고무친으로 살아가는 과정을. 근대사를 살아온 사람들 누구나가 다 고향을 기리고 힘든 인생을 살아왔겠습니다만, 스스로 택해서 온 길, 그러면서 서예를 하게 되었고 서예의 운치와 함께 전각인으로서의 아취를 가지고 가난한 가운데서 나를 즐기고 싶다 해서 이름을 많이 만들었습니다. 가진 건 없지만 이름이라도 많이 가져보고 싶더라고요. 처음엔 아무것도 없다 해서 진공재, 나 자신을 철저히 높인다 해서 존자박, 그리고 수리산 골짜기를 배회하며 산다고 해서 수리산지기, 또 남원으로 내려가서 관교루, 부산으로 가서는 상해, 지리산 시층골로 가서 태평양반, 스스로 태평양반이라고 해서 부르니까 태평스러워지더라고요. 그 외에도 많은 이름이 있습니다만 지금은 새마당, 하필이면 새옹지마(塞翁之馬)의 새와 말 마자의 마를 따서 새마당. 우리글로 하면 새로운 마당. 새마당, 존자방에서 진공재, 진공손으로 작업에 매진하고 있습니다.

절박함이 삶과 예술의 원천

일감 16세 때 집을 나서서 독학으로 최고봉까지 오르시고 그러셨는데, 얼마나 힘들고 어려운 생활이었겠습니다만, 이런 것들을 이겨나가고 오늘이 있기까지의 힘의 원천이라고 할까요 그런 것은 어떤 것이 있습니까?

진공재 우선 절박함이 있습니다. 내가 스스로 내 벽을 구축하지 않으면 안 된다. 내가 살아나가야 한다. 살아나가기 위해서는 어떻게 할 것이냐. 절박하죠. 절박하다 보니까 제 예술의 가치는 절박성에 있습니다. 예술 자체를 하기 위해서 하던 사람이 아니고 밥을 먹기 위해서 하다 보니까 예술을 하고 있는 거구요, 사고무친 아무도 아는 사람이 없는데 좋은 작품을 만들기 위해서는 열과 정성을 다하지 않고는 안 됩니다. 제 가치는 절박성과 열정을 다 바쳐야 된다는 거. 그러다 보면 좋은 작품이 나오는 거고, 좋은 작품이어야만 다른 사람의 눈에 들 수 있고 지갑을 열게 할 수 있죠. 그래야 밥을 먹고 살죠.

일감 얼마든지 다른 말로도 표현할 수 있으셨을 텐데 그냥 있는 그대로 삶의 절박함이 힘의 원천이었다고 말씀해 주시니까 위안이 됩니다.

진공재 이것 참 부끄럽습니다.

일감 정말 이런 열정이 우리들을 위해서도 끊임없이 나와 줬으면 좋겠다라는 생각을 갖게 되는데요. 앞으로 특별한 계획이라도 있으십니까?

진공재 특별하달 것은 없고요 제가 지금까지 한 채근담. 반야심경. 금강경. 한글폰트 개발 이런 것으로 만족할 수도 있겠습니다만 제 열정이 또 끊임이 없습니다. 우선 서예인의 한사람으로서 전각인의 한 사람으로서 서예와 전각의 영역 확장, 단순히 끼리끼리 감상하는 예술이 아니라 대중성을 확보하는 것입니다. 예를 들면 로고라든가 심볼이라든가 이런 것을 전각과 서예로 개발하고 영역을 확장해서 동양예술의 세계화, 그리고 누가 봐도 함축미 있는 예술세계. 서예와 전각의 영역확장을 위해서 있는 힘을 다해서 가다가 때가 오면 행운이라고 생각하고자 합니다.

일감 **말씀을 듣고 보니까 전각 분야가 다양하고 우리 일상생활 속에서 얼마든지 예술적 이미지를 창출해 낼 수 있는 분야가 많겠다는 생각을 해보았습니다. 진공재님이 이렇게 오랫동안 이런 삶의 길을 가시게 된 원천을 여쭈어보았더니 절박함이라고 말씀하시네요. 이것은 아주 중요한 이야기인 것 같습니다. 세상을 살아갈 때 존재 자체가 존재하기 위해서는, 또 나 자신을 생각하고 가꾸고 발전시키기 위해서는 절박함이 있는 사람하고 없는 사람하고 차이가 납니다. 존재들은 누구나 고통은 싫어하고 즐거움을 좋아할 수밖에 없는 한계를 가지고 있습니다. 그래서 사는 마당에, 고통을 만들지 않고 남도 행복하고 온 세상이 행복한 세상을 만들기 위해서, 오늘 내가 하루 생각하고 말하고 행동하는데 진실하고 절박하게 살아**

갔으면 좋겠다 그런 말씀을 드리면서 오늘 마치겠습니다. 감사합니다.

열한 번째

풍류가 녹아 있는
조선 검법을 만나보세요

자연 속에서 진화하는 자연 세계관 그대로,
이게 조선세법에 녹아 있는 게 아닌가
그런 결론을 도출해낸 것 같은데...

교사7단 검도교실 선해재관장.한국여자검도사범회장 ●●●. 이은미

최고의 검법인 '조선세법'을 무도올림픽에서 시연한 검도 6단 여성

일감 대단합니다. 정말 대단해요. 조선세법 시연이... 사백년 전 우리 조선 무인들이 익혔던 중국 병법서에도 나와 있는 조선세법의 여성 검객 이은미님 반갑습니다.

일감 조선세법(朝鮮勢法)이라는 것이 어떤 겁니까?

이은미 지금 문헌으로 전하고 있는 동양 최고의 검법으로 1621년에 중국의 모원의라는 학자에 의해서 씌어진 〈무비지(武備志)〉권 86에 보면 책에 유일하게 검보로 소개되어 있는 것이 〈조선세법〉이고 조선에서 얻은 것이라고 분명히 명시가 되어있습니다. 임진왜란을 전후해서 명나라하고 교류가 잦다 보니까 조선에서 검이 흘러가서 우리가 그동안 무를 천시하는 동안 기록으로 남아서 유일하게 전해져 오던 것들을 1980년도 초에 대한검도의 범사(範士) 8단이신 이종림

선생님께서 복원을 하시게 되었습니다. 2010년도에 북경에서 열린 스포츠 어코드 컴뱃 게임(Sports Accord Combat Game)이라고 거기서 제가 처음으로 시연을 하게 되었습니다.

일감 오래 전에 최고의 검법이라고 했는데 오래되었다는 겁니까?

이은미 예. 가장 오래된 기록으로써...

일감 2010년도에 무도대회에서 시범을 보이셨다면서요? 그때 격찬을 받으셨다는 데 소개해 주세요.

이은미 2010년도 3월에 대한검도회로부터 전화가 왔었습니다. 연락이 와서 조선세법 시연자로 결정되었으니까 연마를 열심히 하라. 2010년도 8월 30일부터 9월 4일까지 북경에서 열린 대회인데요. 그게 무도올림픽으로 첫 대회이고 전 세계 87개 국제경기 가맹단체의 총연합체인 KAISF가 Sport Accord Combat으로 이름을 바꾸면서, 첫 대회를 하계올림픽이 개최되었던 중국에서 열었습니다. 전 세계 무도인들의 잔치가 되었던 장이었습니다. 제 위에 선배님들도 많이 계시고 훌륭한 선생님도 계시는데 제가 가게 돼서, 처음에는 좋다는 것보다도 너무 부담이 되었고 심적으로 힘이 많이 들었습니다. 왜냐하면 그전까지 2001년도부터 대한검도회에서 조선세법 경연대회도 하고, 승단심사도 하고, 지도자 강습회를 해오고 있던 중이었지만, 크게 흥미를 갖고 있지는 못했습니다. 저는 오랫동안 선생님으로부터 배워오던 것들이 있었기 때문인데요. 그러다가 제가 그 부름을 받고 이걸 어떻게 해야 되나 굉장히 고민을 많이 했더랬습니다. 그렇게 고민하면서 연습을 하던 어느 날 거울을 보고 순간적으로 크게 느낀 바가 있었습니다. 제가 저의 얼굴에 침을 뱉고 있었다는 사실을 알았습니다. 제 조상이 변변찮다고 불평을 하고 있다는 것을요. 일본에는 그렇게 기록도 많고 무가들에게 전해 내려오는 검법들도 많은데 하면서...

그 이후 지속적으로 이종림회장님을 통해서 사사받고 연구를 하면서 제가 잘못된 마음가짐을 가지고 있단 걸 알았습니다. 처음에는 연구문헌들이 풍부하지 않았고, 30년 가까이 연구를 해오셨지만 아직까지 체계화가 부족하다 보니까 어려운 부분들이 굉장히 많았었습니다. 수련하는 사람으로서는. 그런 것을 어떻게 해야 할지 주위에 자문도 구해보고 하나씩하나씩 배워가는 과정에서, 아, 내가 마음가짐을 잘못 가졌구나. 이때까지 칼이라면 그래도 일본의 칼이 최고 아니었던가, 검법은 일본 것이 최고 아니었던가 이런 생각을 하고 있다는 걸 알았습니다. 제가 부끄럽지만 솔직히 그때 그랬습니다. 그러다가 내가 마음을 바꿔야 되겠구나. 내 마음가짐이 틀렸다. 설사 내 것이 부족하더라도 우리 것이 아직 미흡하더라도, 내가 나서서 열심히 연구를 하고 열심히 수련을 해서 사람들한테 이런 것이 있다는 것을 보여줘야 하는데 내가 이런 엉뚱한 생각을 하고 있다니 싶어서, 먹는 것. 자는 것 외에는 조선세법만 했었습니다.

일감 와아! 검도 6단이시라면서요?

이은미 네.

일감　그렇게 고수들이 많이 있습니까?

이은미　작년 가을에 7단이 한분 나오셨습니다. 그리고 그 밑에 6단이 저까지 포함에서 8명입니다.

일감　놀라운 건 어렸을 때부터 검도를 하신 게 아니라면서요? 소문에는 원래 피아노를 치시는 피아니스트였다는 데 어떻게 된 겁니까?

피아니스트에서 무도인으로

이은미　운명이란 게 있나보다는 생각을 검도하면서 했었습니다. 대학을 졸업하고 91년 가을학기에 제가 대학원에 진학을 했었는데, 그해 9월에 학교 가는 버스를 저희 집 아래서 타고 왔다갔다 하다 보니까, 어느 날 간판이 하나 올라가는 게 보였어요. 그게 검도 도장 간판인 거예요. 저게 언제쯤이면 다 올라가지 하고 보다가 며칠이 지나 학교 갔다 와서 마음을 먹고 갔더니, 마루공사가 막 끝나 먼지가 가득한데 마루에 앉아 계시는 분이 어떻게 왔냐고 물어보시더라고요. 그래서 검도를 배우러 왔다고 했어요.

일감　검도를 배우실 생각이 처음에 있었네요?

이은미　아니요. 막연한 동경을 하고 있었던 것 같아요. 고등학교를 남녀 공학을 다녔는데요. 그때 학교 앞에도 도장이 있었어요. 그런데 그때만 해도 고등학생이 뭘 배우러 간다, 체육이나 이런 활동에 대해서 특히 여자가 하는 것에 대해서 별로 그렇게 장려하는 분위기는 아니었구요. 더군다나 검도라니. 그러다 신문을 우연히 보았는데, 여고생이 가방 안에서 작은 목검을 꺼내서 깡패를 물리쳤다는 기사를 본 적이 있었습니다. 그때부터 마음속에 자그마하게나마 검도 씨앗이 뿌려지지 않았나 그런 생각을 했었고 나중에 검도를 하고 보니까 저희 할머니댁 근처에 옛날 일본식 건물이 있었습니다. 어쩌면 어릴 적에 그 집을 지나다가 검도하는 모습을 보지 않았을까 그런 생각도 들더라고요. 그래서 검도에 대한 막연한 동경심이 현실로 나타난 거죠. 그때 마루에 앉아 계셨던 분이 저의 선생님이신데 마루공사를 마치고 먼지를 뒤집어쓰고 계서서 일하는 인부인줄 알았어요.(웃음) 검도를 배우겠다고 하니까, 여자가 와서 운동을 한다니까 한번 물어보는 사람이겠구나 하고 마셨는지 다음날 가보니까 문이 안 열려있었어요. 회비까지 챙겨서 다시 갔더니만 진짜 올 줄 몰랐다, 더군다나 새벽에 올 거란 생각을 못 했었다고 하시면서 저한테 관번 1번을 주시는 겁니다. 그 도장이 대구에서 가장 처음으로 생긴 사설 검도도장이었고 제가 그 도장의 1번 관원이 되었습니다. 그 당시 검도하는 여자분이 제가 알기로는 서울에 몇 분 계셨습니다. 그런 때라 선생님도 여자가 올 줄 몰랐었고 저도 뭐 이렇게 제가 오래할 줄 알았겠습니까. 저도 몰랐었습니다. 진짜로.

일감 피아노를 내려놓고 검을 든다고 했을 때 가족들 반대가 이만저만이 아니었을 텐데 어땠어요?

이은미 저희 어머니는 특히 안 좋아하셨습니다. 검도가 굉장히 안전한 운동이지만 대부분 남자들이니까 맞으면 멍도 들고 손도 까지고 발에 굳은살도 박히고 마뜩잖아 하시더라고요. 여름에 짧은 소매를 입고 다니면 좀 창피할 때도 있고. 저러다 말겠지라고 생각을 하셨던 것 같아요. 그러다가 본격적으로 95년도부터 선생님이 권유를 하셔서 전문적인 검도직업인으로 접어들게 되었습니다. 그때는 사실 피아노를 그만둔다는 생각을 해보지 않았습니다. 음악은 언제나 항상 하고 있는 거니까. 그래도 어머니께선 아쉬움이 많으셨던 것 같아요. 제 주변의 동료들이나 동창들 보면 대체적으로 학교를 졸업하고 평탄한 일상을 이어가는데 다 큰 처자가 칼 들고 설쳐대는 게 좋지만은 않으셨던 것 같아요. 그런데 제가 워낙 열심히 하고 좋아하면서 주변의 인정을 받고 하나하나씩 성장해 나가니까, 그때서는 별 말씀 안 하시고 언제나 절 후원을 해 주시는 거죠. 제가 무엇을 하든 간에 저를 믿으시고 열심히 하는 제 모습에 대해서 자랑스럽게 생각을 하시고 그렇습니다.

일감 비록 좋아하기는 하지만 검도라고 하는 것이 남자들이 하는 거잖아요? 어쨌든 아까 1호 관원이라고 말씀하셨는데 여성으로서 어려움도 많았을 것 같아요.

이은미 그때 당시에는 그랬던 것 같아요. 선생님도 그런 말씀을 하셨었고. 며칠이나 하겠나, 몇 달이나 하겠나, 한번 지켜보지. 다들 이런 마음이었는데 그 당시에 93년도부터 검도 열풍이 전국적으로 불었습니다. 광고로도 산소 같은 여자, 드라마 〈모래시계〉 이런 것이 방영

되면서 검도에 대한 열풍이 불면서 같이 운동하는 여자 동료들이 많이 있었어요. 그 당시 도장이 130평 정도 넓은 곳이었는데, 여자 탈의실은 들어가는 입구 왼쪽에 조그마하게 여자 3명 들어가면 딱 그 정도 겨우 있고, 샤워실도 없어서 다 기다렸다가 들어가서 샤워하고 그랬어요. 1~2년 하니까 나중에 여자 샤워실을 만들어 주시더라고요. 그 뒤로부터 전국적으로 여성 검도인들이 많아지면서 첨에는 낯설고 이색적인 이런 것들이 누구라도 할 수 있는 운동으로 인식이 바뀌지 않았나 그런 생각이 들었었습니다.

일본의 최고수인 사까이 선생에게서 사사받아

일감 일본인 스승에게도 배우셨다고 들었는데 일본에 가서 배우신 거죠?

이은미 네. 저희 선생님과 한 25년간 교류를 쭉 해 오신 사까이 도시오라고 일본 시모노세키에 계시는 선생님이십니다. 가장 고단자이시고 전 일본을 통틀어서 검도와 거합도 양대 산맥의 범사(範士)를 가지고 계신 분이 네 분밖에 안 계시는데, 네 분 중에 한 분이십니다. 2007년도에 왠지 그런 생각이 들었었습니다. 지금 안 가면 못갈 것 같다. 그 때 사까이 선생님이 마침 한국에 오셨었습니다. 그래서 제가 여쭤봤더니만 그러면 오라고, 당신 집에 머물면서 수련을 할 수 있게 도와주겠다고 하셔서, 관광비자로 가서 3개월 정도 했었는데 참 좋았고 참 힘들었었습니다. 그런데 개인 도장이 아니고 시모노세키현 도장이다 보니까 정해진 시간에만 문을 열고, 제가 외국인이라 그런데 대한 허용이 잘 안되더라고요. 그래서 때때로는 선생님하고 만나기 전에 점심 먹으면서 공원에서도 칼을 뽑고 휘두르기도 했어요. 하루에 아침에 연습하고, 점심 먹고 연습하고, 저녁 먹고 연습하고 그랬는데 그때 굉장히 더웠었습니다. 4월에 가서 6월 달까지 있었는데, 하루에 8시간정도 운동을 쭉 하다 보니까 많이 늘었지만, 다녀와서 1년간 후유증이 좀 있었습니다. 무릎이 너무 아파서 그때 1년 정도 쉬는 것 말고는 방법이 없습니다. 의사가 무조건 쉬어야 한다고 해서 제가 검도를 거의 못했습니다. 그때 뭔가 배우고 싶은 욕망은 굉장히 강했었고 처음에 가니까 선생님이 당신이 하는 형(形)을 다 보여주시는 겁니다. 몽상신전류(夢想神傳流)라고 해서 그 식들을 한번 다 보여주시는데 제가 딱 보는 순간 저걸 제가 모두 다 배우겠습니다 하니까, 선생님이 깜짝 놀라시면서 무리라고 안 된다고 말씀을 하시는 겁니다. 나중에 알고 보니까 그게 초단부터 4단까지는 각 유파의 특징적인 것만을 뽑아서 만들어 놓은 형만을 하도록 되어있습니다. 단도 없는 제가 가서 7, 8단이 할 수 있는 수준까지 몽땅 다 한다고 했으니 선생님은 가당치도 않으셨죠. 제가 뭘 잘 모르고 이러니까 그러려니 하고 받아들이셨던 거예요. 당신이 그 형(形)에 얽힌 이야기를 하십니다. 그러면 동작은 빨리 안 되어도 이야기를 들으니 뭔지 알겠고, 어떻게 하면 되겠다는 게 그려지니까 굉장히 재밌더라고요. 제가 떠나기 전 선생님이 고급까지 맛을 한번 보여주시고, 초급. 중급은 한국에 가도 이만큼

하는 사람은 없을 거다라고 하시면서 당신 자필로 증서를 적어 주시더라고요. 좀 더 많이 배우고 싶었는데 그때 아마 제가 최고로 할 수 있었던 한계가 아니었나 싶습니다. 그렇지만 외국에서 친구도 없고 말도 잘 안 되는 제가 지치고 힘들고 뭔가 잘 안 된다 싶을 때, 선생님께서 "리상, 오늘 쇼핑가자" 해서 모자를 사주시는 거예요. 제가 아직 젊고 열정이 있으니까 계속 하고 싶은데, 그러다 쉬이 지친다는 걸 아시고 그때마다 한 번쯤 쉬도록 해 주시는 거예요. 나중에 돌아오는데 선생님이 부두에서 손을 이렇게 흔드시는데 이별하는 님도 아닌데 눈물이 얼마나 나는지, 당신은 이렇게 손수건을 막 흔들고, 저는 눈물을 뚝뚝뚝 흘리면서 돌아왔던 그런 기억들이 지금도 생생합니다.

일감 돌아와요 부산항에가 생각나요.(웃음)

이은미 돌아와요 부산항에 맞습니다. 하하하...

일감 그렇게 훌륭하신 선생님께서 가르쳐 주시고 그랬는데, 그 일본문화를 우리가 가다(形)문화다 그런 이야기도 하고 그러는데 그만큼 어떤 폼 같은 것을 중시하고 그러잖아요? 거합도에서도 본이 중요하다는데 어떤 말입니까?

이은미 검도도 보면 형(形)이라고 그러고, 본(本)이라고도 이야기를 하는데 검도의 핵심적인 기술, 정수를 모아놓은 것들이 있습니다. 그런 것들을 심사 때 굉장히 중요하게 보거든요. 사실 저희도 예를 표할 때 허리를 숙이고 어떻게 하라 이런 격식이 있듯이, 격식이란 제대로 된 그릇에 담아져야만 안에 담긴 마음이 제대로 표현이 되지 않습니까? 유난히 일본의 문화자체가 형을 중시하고 격식을 중요시하다 보니까, 거합도 같은 경우도 비록 살기이기는 하지만, 굉장히 예술적인 경지로까지 갔던 것은 그런 폼이 아름답기 때문이 아닌가, 그런 격식이 사람의 마음을 당기기 때문이 아닌가 이런 생각이 들었습니다. 그런데 제가 조선세법을 하면서 그런 질문을 많이 받았습니다. 거합도(居合道)를 오래 했는데 조선세법과는 어떤 차이점이 있는가? 그래서 제가 곰곰이 생각을 해보고 주위에 물어봤더니, 도장식구들은 거합도가 웬지 피가 뚝뚝뚝 흐르는 그런 살기가 느껴진다면, 조선세법은 뭔지 모르는 호방함이 느껴진다는 그런 말씀을 하시더라고요. 그래서 그게 뭔가 생각을 해보니까 일본은 집을 지을 때도 칸마다 다다미 몇 장으로 딱딱딱 나오지 않습니까? 그런데 한국은 대목수가 한 칸으로 정해서 어떻게 부분적인 것들도 좀 끌어들여서 자연에 맞춰서 요렇게 하는 부분이 있잖아요? 도식화되지 않은 자연 속에서 인간이 같이 머무르는 그런 세계관이 우리에게 있었다면 그 사람들은 격식에 맞춘 세계가 있던 것이 분명하다. 정원 같은 것들도 그렇고, 차문화도 그렇고. 그래서 조선세법을 하면서, 그래 어쩌면 내가 굉장히 어려워했던 부분들, 교본에 이렇게 이렇게 하라고 나와 있는 것만 보고 예습만 하면 쉽게 이루어졌던 거합도가, 단지 한 줄의 문장. 하나의 꺼리. 뭔가 풀리지 않는 미션 같은 수수께끼 같은 조선세법을 가지고 오랫동안 연습을 해오다 보니까, 어쩌면 이게 우리 풍류가 아닌가. 우리 풍류도가 이 속에 녹아있던

게 아닌가. 기본적인 초식을 다 가르쳐주고 그 안에서는 죽이든지 살리든지 너가 네 맘대로, 자연 속에서 진화하는 자연 세계관 그대로, 이게 조선세법에 녹아 있는 게 아닌가 그런 결론을 도출해낸 것 같은데. 아직 미흡해서...

일감 우리가 그 일본 음식이라고 알고 있는 다꾸앙 있잖아요? 단무지. 그 다꾸앙 선사 아시죠? 다꾸앙 선사가 검선일여(劍仙一如) 이런 이야기를 하셨다는데 실제로 검과 마음을 닦는 것과는 일치하는 부분이 있죠?

이은미 네. 그 〈부동지신묘록 (不動智神妙錄)〉에도 보면 부동지에 대해서 설명이 나오는데, 부동이란 것이 우리는 움직이지 않는다는 것만 생각하는데, 그게 어디 집착하지 않는다, 머무르지 않는다는 이런 이야기죠. 예를 들면 검도를 하는데 서로 공방을 하고 있는 중에 상대가 내 손목을 자꾸 본다. 이 사람이 내 손목을 치겠거니 하고 그 순간 손목에 마음을 뺏겨버리면 전체를 관할 수 없는 거죠. 부분에 집착하다 보니까 상대를, 전체를 볼 수 없는 겁니다. 검도라는 것이 죽도로 하지만 진검승부로 생각을 하고 하거든요. 한판 뺏기면 죽는 거예요. 생명이 왔다 갔다 하는. 이 머무르지 않는 마음을 낸다는 것이 검도에서나 선에서나 똑같이 작용을 한다는 것을 매일 검도를 하면서 느끼고 있습니다. 사실이 그렇습니다. 항상 강조되는 것들이 부동심. 그리고 검도의 도장이란 말도 불교의 도량에서 나온 말입니다. 불교문화와 검 문화는 뗄래야 뗄 수가 없는 관계고 검선일여란 부분도 마찬가지입니다. 스님들께서 매일 참선을 하시고 수행을 하시는 것처럼 저는 검도인으로서 칼로써 수행을 하고자 노력을 늘 합니다만 잘 안 되는 것도 사실입니다. 관(觀)의 눈을 가져야지 하지만, 견(見)의 눈으로, 요 녀석 요놈 봐라 하고 매이다보면 실수도 하고, 검도니까 맞기도 하고 전체를 못 보기도 하고 그럴 때가 많이 있습니다. 그렇지만 항상 그런 것들을 생각을 합니다. 좀 더 큰 검도, 자연과 일치하는 검도, 이치에 순응하는 검도, 도리에 맞는 검도. 검도에 있어 자세라는 것은 바로 그 사람이거든요 내가 어떤지를 극명하게 잘 표현해내는 그 칼을 앞에 두고 제가 어떻게 함부로 삿된 마음을 먹고 할 수 있겠습니까?

검도 캐릭터 만들어 벤처 회사도 운영해 봐

일감 관세음보살! 그 부동지를 말씀하셨는데 하나에 머무르지 않는다는 마음이 어떻게 보면 전체에 머무른다는 마음도 되겠어요. 그런데 재미난 것은 컴퓨터 게임 같은 것도 만들고 그러셨다면서요?

이은미 처음에 출발은 단순하였습니다. 제가 검도를 너무 좋아했고 그 당시 검도가 사람들한테 많이 알려지기 시작할 때였습니다. 그 당시만 해도 일본에서도 검도 캐릭터 같은 것이 없었어요. 같이 검도하는 후배가 그래픽 디자이너고, 게임기획자고 해서 검도 캐릭터를 개발했었습니다. 한국에서는 저희가 처음 만들었었죠. 그 때 서울에도 여러 번 갔었습니다. 특허청에도 가고 변리사 사무

실도 찾아가고. 그래서 캐릭터가 많이 보급이 되었는데 그게 알고 보니까 불법복사가 심하더군요. 불법복제. 그것들 때문에 굉장히 어려웠었어요.

일감 좋은 경험을 참 잘하셨습니다.

이은미 제가 사회에 나가서 직장생활을 해본 적이 없었기 때문에, 제가 학생으로 마음대로 자유롭게 하던 것들만 하다가, 사회에 나가서 보이지 않는 벽에 부딪칠 수 있다는 것을 그때 처음 알아서 인생에 도움이 많이 되었습니다. 그 경험들이.

일감 그 부동지심을 늘 수련하시다 보니까 마음이 한곳에 있지를 않으신 모양인데 최근에도 다도와 명상. 정가 이런데도 관심이 있으시다면서요?

이은미 네. 그런데 그것들은 다 검도를 잘 하기 위한 방편들입니다. 제가 캐릭터를 만들었던 것도, 온라인 게임을 만들려 했던 것도, 그리고 예절공부를 했던 것도, 정가를 했던 것도 조선세법과의 접목입니다. 일관된 목표는 딱 하나였습니다. 어떻게 하면 검도를 더 잘할 수 있고, 더 폭넓게 이해할 수 있으며, 제대로 할 수 있을 것인가. 그래서 지금도 이렇게 저렇게 어줍지 않게 많이 하고 있습니다.

조선검을 부활시켜 한류문화로 이어지도록 노력할 것

일감 배우고 이런데 열정이 참 많으신데, 그래도 중심에는 검도가 있다는 것을 이야기 듣고 알 수가 있었는데 앞으로의 계획 같은 거 있으세요?

이은미 네. 지금까지 조선세법이 검도인들만의 조선세법이었다면요. 중국 가면 공원에서 태극권들 많이 하시잖아요. 대구에도 신천 둔치에 가면 각종 스포츠를 즐기는 분들이 많은데, 연세 되는 어르신들은 소일거리로 장기나 이런 걸 많이 두시거든요. 그걸 보면서 저분들 손에 칼을 들려서 조선세법을 하도록 그렇게 해야 되겠구나. 성철 스님도 '기도 중에 중생을 위한 기도가 한 구절이라도 있으면 그게 좋은 기도고 잘한 기도' 라고 말씀을 하셨잖아요? 저도 검도 하는 사람으로서, 또 조선세법을 하는 사람으로서 제가 할 수 있는 일이 뭐겠는가 생각해봤을 때, 주위 분들한테 그게 꼭 어르신들뿐만 아니라도 조선세법을 널리 펼쳤으면 하구요. 지금 한류 이야기를 많이 하는데 조선의 맥을 잇는 조선검의 부활을 이런 한류 문화의 한 장으로 만들기 위해서 제가 조금 미약하지만 보탬이 되도록 해야 되겠다 그런 생각을 가지고 있습니다.

일감 끝으로 누군가가 이은미님처럼 활기차고 밝게 사는 방법을 물어본다면 어떻게 대답을 해 주시겠어요?

이은미 바른 믿음과 열정이 아닌가 그렇게 생각을 합니다. 제가 검도를 하면서, 물론 좋으신 선생님으로부터 검도를 배웠다는 복된 바탕이 있었기 때문에, 그리고 제가 음악을 했다는 풍부한 소양이 바탕이 되었기 때문에, 검도를 이렇게 즐길 수 있지 않았나 하구요. 검도에 헌신하는 것. 내가 검도를 할 때는 검도가 되고, 조선세법을 할 때는 조선세법이 되어 완전히 그 안에 헌신하는 것. 그것이 바로 주위사람에게 기쁨을 주고 감동을 주는 일일 테니 제가 행복할 수 있는 비결이 아니겠나 생각합니다. 저희 도장이름이 〈선해재善海齋〉입니다. 그 이름을 스님이 지어주셨어요. 처음에 그 이름을 지어주실 때는 저희 선생님이 계셨지만 선생님이 2009년도에 갑자기 하루 만에 돌아가셨습니다. 병원에서 퇴원하시는 분을 제가 모셔왔는데 그 다음날 심장마비로 돌아가시는 모습을 보면서, 아, 정말 그때 무상함이 무엇인지 뼈저리게 느껴지더라고요. 그때 당시 당신이 받았던 이름 〈선해재〉가 무거운 이름이라 하시더라고요. 선한 마음들이 모여서 바다를 이루는 집이다 이런 뜻이 너무 크기 때문일 겁니다. 그런 힘든 시간이 좀 지나고 세월이 흘러가면서 지금 제가 가고 있는 검도의 길이 맞는 게 아닌가, 맞다라고 굳게 믿고 있고, 그런 마음을 통해서 저희 집에 오는 사람들이 검도로써 치유되는 것을 많이 봤습니다. 그랬기 때문에... 말씀하신 질문을 제가 깜빡 잊었습니다.(웃음)

일감 **그 깜빡 잊어버린 그것이 바로 질문의 내용이었습니다.(웃음) 부동지가 그런 거였는지도 모르겠습니다. 검이라고 하는 상당히 무거운 주제를 가지고 있지만, 검을 통해서 현대를 살아가고 있는 우리들의 힘든 마음을 어루만지고자 하고요. 또 검의 정신을 차라든**

지 명상, 또는 노래 같은 것으로써 이 시대에 펼치고자 하는 것을 봤습니다. 세상의 그 어떤 것도 본래의 목적이 무엇이든 우리가 잘 쓰는가에 따라 훌륭한 도구가 될 수 있듯이, 검도 활인검이 될 수 있습니다. 봄철에 우리가 꽃구경도 많이 가곤 하는데 가시는 곳마다 어떻게 하면 모든 만물을 살리는 봄이 될까 하는 것을 생각하는 봄이 되었으면 고맙겠습니다. 여러분 고맙습니다.

열두 번째

히말라야는 제게 소중한 벗과 영혼을 모두 주었습니다

얼어서 뽀등뽀등한 신발을 신고 문을 열 때의
그 고독감... 문을 열고 처음 나간다는 것은
출발한다는 의미잖아요.
그 문을 열 수 있는 용기가 필요해요.

히말라야 등반가 ●●●. 박정헌

" 아! 행복은 저런 거구나! "

티벳 말이 우리나라 말과 비슷해요. 추워가 "아추!"예요. 할머니가 "아추!"하면서 이불속으로 들어오려고 하잖아요. 그런데 할아버지가 할머니를 따뜻하게 안아주는 거예요. 그때 행복이라는 것을 처음 알았어요.

18세에 히말라야 8200미터 등정한 산 사나이

일감　주말이면 산에 들어가시죠? 저도 가끔 산에 가는데... 산에 가면 뭐가 생각납니까? 좋은 공기? 어떤 분은 산에 가서 뭐 보고 왔냐고 물으니까 앞사람 발뒤꿈치랑 자기 발등만 보고 왔대요. 그만큼 요즘은 산에 가는 인구가 많다는 뜻이기도 하고, 거꾸로 생각해보면 산에 가는 것 자체에 집중했다 할 수 있는데 저는 그렇게 좋게 생각하렵니다. 오늘은 산과 관련하여 특별한 분을 모셨는데 산악인 박정헌님입니다. 그 처음 히말라야 가실 때... 초유죠? 8000미터 넘는 산이죠?

박정헌　네, 8201미터죠.

일감　그런데 거기 가실 때 나이가 18살이었다면서요?

박정헌　네, 18살이었습니다.

일감 18살이면 성인이 되지 않았다고 볼 수 있는데 어떻게 8000미터를 올라 가셨죠?

박정헌 끌려갔죠...뭐. 하하...

일감 히말라야를 18살 때 처음 갔으면 뭔가 신비롭고 신선하고 그런 얘기 좀 들어보려고 했더니 휘말렸다고 그러니까... 첫 느낌은 휘말린 거네요. 원래 꿈은 마도로스였다면서요?

박정헌 마도로스... 제가 태어난 사천이란 곳은 예전에 삼천포라고 불렸죠. 바다와 산의 경계여서 그런지 마을 뒷산이 바로 클라이밍을 하는 곳이에요. 어렸을 때부터 낚시도 하고 수정 같은 거 캐려고 동굴에 들어가기도 하고, 산 좋고 물 좋은 곳에서 살았어요. 그러다 보니 산도 좋아하게 되고, 물도 좋아하게 되고... 제가 마도로스의 꿈을 품었던 건, 바다와 산으로 다니다 보니까 넓은 세계를 두루두루 좋아하게 되어서예요.

일감 그럼 일찍부터 자연에 휘말린 사람인 거네요?

박정헌 맞습니다.

일감 우리는 가끔은 자연에 휘말려야 되는데 휘말리지 못한 것... 휘말리지 못한 것과 히말라야. 두 말이 막 섞이네요. 하하...

박정헌 섞이지만 같은 겁니다.

손발이 터져나가는 고통을 이겨내며

일감　등산을 다니다 보면 이번이 마지막일 수도 있겠다 그런 불안감 같은 것도 있을 수 있잖아요?

박정헌　그럼요. 항시 저는 산에 가는 사람들은 위대하다고 생각하거든요. 제가 고도가 높은 곳에서 잠을 자 본 게 8350미터예요.

일감　숨도 잘 안 쉬어질 것 같네요.

박정헌　네. 그런 곳은 지상 산소량의 한 30프로 정도? 그 정도 밖에 안돼요. 0프로면 어떻게 되겠습니까? 죽는 거죠. 산소량의 프로테이지에 따라서 사람 활동능력을 표시하는데, 30프로정도가 사람이 활동할 수 있는 능력이라고 보시면 돼요. 아침에 일어나면 텐트 속에 성에가 한 2cm 정도 끼어 있어요. 8350미터는 텐트 안도 영하 30도 정도...

일감　그러니까 침낭 입고 자야 되네요?

박정헌　침낭을 입고 자지만 아침에 일어나면, 신발 있죠? 신발이 대개 한 3겹으로 되어 있는데도 동태처럼 얼어버리죠. 얼어서 뽀등뽀등한 신발을 신고 문을 열 때의 그 고독감... 문을 열고 처음 나간다는 것은 출발한다는 의미잖아요. 살아 돌아올지 죽을지도 모르는 길을 가기 위한 출발점... 어떻게 보면 저승으로 가는 문일 수도 있고 정상으로 가는 문일 수도 있겠지요. 그 문을 열 때의 마음가짐, 그 마음가짐은 어떤 공허에 빠지는 거죠. 살아서 돌아올지 죽어서 돌아올지 모르는 거죠. 그 문을 열 수 있는 용기가 필요해요. 그리고 새벽에 보통 정상에 가려면 밤 열두 시에서 새벽 두 시 사이에 출발을 하게 되거든요. 그럼 칠흑 같은 어둠 속에서 동태처럼 얼어있는 신발을 신고 출발하는데, 아침 해가 뜨기 전까지는 어떻게 변하는가 하면요. 그 얼어있던 신발이 침낭 속에서 나온 내 발을 점차로 얼려가는 거예요. 손도 마찬가지고요. 점차로 얼려가면서 그렇게 새벽이 지나고 해가 뜨게 돼요. 해가 뜬다는 것은 밤낮의 온도차가 가장 심하잖아요. 그러면 이 얼어있던 발끝과 손끝이 터져나가요. 느낌 자체가... 물론 진짜로 터져나가지는 않지만 느낌이 그렇다는 얘기죠. 그런데 얼음이 깨지면 쩍 소리가 나죠? 그런 고통을 참아내야 해요. 손발 끝에 얼음이 얼었다가 깨지는 것 같은. 그러면서 아침에 비로소 해가 뜨면 8천 미터 정상에 가까이 가게 되면서 이번엔 자기 자신과의 싸움이 시작돼요. 앞의 두 과정을 거쳐야 하고, 마지막에 또다시 자기 자신과의 싸움을 이겨야만 마침내 정상에 오를 수 있는 것이죠. 그래서 한밤중에 텐트에서 나왔을 때의 그 적막감, 그 어두운 밤을 깰 수 있는 용기, 새벽에 얼음이 깨지는 것처럼 손발이 터져나가는 고통을 이겨낼 수 있는 용기, 마지막에 나 자신을 이길 수 있는 용기 이 세 가지 용기를 가져야 히말라야 정상에 설 수 있는 것이죠. 그것도 그 순간, 정상이... 신이... 나를 허락했을 때만이 그 자리에 설 수 있는 것이죠. 어떻게 보면 자연과 인간이 조화를 이뤄야 가능한 산행이라고 봅니다.

일감 저도 5554미터 칼라파타르 갔다 왔는데 근데 지금 이야기를 들으니까...(하하) 이것 참... 주로 고산을 오를 때는 셀파라 그러죠? 도우미와 함께 가는데 우리 박정헌님은 어지간해서는 셀파를 안 쓰신다면서요?

박정헌 그것은 제가 오랫동안 산에 오르면서 왜 셀파를 쓰지 말아야 되는지에 대한 생각을 많이 했죠. 어떤 계기가 있었냐 하면 제가 안나푸르나라는 산을 93년도에 오르게 되거든요. 10월 10일 날 올라가는데 그때 제가 셀파 3명과 같이 올랐었어요. 근데 공교롭게도 셀파 세 명이 다 죽었어요. 셀파들은 길을 안내하는 사람들이지만, 1950년대 이전에는 그 사람들이 원정대 보고 바르샤바라고 불렀죠. 바르샤바는 주인님이라는 뜻인데 카스트제도가 있는 인도에서 그 문화를 이어받았기 때문인지도 모르지만요. 이 셀파들을 문명인들은 등반이란 목적 달성을 위해서 소모품으로 취급하는 거죠. 나는 1996년도 이후에는 셀파들과 산행을 하지 않았습니다. 자연과 제 스스로 1대1로 만나서 경주해보고 싶기도 하고, 셀파는 어떻게 보면 도우미잖아요? 1대1로 자연과 만나서 그 속에서 뭔가를 느끼고 행위를 함으로써 성취감이라든지... 고행이 더 많을 수도 있지만 고행에 비례하는 게 성취니까요. 그러니까 더 많은 것들을 얻기 위해 셀파들을 포기했던 거죠. 이해가 되시나요?

일감 2000년인가요? k2를 올라가셨을 때 무산소 등정하셨죠? 무산소 등정은 어떤 겁니까?

박정헌　과학적으로 인간이 살 수 있는 한계선을 7800미터로 보거든요. 그런데 인간은 그 과학적인 한계선을 무너트리고 8800미터 에베레스트까지 무산소로 다녀오죠. 그런데 가장 어려운 산이 k2거든요. 에베레스트 무산소 등정보다 k2 무산소 등정이 더 힘들어요. 왜냐하면 난이도가 더 높기 때문에. 제가 무산소로 했던 건 산과 1대1로 만나는 트레이닝이죠. 저산소 속에서 제 신체활동은 어떻게 돌아가는지... 그런 것들을 스스로 테스트 해보기 위해서 많이 해보긴 했는데... 저는 등반이 고루 축적되어야 한다고 생각하거든요. 이런 방법 저런 방법. 등정주의도 필요하고 등로주의도 필요하고 모든 방법으로 다 해봐야죠. 그래야 자기 자신의 방법을 찾을 수 있는 거거든요.

크레바스에 동료가 빠졌습니다

일감　그런데 촐라체 때 사고를... 손을... 아까 악수했던 손을 그렇게...

박정헌　제가 반대편으로 하산을 하면서 거의 뭐 다 내려온 지점이죠. 5800미터정도... 5600미터 정도 되겠네요. 크레바스는 뭐냐면 땅이 갈라지면 지진이죠. 얼음이 갈라지면 크레바스입니다. 어렵게 생각할 필요 없습니다. 그 속에 작은 것도 있고 큰 것도 있는데요. 겨울에 로프를 묶고 내려오다가... 겨울에 산행을 하다 보면 아이젠을 신죠? 아이젠 신으면 밑에 눈이 많이 차죠. 그렇게 해서 미끄러진 거예요. 저는 똑같은 장소를 지나온 건데 최강식은 추락한 거죠. 그런데 다행히도 최강식이 추락하는 순간 제가 최강식을 잡을 수 있었던 거죠. 그런데 23미터를 추락하면요, 추락 계수라 그러는데 2톤 정도의 힘이 가해져요. 그런데 23미터의 로프가 아니고 만약에 5미터의 로프면 둘다 빨려 들어가서 죽었겠죠. 충격을 흡수하지 않으니까요. 어떻게 보면 최강식과 같이 추락해서... 히말라야 온난화 현상으로 인해서 빙하가 1년에 15센치씩 녹거든요. 한 500년 후에 우리가 미라로 나타나 새로운 삶을 살 수도 있었겠지만요. 그런 상태에서 50퍼센트 정도의 충격을 로프에서 흡수해요. 나머지는 안전벨트와 내 몸에서 흡수하죠. 저는 척추의 3분의 2가 함몰되고... 그런데 의학적으로는 3분의 2가 함몰되면 인간은 움직일 수 없습니다. 그리고 왼쪽 갈비뼈 두 개와 오른쪽 어깨가 함몰되었죠. 얼음지팡이를 가지고 얼음을 쪼아야만이 최강식이 추락하지 않게 되니까요. 그 순간의 파워에 의해서 어깨가 빠져버린거죠. 손은 잡고 있어야 하니까... 피켈을 지지하면서... 그렇게 정신을 차려보니까 최강식은 23미터를 떨어졌고 더 다행인 것은 저는 그 얼음구덩이에 2미터밖에 떨어지지 않았다는 거죠. 그래서 아, 살았구나! 빨려 들어갔으면 이건 생각하기도 힘든 거였죠. 그렇지만 한 시간 동안 불러봤지만 최강식은 아무런 대답이 없었던 거죠. 그래서 폭설은 쏟아지고 있었고 온도는 마이너스 20도 이정도 되었는데 그래서 최강식이 죽었는가보다 이렇게 생각을 하게 되죠. 죽었으면 어떻게 해야 되겠습니까? 로프가 묶여 있었으니까 로프를 끊어야 되겠죠. 로프를 끊으면 나에게 어떤 미래가 있을지를 생각해보니까 경찰서에 가서 사망신고를 하고 조사를 받아야 되겠다... 경찰서는 가야되고... 두 번째는 최강식의 집은 하동에 있는 평사리예요. 거기서 부모님이 농사를 지어서 학비를 대서 사범대를 가서 평범하게 교사가 돼서 살아가기를 원하는 거죠. 그런데 이 귀한 아들을 죽였으니까 인천공항에 가면 곡괭이를 들고 기다리고 계실 것이다. 그리고 세 번째는 내가 진실을 말해도 사람들이 이것을 믿어 줄 것인가? 왜냐하면 크레바스에 빠지면 5미터만 빠지면 칠흙 같은 어둠이예요. 라이터불을 켜면 지옥이 여기라는 것을 알 수 있습니다. 완전 블루아이스 청빙으로 되어있고 완전 파란 얼음이에요. 몇 분 있으면 내 몸에서 드라이아이스가 나옵니다. 거기는 바로 냉동고 속이예요. 내 체온이 얼음의 빙면에 의해서 빨려들어가죠. 저절로... 그런 지옥 같은 곳이죠. 그렇기 때문에 내가 진실을 이야기해도 사람이 죽었는지 안 죽었는지 모르죠. 결국 시간이 지나면서 저도 스스로 세뇌시키거든요. 죽었다고 생각하고 로프를 끊으려고 마지막으로 한 번만 기회를 줬을 때 최강식의 목소리가 들린 거죠. 살아있다는 메아리... 그런데 저는 그 소리를 들었을 때 죽었다고 생각했어요. 왜냐면 냉동고속에 두 시간 동안 있으면 사람이 아니라 냉동고기죠. 그래서 물어보니까 두 다리가 부러졌다는 내용이었어요. 나도 이렇게 죽어가겠구나 내 친구들처럼... 1998년도에 제 친구 세명이 인도에 있는 어떤 산에서 1100m를 떨어져서 한날 한시에 제삿날을 맞거든요. 96년도에 인터내셔널 팀의 국제대회에 가서 8명이서 기념사진을 찍었는데 6명이 죽고 없어요. 그래서 나도 죽어가겠구나 라고 생각하고 있을 때 놀라운 것을 발견했죠. 최강식이 묶여있던 텐션이 사라졌어요. 텐션이 사라졌다는 것은 기어오르고 있거나 로프를 끊었던 거죠. 그런데 고깃덩어리가 기어오를 수는 없으니 로프를 끊은 거라고 생각했죠. 그때 제가 깜짝 놀랐던 건 이건 소설이나 영화에서나 가능한 이야기예요. 형이 살라고 로프를 끊는다는 건요. 제가 생각한 것은 최강식은 인간이 된 놈이구나... 이렇게 생각했죠. 남을 위해서 죽는다는 것은 힘든 겁니다. 또 한 가지는 20년 동안 제가 로프를 묶고 많은 파트너를 바꿨지만 최강식이 저를 구해준 첫 임무였어요. 그런 위기를 처음 당한 거니까... 알고 보니까 최강식은 테라스 위에 올라갔고, 그 테라스 위에서 다시 장비를 장착하고, 헤드랜턴을 켜고, 제게 소리를 쳐서 살아있다는 신호를 준 거죠. 제가 배낭 속에 있던 로프를 줄사다리처럼 만들어서 내려줬죠. 그렇게 해서 장비와 줄사다리를 이용해서 크레바스를 함께 올라갔던 거죠.

일감 아, 저는 헷갈려 죽겠습니다. 그래서 냉동고 속에서 살아 돌아온 겁니까?

박정헌 예, 그렇죠. 기적 같은 이야기죠.

일감 환장하겠네. 내가 그냥... 나는 텐션이 사라졌다 그래서 환상 속에서 사라졌거나, 아니면 감각이 사라져서 그걸 못 느끼고 있거나... 아니면 둘 다 추락을 해서 산신할아버지가 받아서 올려 줬다든지... 그런 얘기가 나오는 줄 알고 지금... 그랬군요. 비극의 이야기가 살짝 다시 희극으로...

박정헌 예, 그때부터 사실은 비극이 시작된 거죠. 사실은 크레바스에 추락하는 순간까지는 어떻게 보면 하이라이트가 아니죠. 그 크레바스를 나와서 부상을 입은 두 사람이, 최강식은 두 다리가 부러졌거든요. 3박 4일 동안을 기어서 내려왔죠.

일감 최강식은 지금 무엇을?

박정헌 최강식은 사고 이후에 가장 행복한 삶을 살고 있죠. 경상대학교 그 이후에 총학생회장에 당선이 되고, 경남대학교 대학원을 나와서 특수체육을 전공하고 진주에 있는 해관학교라는 학교에 교사로 근무를 하고 있고, 아리따운 교사와 결혼을 해서 너무나 잘 살고 있습니다. 저보다 출세했습니다.(하하)

일감 그 사고로 어쨌든 손가락 여덟 개를 다 보내게 되고 다시는 암벽 등반을 못하게 됐잖아요? 상실감이 대단했을 것 같아요.

박정헌 그건 솔직히 이루 말할 수 없죠. 제 속에 잠재되어 있는 영혼이 가지고 하는 그런 거거든요. 그래서 이제 6000km라는 거리를 자전거를 타고 석달 동안 실크로드로 떠났었죠. 끊임없이 히말라야를 방황했었죠. 제가 강의를 시작한 지 7년이 된 거 같은데 3년을 어떻게 살았느냐 하면요. 제가 강연료를 받으면 매일 술집이예요. 3년 동안 어떻게 보면 사람들에게 희망을 전달하지만은, 제 스스로 돌아보면서는 결국 제 삶을 잃은 것이죠. 저에게 여덟 손가락이라는 것은 뭘 의미 하냐면요, 피아니스트에게 여덟 손가락을 어딘가에 바친 것과 똑같은 거죠. 피아니스트에게서 여덟 손가락을 가져간다면 어떻게 되겠습니까? 그 상실감... 저에게는 똑같은 거였습니다. 제가 수없이 방황했던 이유는 목표가 없었거든요. 20년 동안 산행을 하면서 저는 항상 목표가 있었습니다. 왜 있었느냐? 히말라야는 2400km에요. 거기 14개의 8000m봉우리가 있고 7000m봉우리가 250개나 돼요. 백두산 같은 산은 힐(동산)이라고 해요. 수많은 산들이 제 목표였기 때문에 20년 동안 한 번도 방황해 본적이 없어요. 가면 목표니까요. 그런데 그 목표가 하루아침에 다 사라졌어요.

일감 그래서 패러글라이딩으로 다시 돌아오신 거네요? 그 얘기 좀 해주세요.

박정헌 손가락 여덟 개가 없으니까 등반을 하기에는... 이제 걸어서 하는 등반은 싫고, 등반을 할 수 없기 때문에 새로운 방법을 연구했던 것이죠. 근데 마침 제가 93년도에 패러글라이딩을 시작했었는데 산에 심취하면서 잠시 놓았던 거죠. 제가 히말라야를 폭넓게 보고 싶었던 것도 있고 백두대간처럼-저는 백두대간을 해보고 싶거든요-히말라야 전체를... 그래서 어떤 방법으로 히말라야를 갈 수 있을까. 육로로만 가면 재미가 없을 것 같고 미들 정도를 가면서(3000~6000m) 바람이나 자연을 더불어 볼 수 있는 방법이 없을까 생각하다가 비행이라는 것을 생각해낸 거죠. 비행술이 발달하면서 땅에 있는 힘에 의해서, 즉 열기둥을 이용해서 히말라야 횡단이 가능하다는 것을 느꼈죠. 철새들의 이동이 날개짓으로 대륙에서 우리나라까지 온다고 생각해보시면 쉽지 않겠죠?

에너지가 중간에 바닥나서. 그런데 어떻게 오냐 하면 히말라야에 있는 열기둥을 이용해서 온다고 합니다. 우리나라도 특히 봄에 대관령에 가면 6000미터 가까운 열기둥이 형성되어 있습니다. 그날 보면 새들이 전부다 그 열기둥 안에서 날개짓 한 번도 하지 않고 6000미터까지 올라갑니다. 날씨가 좋은날 매들이 한곳에서 돌고 있죠. 그러면 자동으로 고도가 올라가요. 그렇게 해서 철새들이 이 지구를 이동하는 겁니다. 저는 그걸 알았던 거죠. 그래서 그 열기둥을 이용해서 히말라야를 횡단하겠다고 생각한 거죠. 그래서 기구를 새로이 제작했고 그 기구에 맞는 경량의 버전을 사용해서 각각의 다른 기체를 만들어서 결국 히말라야를 횡단하게 된 거죠.

일감　패러글라이딩 하는 것을 많이 보긴 했는데 한번 타보고는 싶은데 한 번도 못타봤네요.

박정헌　네. 타보세요. 새로운 세계예요.

일감　겁나서... 바람의 기류라든지 속도, 방향 여러 가지를 고려해야 할텐데 그것도 상당한 기술이 있어야 하죠?

박정헌　그렇죠. 비행이라는 것이 상당한 인내가 필요한 겁니다. 사무라이 같은 칼질이 필요한 것도 있고... 비행은 인내의 절정이예요. 열이 생길 때까지 기다려야 하니까. 그리고 열을 찾아서 헤매는 걸보면 하이에나 같아요. 열이 어디 있는 줄 짐작은 하지만 인간의 축적은 자연을 이길 수가 없잖아요. 갔는데 열기둥이 없으면 또 메고 올라와야 돼요. 그러니까 그 열을 찾는 방법을 오랫동안 수행을 통해서 터득하게 되는 거죠. 경험과 체험을 통해서 그런 방법을 익히게 되는 거죠. 히말라야를 횡단해야 되겠다 생각한 이유는요, 자연의 아름다움을 사람들과 공유하기 위해서 히말라야를 횡단하려고 했던 겁니다. 제가 횡단하다 보니까 히말라야처럼 아름다운 곳이 없어요.

일감　패러글라이딩을 통해서 그 아름다움은 배가 됐겠네요?

박정헌　왜냐하면 우리가 하늘에서 보는 것은 3D예요. 2D가 아니고... 그래서 이 아름다움을 많은 사람들에게 공유해야 되겠다 그런 의미에서 횡단을 했던 겁니다.

일감　분명 그 분야의 전설이 되신 건 맞는 것 같습니다. 새들이 따라 오고, 불기둥을 찾아서 새가 날면 따라가고 그런 모습들을 영상으로 보기도 했습니다만 그때 기억들을 모아 갤러리를 여셨다면서요?

박정헌　히말라야에서 어떻게 보면 불교가 나왔잖아요. 제가 히말라야 2400km 지역을 돌아다니면서 이슬람문화와 불교문화를 봤고 많은 민간신앙들을 봤죠. 그 많은 문화를 보면서 제가 유독 눈길이 머무른 곳이 있었습니다. 네팔에 있는 네와르(Newar) 건축이라는 거거든요. 히말라야에서 나온 아그라라는 나무와 장인들이 힌두에 있는 3억 3천 개의 신을 조각하거든요 창틀에. 거기에 그 불교문화도 포함되어 있고. 이런 아름다운 건축물을 옮겨서 저 속에 히말라야를 그려 넣으면 되겠다. 그럼 많은 사람들이 그 아름다움을 보고 히말라야를 왜 가는지 알게 되고, 그리고 가고 싶을 거다. 저는 히말라야를 너무 좋아하기 때문에 히말라야의 구도자가 되고 싶었거든요. 기회자의 도시라 그러거든요. 그래서 그 도시를 옮겨와서 건축을 해서 히말라야 횡단을 했던 사진들을 전시하고... 히말라야는 숨어있는 예술작가들이 굉장히 많아요. 사진작가도 있고 미술이나 음악을 하는 친구도 있고. 예술이라는 것이 어떻게 먹고 살아야 예술이잖아요. 그렇지만 천부적인 재질을 가진 친구들이 너무 많아요. 그 친구들을 데려와서 전시를 하게 하고, 진주에서도 하고 서울에서도 하고 문화적인 면을 연결시켜주고 싶거든요. 그런 컨텐츠를 만들어주기 위해서 제가 히말라야 아트갤러리라는 것을 진주에 만들었어요. 실제로 그 양식을 4톤이라는 많은 물량을 옮겨서 만들었던 거죠. 히말라얀 아트갤러리. 모든 히말라야 것들을 다 보여드릴 수는 없지만은 부분적으로 보여드릴 수 있습니다.

행복은 얻는 게 아니라 만들어 가는 것

일감 타클라마칸 사막에서 자전거 페달을 밟으면서 그 모래바람 속에서도 한쪽 눈에는 히말라야를 쳐다보는 박정헌님이 패러글라이딩으로 또 다른 삶을 사시고... 수많은 강연과 활동을 하고 계시는데 여전히 끊임없는 도전을 하고 계시는 것 같아요. 이렇게 고생도 많이 하시고 남다른 체험과 수많은 역경들 속에서 그래도 본인이 행복하지 않으면 본인이 이 일을 계속할 수 없잖아요. 어쩌면 그 수많은 역경들 속에서도 행복할 수 있으실 것 같아요.

박정헌 그럼요. 매일매일 행복하죠.

일감 행복의 비결 좀 알려주세요.

박정헌 행복이라는 것을 저는 어떻게 느꼈냐 하면요 제가 만신창이가 되어 있을 때 저를 구해준 할아버지가 있어요. 2박3일 동안 우리가 움직이지 못하고 누워있을 때 그 할아버지와 할머니가 저희를 공양했거든요. 그때 행복이라는 것을 처음 알았어요. 저희는 움직이지도 못하고 누워있어요. 안경도 없고... 그런데 70 먹은 그 할아버지가 집 속이 온도가 낮아요. 설거지 하고 나면 살얼음이 얼어요. 할아버지가 밥을 먹고 이불 속에... 20년 동안 빨지 않은 이불이예요. 산에서 이불이라는 건요. 매트릭스를 깔고 할아버지가 먼저 누워요. 그리고 할머니가 설거지를 끝내고나면 춥잖아요. 티벳 말이 우리나라 말과 비슷해요. 추워가 "아추!" 예요. 할머니가 "아추!" 하면서 이불속으로 들어오려고 하잖아요. 그런데 할아버지가 할머니를 따뜻하게 안아주는 거예요. 그때 행복이라는 것을 처음 알았어요. 아! 행복은 저런 거구나! 나도 집에 가면 행복이라는 것을 실천해야 되겠다. 오고 나니까 바로 까먹어 버리더라구요.(하하) 그런데 저는 행복은 얻는 것도 잃는 것도 아니라고 생각합니다. 행복은 만들어가는 것이라고 생각합니다. 저는 항상 행복은 만든다는 생각을 합니다. 재밌게...

일감 **참 아름다운 감동이다. 우리나라 강원도에서는요 모르는 사람 두**

명이 갑자기 들어오면 신고합니다. 이분들 간첩이 아닌가... 그런데 할아버지의 지혜로 오늘날 박정헌님이 있는 거네요. 박정헌님의 손가락 여덟 개는 어쩌면 스님들이 고행하시면서 앞으로 나아갈 수도 없고 뒤로 물러설 수도 없는 절체절명의 그런 순간에 자기 신체의 일부를 부처님께 바치고 수행의 길을 찾아나갔던 그런 수행자들의 이야기 같다는 생각이 들었습니다. 어떻게 보면 부처님께서는 행복이 여기에 있다. 지금 이 자리에 있다. 마음의 눈을 뜨기만 하면 행복이 있다는 말씀을 하셨습니다만 우리는 늘 마음의 눈을 감고서, 내가 가지고 있는 것보다는 나한테 없는 것, 더 높은 것 이런 것을 찾아서 먼 데서 찾다 보니까 행복이 늘 없는 건지도 모르겠습니다. 가까운 곳에 있는 행복, 나한테만 있는 행복을 다 함께 나눠서 원만한 깨달음이 추석달처럼 가득하시길 바랍니다. 고맙습니다.

열세 번째

말주변 없는 남자,
페스티벌
사회자로 서다

'가장 자연을 잘 지키는 사람이 가장
훌륭한 한의사'라고 생각합니다.
사람이 몸이 병든다는 것은
자연스러움을 잃는 것이고, 자연을 잘 따라가면
병이 없는 것이고, 그렇다면 자연을
자연스럽게 만들어야 되는데...

북촌 한의사 ●●●. 정민기

우주

우주라고 써본다
너무 멀다
우리 주변이라고 써본다
이제 알겠다

일감 노래하시는 것을 들었는데, 보통 사람들이 그 모습을 보면 '아, 저 분이 가수인가 보다'라고 생각하기 쉬운데, 뭐... 가수라고 불러도 됩니까?

정민기 가수로 불리면 제가 영광이죠! 아마추어가 가수로 불리는 건데...

일감 그런데 또, 얼마 전에는 사진전도 하셨다고 그러던데?

정민기 아, 예...

일감 사진도 찍으시는 거죠?

정민기 예, 사진도 아주 좋아합니다.

일감 어쩌다가 한의사가 사진을 또 다하시고?

정민기 이게... 전체적으로 저희 조카들하고 연관이 있는데요, 조카들하고 놀다 보니까 조카들 움직임 같은 것들을 남겨주고 싶어서 사진을 찍기 시작했어요. 그 조카들 때문에 노래도 만들게 되고, 어떻게 보면 조카들이 저의 선생님이죠.

일감 〈아무 일 아닌 것 같이〉란 포토 에세이집을 내셨는데, 전하고자 하는 메시지가 있습니까?

정민기 그 메시지는 일단 제목에 다 넣어 놨는데요, 책 표지 날개장에 제가 좋아하는 사람들, 좋아하는 것들을 쭉 목록에 망라해놓고, 이런 것들과 함께 아무 일 아닌 것처럼, 별일 없었던 듯이 순하게 살다 가야지라고 생각하면서요.

일감 제가 에세이집을 잠시 봤는데, 이게 시집이라고 봐야 되겠네요?

정민기 예, 제가 10년 동안 썼던 시들을 모아서 사진하고 같이 담아둔 책입니다.

점

비가 온다
해만 바라보던 해바라기
고개 숙여 땅을 본다
비는 줄 같지만
점인 것
사랑도 줄 같지만
점인 것
여러 사랑을 거쳐
줄처럼 살아온 내 삶도
사실은 점인 것
이 점을 명심할 것

일감 이 책 〈아무 일 아닌 것처럼〉이 주고자 하는 메시지가 바로 '우리 주변' 이군요. 좋다! 포토 에세이집 나오기 전에 〈나는 몸을 사랑하는 남자〉라는 책도 내셨다면서요?

정민기 그것은 학창시절 이야기를 책으로 쓴 것인데요. 학교 다닐 때, 그러니까 대학교 들어가기 전까지는 제가 굉장히 답답하게 살았다고 생각을 해요. 부모님 밑에서 온실 속 화초처럼 커서 대학이라는 곳이 큰 학문을 배우는 곳인데, 대학을 들어갈 때, '내가 내 자신을 바꾸지 않으면 안되겠다'라는 생각이 들어서, 제가 저를 바꾸어 가는 과정, 이를테면 내가 어떻게 지금 이런 모습의 사람이 되었는지, 그리고 어떻게 지금 이렇게 남들 앞에서 말할 수 있는 사람이 되었는지 등과 같은 것들을 수록한 책이라고 볼 수 있겠죠. 고등학교 때까지는 사람들 앞에서 말을 잘 못했어요. 막 떨리고 생각은 머릿속 가득한데 밖으로 나오지를 않았어요. 한의대를 다니면서 그것들을 깨쳐가는 과정들을 글로 쓴 것입니다.

일감 언뜻 보기에는 학교 다니실 때 상당한 괴짜이셨을 것 같은데, 어렸을 때 주관도 뚜렷하셨을 것 같고, 그게 아니었나 보군요?

정민기 주관은 뚜렷했죠. 속으로 말이죠. 다만 표현을 못했죠. 그 심지가 있었는데 겉으로 표현을 못해서 스스로 답답했던 거에요. 그래서 제가 생각해도 스스로가 참 대견한 것이 대학교 때 했던 실험인데, 남들 앞에서 말을 못 하니까 남들 앞에서 말을 잘하는 사람, 나를 표현할 수 있는 사람이 되고 싶었어요. 그래서 아무것도 모르는 상태에서 어떤 모임이 있으면 무작정 사회 보러 뛰쳐나갔어요. 나가서는 말주변도 없는 제가 가만히 서서 쭈뼛거리는데, 선배들한테 끌려 나와서 야단맞고... 여러 번 그러다 보니까 '아, 이것도 준비가 필요하구나. 막 나가면 안 되겠다!'라는 것을 깨달았어요. 그때부터 공부를 시작했어요. 저희가 아는 리더스... 제스트 하는 것을... 그 책 끝단을 보면 유머난이 많이 실려 있어서 그것들을 외우기 시작했어요. 누구 앞에서 일단 재미있는 이야기로 시선을 끌고, 관중들의 흥을 돋게 하는 거죠. 그 때 600개 정도를 외웠던 것 같아요. 그리고 대학 축재 때 앞에서 사회 보는 사람들을 쫓아다니면서 그 사람들의 대사들을 다 적어놓고 모니터링 해보고 열심히 연습을 해가지고, 나중에 말 주변이 없던 제가 대학교 4학년 때 한의대 내에서 제일 멋있는 사람이 할 수 있는 페스티벌 사회자가 되었죠.

일감　아이고, 하라는 공부는 안 하고...

정민기　물론 공부도 했죠!

자연을 잘 지키는 의사가 좋은 의사

일감　본래 부모님께서 한약사를 하셨다고 했던가요? 그래서 자연스럽게 한의사의 꿈을 가지시게 되신 겁니까?

정민기　그렇지는 않죠. 어렸을 때 자연과 관련된 것들을 좋아했었습니다. 자연을 연구하고 자연을 배우고 싶었었거든요. 고등학생 때 무슨 학교를 가야 될까 생각을 했을 때, 제 주변에서 볼 수 있는 자연이 하늘. 땅. 그리고 바다였어요. 그래서 하늘을 연구하는 기상학. 천문학이나 해양학, 그리고 지질학 같은 것들을 공부하고 싶었는데, 부모님은 계속 갈고 닦아온 길이 아까우니 한의학을 했으면 좋겠다 하셨었죠. 그때 학력고사를 보고 나서 부모님이 '민기야, 내가 닦아온 길이 정말 아까우니 한 번만 더 생각해 줄 수 있겠느냐?' 하셔서, 그것이 부모님 뜻이니깐, 마지막으로 한 번만 생각을 해보겠습니다라고 말씀드렸었죠. 그때 혼자서 생각만 하지는 않았구요, 제 자신한테 100가지 질문들을 적었어요. 도대체 한의학이 뭔지 하나도 모르니까, 제가 생각한 '자연'과 관련된 것들에 연관이 있는지 100가지 설문지를 적어가지고, 아버님 친한 친구분 아드님이 한의대를 다니고 계셨거든요. 지금은 같은 학교 선배님이시죠. 명절 때 그분한테 설문지를 가지고 찾아갔어요. 한 2시간 정도 대화를 나눴던 것 같아요. 하나씩 물어보고 적고, 그렇게 이야기를 하고 내린 결론이, '아, 하늘. 땅. 바다 학문을 따로 할 필요가 없겠구나! 다 한의학 속에 들어있구나.' 그래서 한의대를 가게 되었습니다.

일감　한의학을 할 수밖에 없게끔 이미 점지가 되어있었던 것 같군요. (웃음)

정민기　그렇게 생각해주시면 저야말로 감지덕지죠. (웃음)

일감　그런데, 한의사이면서도 마술도 하신다고 그러고, 음악에 사진, 심지어 요가, 명상같은 것들도 하신다면서요? 이렇게 다양한 재주들이 하루아침에 뚝딱 되는 것은 아닐 테고, 특히 요가나 명상이 그러한데 어떤 계기가 있었습니까?

정민기　스님이 저에 대해서 너무 조사를 잘 해 오셔서 제 밑천이 드러납니다. 좀 숨겨놓은 것들도 있어야 하는데...(웃음)

일감　이 손 안에 있소이다!(웃음)

정민기 일단은 억지로 되는 것은 아니라고 생각해요. 저는 모든 것에 관심이 많고, 그리고 어렸을 때부터 보는 것은 큰 의미가 없다고 생각을 했어요. 이솝우화 같은 데서도 이야기가 많잖아요? '눈 가리고 코끼리를 만져서 이게 무엇인지 맞춰보라.'는 것처럼 잘 알 수가 없거든요. 제가 음악을 하거나 환자를 치료하거나 할 때, 결과가 좋아서 느꼈던 그 희열이나 기쁨을 아무리 설명을 해도, 제가 아닌 이상은 알 수가 없어요. 그래서 직접 해 봐야만 직성이 풀려요. 의학을 한다는 것은, 일단 제 스스로가 환자분들한테 모델이 되어야 한다고 생각합니다. 물론 제가 신이 아닌 이상 저도 아프고, 아프면 침을 놓아 치료하고 하지만, 어떻게 해서든 제가 알고 있는 의학을 통해서 저를 건강한 사람으로 유지를 시키는 게 환자분들이 보는 모델이 되는 것이니깐, '건강을 유지하려면 의술도 필요하지만 어떤 관리도 필요하다. 내가 좋아하는 관리가 뭘까?' 하는 것들을 생각하게 되었죠. 어렸을 때부터 관심이 있었던 요가나 명상으로 몸을 수련함으로써 건강을 유지하는 것을 좋아했기 때문에 틈틈이 하기 시작했죠. 그러다가 인도도 갔다 오게 되었습니다. 나중에는 동네 사람들 모아서 3년간 요가를 가르치기도 했습니다.

일감 대체 재주의 끝이 어디이십니까? 심지어 들리는 소문으로는 동요를 직접 작곡하시기도 했다고 하시던데?

정민기 모든 소문들은 스님께 들어오는 것 같네요. 아까 조카들 이야기처럼 동요를 작곡한 것은요, 내가 이제 말은 잘 하게 되었지만 내가 만든 음악을 남들한테 들려주는 것은 쉬운 일이 아니더라구요. 평가받는 게 두려워서죠. 나는 잘 했다고 생각하는데, 못했다고 그러면 어떻게 하나? 게다가 음악은 말하기와 또 다르더라구요. 근데 조카들은 그런 게 없이 그냥 이모부가 놀아주니깐 좋아하는 거예요. 그래서 조카들 앞에서 "그럼, 이렇게 저렇게 해볼까?"하면서 놀아주었죠. 그때 처음 조카들한테 만들어준 노래가, 일요일 날 더 자고 싶은데 엄마가 자꾸 일찍 일어나라고 하시는 것을 보고 "너희가 바라는 엄마는 뭐니?"라고 물어보니깐, "아침에 일어나라고 안하는 엄마", "일어나면 그냥 맛있는 음식 차려주고 먹으라고 하는 엄마", "놀게 놔두는 엄마"라고 하더라구요. 그래서 제가 "그럼, 그런 엄마와 함께 노래를 만들어볼까? 나도 그런 엄마를 원했거든!" 그래서 〈밥만 먹고 랄랄라〉라는 노래를 만들었죠.

일감　밥만 먹고 랄랄라... 우리도 부처님 앞에서 밥만 먹고 랄랄라 했으면 좋겠다... 근데 우리 속담에 '재주 많은 사람이 끼니 걱정 한다.'는 말이 있거든요. 한의원은 잘 됩니까?

정민기　끼니 걱정 합니다! (웃음)

일감　또 소문으로는 거기는 토. 일요일 포함해서 월요일까지 쉰다던데요?

정민기　아유, 다행입니다. 그 소문 하나는 잘못 들으셨네.! 토요일은 하구요. 일. 월요일에 쉽니다.

일감　아, 그렇구나! 그런데 이렇게 바쁘게 사는 와중에도 본인은 안 하는 3가지가 있다면서요?

정민기 제가 처음에 자연에 대해 말씀드렸잖아요? '가장 자연을 잘 지키는 사람이 가장 훌륭한 한의사'라고 생각합니다. 사람이 몸이 병든다는 것은 자연스러움을 잃는 것이고, 자연을 잘 따라가면 병이 없는 것이고, 그렇다면 자연을 자연스럽게 만들어야 되는데, 그러려면 자연을 지켜주어야 하는 것이고, 그러려면 환경이 깨끗해야 돼요. 그래서 생각한 것이 '생활에 여유가 생겨도 차는 사지 말아야 되겠다' 입니다. 물론 각자의 성향이므로 다른 사람한테 차를 사지 말라고 할 순 없지만, 저는 제 스스로 정해서 내가 부유해지든 어쨌든 나는 대중교통을 이용해야 되겠다라고 생각해서 차가 없고요. 또 하나, 어렸을 때 스키장에 가봤는데 너무 재미있더라고요. 근데 스키장을 보통 겨울에 가잖아요? 여름에 버스 타고 지나가다가 봤는데, 산을 그냥 깎아놓은 것이더라고요. 겨울에는 화려했으나 여름에는 산이 보기 흉하고, 자연이 많이 훼손된 모습이었어요. 그리고 사람이 어느 정도 나이가 들면 골프에 관심을 갖더라고요. 물론 주로 여유 있는 분들이 그렇지만. 저는 골프도 마찬가지로 우리나라에 그렇게 인위적으로 만들어 놓을 넓은 잔디밭도 없고, 우리나라 자연환경에는 맞지 않는 스포츠라고 생각합니다. 게다가 그걸 유지하기 위해 너무 많은 농약을 치고 그러니깐, 결국 그 농약이 흘러서 저희가 먹는 약재에 들어가는 것이고... 물론 자동차와 관련된 일이나 스키장, 골프장 관련된 일을 하시는 분들께는 참 죄송하지만 앞서 언급한 것들을 초래하지 않기 위해 저는 그 일들을 피하고 있죠.

일감 그래요. 가는 사람이 있으면 또 안 가는 사람이 있어야 삶의 다양성이 있죠. 오늘 제가 참 횡설수설하는 군요. 그나저나 왜 월요일에 노는 겁니까? 놀면서 뭐 하세요?

정민기 비록 제가 결정한 것이지만 제가 부모님 뜻을 따라서 한의사가 되었잖아요? 그래서 처음엔 8년 동안 부모님과 같이 한의원을 하다가 분가를 했어요. 제가 따로 나와서 혼자 한의원을 할 때, 돈을 벌고 넉넉해질 때마다 비록 제가 벌어서 제가 쓰는 거지만 없는 분들을 보면 미안한 생각이 들더라고요. 예전에 공부하다가 선생님이 해주셨던 이야기가 있었는데, 사람들이 길 가다가 동냥하는 사람들을 보면 피한다는 거예요. 도망가는 거죠. 원래는 빚쟁이를 보면 도망가는 것이거든요. 그런데, 왜 사람들이 동냥하는 사람들을 보고 빚쟁이에게서 도망가는 것처럼 행동하는지 모르겠다. 그 얘기를 들었을 당시에는 100원이 큰돈이었어요. 100원을 가지고 있으면 그 사람들한테 주고 떳떳하게 지나가라. 못 본 척 도망가거나 조는 척하지 말고. 그때부터 이것도 연습을 해야겠구나하고 100원씩 항상 갖고 다니다가 그분들께 드렸어요. 요즘은 물가가 올라서 500원이나 1000원을 드립니다. 그런 생각을 갖고 있다가 한의원을 옮기면서, 그렇다면 이제는 온전히 나 스스로 사업하고 내가 돈을 버는 것이니깐 하루를 쉬고 봉사를 하자 하는 생각을 가지게 된 것이죠. 저희 집사람이 호스피스 활동을 많이 했었는데요. 그 사람이 소개시켜준 양로원도 가고, 집에서 암 환자분을 돌보시는 분들께도 가보고... 사실 암 환자 분들도 힘드시지만 그분들을 돌보는 식구들은 하소연할 데도 없이 훨씬 더 힘드시거든요. 그분들을 치료해드리러 많이 다녔었죠.

일감 아, 그래서 월요일날에... 호스피스 활동하신 공로로 복지부 장관 상도 받으셨다고 들었습니다.

정민기 그건 참 부끄러운 이야기입니다만... 주신다니깐 가서 받은 거죠, 뭐.

일감 호스피스 활동을 하다 보면 안타까운 사연, 가슴 아픈 사연들이 있을 텐데 그중 한 사연 전해주시죠.

정민기 안타까운 사연이 많죠. 첫 번째는 지금 10년째 계속 찾아가는 양로원이 있는데 가다가 보면 할머니들이 안 계시는 거예요. 오신 곳으로 돌아가시니깐... 그 할머니들 중 '내가 나으면 나랑 춤 한판 춰 줘!' 하셨던 분도 계셨고 그랬는데 이제 한 분씩 안 보이면 짠하고... 기억에 남는 일은 예전에 수유리에 전신마비 따님을 돌보는 가정이 있었어요. 어머니가 어떻게 해서든 고치고 싶으셔서 와서 치료를 좀 해달라고 그러셨는데, 보니깐 제 능력으로는 어쩔 도리가 없다고 생각했어요. 하지만 어머니께서 원하셔서 가서 치료를 해드렸던 것인데, 결국엔 하소연하시는 어머니가 힘드신 거예요. 따님 치료해드리러 갔다가 어머님이랑 계속 얘기 나누고 어머니 치료해 드리고, 그리고 아버지도 치료해 드리고 그렇게 했던 적이 있었죠.

일감 한 사람을 치료하면서 주변 분들까지 차료하게 되신 거군요.

마음은 마음이 있는 줄 몰라야

정민기 제가 사진을 찍으면서 크게 배운 것이 있어요. 한 10년 동안 혼자서 독학하며 사진을 배웠는데요. 그래서 이것은 꼭 말씀드리고 싶습니다. 처음 사진을 찍을 때, 누구나 이 물체가 너무 예뻐서 사진을 찍고 보면, 볼 때는 예쁜데 결과물로 보면 이상한 거예요. 도대체 왜 그런지 궁금했었는데, 어느 순간 깨달은 것이, 아, 사진으로 찍고 싶은 것은 혼자 존재하는 것이 아니구나 하는 거였어요. 저는 제 마음을 스스로 속이고 주변을 안 보고 물체만 본 거예요. 그것만 보니깐 다른 것은 안 보이는 거죠. 그런데 카메라는 다 보고 있었던 거죠. 뒤에 것은 안 보고 그것만 보니깐 그게 예뻤는데, 배경이 나오니깐 이상해지는 거예요. 그래서 아, 정말로 중요한 것을 잊어버렸구나. 혼자 존재할 수 없고 조화가 있어야 되는구나. 무언가를 찍을 때는 그것보다는 주변의 배경이 무엇인지가 더 중요하구나! 한의학에서의 치료라는 것도, 여기가 아프지만 이것만을 보는 게 아니라, 전체적으로 밸런스가 맞는지 이것과 조화가 있는지를 찾아내는 것이었거든요. 그래서 사진 찍으면서 주변과의 조화, 즉 내가 보려고 했던 것보다는 보이지 않는 것을 봐야 되는구나 하는 것이 굉장히 큰 도움이 되었어요.

일감 지금 얘기를 듣고 보니까 생각나는데, 우리 부처님 법에는 '연기법'이라는 것이 있어요. 홀로 존재하는 것이 홀로가 아니라는 것을, 어느 무엇도 전체와 함께 있다는 것을 아는 것과, 그것을 현실의 삶에서 실천하는 것인데, 연기 법문을 듣는 것 같아요. 그래서 우리 한의사님은 치료하는 데에 있어서 철학이라고 할지 방향이 남다르신 것 같습니다. 어떤 생각이 있으세요?

정민기 일단 제가 뛰어난 한의사는 아니구요, 저보다 훌륭하신 분들이 너무 많으니까. 그냥 제가 지내온 삶과 해온 것들이 많아서 여기 나온 것이지만, 나름대로 제가 생각하는 것은 몸이나 마음이 스스로 있다고 생각하면 병든 것이라고 생각해요. 보통 스님들이 수행을 하시거나 다른 분들이 요가를 하거나 그럴 때, 내가 없어야 된다고 하잖아요? 내가 나를 잊어서 무아가 되는 것이 높은 경지로 가는 것이라고 어떤 책에서 보고, 스님들께 얘기도 듣고 그랬는데, 내가 내 몸의 존재를 느낄 수 있으면 문제가 생긴 거예요. 머리는 머리가 있는지를 몰라야 돼요.

일감 맞아요. 아플 때 느껴지죠!

정민기 그리고 마음은 마음이 있는지를 몰라야 돼요. 있으면 고통이나 고민이 있는 거예요. 그래서 제가 치료하는 기준은 '없다고 느끼게 해 줄 방법이 뭘까?'라는 건데 그게 즐거움이거든요. 행복이고 즐거움. 그럴 때는 자기가 마음이 있는지 뭐가 있는지 몰라요. 환하게 웃을 때, 기쁠 때나 행복할 때...

일감 그 한의원 어디 있어요? (웃음)

일감 사람이 건강하게 살고자 하는 것은 누구나 가지고 있는 열망인데, 행복하게 살려면 건강해야 되잖아요? 그렇지만 건강한 사람이 불행할 수도 있고, 건강하지 않은 사람이 행복한 경우도 있단 말이죠. 그런데 우리는 건강을 잃게 되면 자기는 불행하다고 생각하시는 분들이 많으신데, 환자가 병이 났을 때 어떻게 생각을 해야 불행하다고 생각하지 않을 수 있을까요?

정민기　이거 제가 스님께 여쭤봐야 할 질문을...(웃음) 일단 제가 말씀드리는 게 특출난 대답은 아닐 거예요. 원래 좋은 약은 입에 쓰다고, 병을 병이라고 생각을 하면 그때부터 싸움이 시작이 돼요. 그 싸움은 남하고가 아닌 나하고 싸우는 거예요. 내 안에 병이 있고, 그것을 고치고자 하는 내가 있어서 둘이 싸우는 거예요. 혼자 존재해도 피곤한 일생인데, 둘이 두 에너지를 써서 싸우니 점점 진이 빠지죠. 그러니까 병을 보는 생각을 다른 관점에서 보면 어떨까? 자전거를 우리 몸이라 생각했을 때, 자전거가 건강하면 반듯하게 가는 것이라 치고 자전거가 병들면 비틀거리는 거예요. 그때 어느 한쪽으로 기울면 가장 크게 넘어질 것 같은 게 가장 큰 병이 든 것이죠. 그럼 다른 쪽으로 세울 것 아니에요. 또 그쪽으로 기울면 그 반대로 세우고. 병이라는 건 뭔가 새로운 것이 나타난 게 아니라 기울어진 것을 세우려고 하는 몸의 안간힘이다. 그러니까, 병이라는 게 따로 존재하는 게 아니라, 잠깐 길을 벗어난 내 몸을 제자리로 돌려놓으려고 하는 치유의 과정이라고 보기 시작하면...

일감　병이 참 고마운 것이군요!

정민기　그렇죠. 저도 말은 이렇게 했지만 저도 못합니다. 하지만 그렇게 생각을 하기 시작하면 병을 볼 때의 거친 마음이 부드러워질 것 같습니다.

일감　귀한 말씀입니다. 우리가 몸살이 나거나 그러면 우리 몸에 막 독한 약도 먹이고 난리법석을 치잖아요.

정민기　자기 몸 탓을 하죠.

일감　그런데 그것이 사실은 몸을 살리려고 몸살이 난 것인데... 아, 그래서 내 몸을 바르게 살리려고 하는 과정이 몸이 아픈 것이다... 맞습니다. 그러면서 마음도 바로 세워지면 병을 바라보는 마음도 바로 세워질 것 같습니다. 이렇게 하시는 일도 많고 정말 열정적으로 사시는데 그래도 하고 싶은 계획이 있으세요?

정민기　제가 계획을 세우는 스타일은 아니에요. 집에 가훈을 보면, '하면 된다' 같은 것들이 있잖아요? 그것은 뭔가 계획을 세우고 해서 만들려는 것인데 저는 반대에요. 저는 '되면 한다'에 가깝거든요.

일감　아, 그거 좋다!(웃음)

되면 하고 오면 한다

정민기　그리고 '오면 한다'... 왜냐하면 찾아다니기 전에 오는 것들이 너무 많아요. 그것들 중에서 저한테 맞는 것을 정신이 쏙 빠지도록 열심히 하는 거죠.

일감 참 실천에 옮기기는 어렵습니다만 아주 좋은 말씀입니다. '나는 이럴 때 행복하다'와 같은 행복론을 한번 얘기해 주세요.

정민기 몸이 힘들고 사는 게 지쳐서 저한테 찾아오셨던 어떤 분이 도대체 어떻게 하면 행복해지냐고 저한테 물어보시더라고요. 그런데 저도 그렇게 행복한 사람은 아니에요. 이거 뭐라고 얘기해 드려야 하나 하다가 느낀 것은 누구한테 이야기를 해줄 때, 나도 모르는 게 속에서 나오는구나. 누군가한테 뭔가 이야기를 해주고, 가르쳐줄 때 배운다는 게 이런 거구나. 그때 입에서 툭 튀어나왔던 말인데, '그냥 콩알만 한 행복을 주워 담으세요.' 라고 제가 얘기를 하더라고요. 그러면서 우리가 막 힘들고 안 되고 하는 것은, 뭔가 나도 모르게 계속 쌓아뒀던 것들, 작은 것들이 차곡차곡 쌓여서 지금 힘들어진 것인데, 그걸 복권 당첨되듯 한 번에 해결하려고 하니깐, 쌓아둔 건 이만큼이고 이걸 한 번에 해결하려고 하니깐 답이 안 나오는 거죠. 작은 것이 차곡차곡 쌓여서 힘들어졌듯이, 콩알만 한 행복들, 길 가다가 예쁜 아이가 보이면 그 애를 보고 웃은 것을 보고 '아, 오늘 한 알 주웠다!' 또, 걸어가는데 건널목에서 파란불이 바로 켜져서 바로 지나갈 수 있는 것, 그것을 보고 또 '아, 오늘 또 한 알 주웠다!' 그렇게 작은 것들을 하나하나 주우면서, 하나씩 줍다보면 그게 커질 것이라고 제 수준에서 말씀드렸습니다.

일감 **아유, 좋은 말씀입니다! 우린 행복해질 준비가 되어 있으니까요. 아, 행복하다! 오늘은 한의사 정민기님 하고 얘기를 해 봤습니다. 그는**

되면 하고, 오면 한답니다. 우리는 하면 된다라고 어렸을 때부터 그렇게 교육을 받아 왔는데, 되면 한답니다. 이것은 우리가 뭔가를 준비하고 이렇게 계획 세우고 열심히 한다고는 하지만, 어떤 면에서는 자기가 이미 어떤 것에 대해서 선입견을 가지고 있거나, 어떤 주관을 세우는 것이 아닐까 하는 생각이 들면서요. 임제 스님께서 '수처작주 입처개진(隨處作主 立處皆眞)' 이라, '어느 것에 처할지라도, 항상 빈 마음으로 서서 어떤 것과도 직접 대면하는 삶을 살자.' 라는 말씀을 하셨는데, 아마 이것도 임제 스님께서 자기 자신이 이미 어떤 것을 하나로 고정하거나, 이렇게 결정하지 않은 상태에서 사물을 대하신다는 말씀이 아닌가 하는 생각이 드는데요. 우리는 살다 보면 내가 옳은 것 같지만 그 속에도 빈틈이 있을 수 있고, 상대방이 틀린 것 같지만 거기에도 그럴만한 이유가 있다는 것을 생각하고, 늘 빈 마음으로 이 계절을 보내는 시간이 되었으면 좋겠습니다. 고맙습니다.

열네 번째

우리가 생각하는 영화만
영화가 아닙니다

사실 굉장히 무궁무진한 삶의 이야기가 있는데,
그건 사람마다 다르고 마을마다 달라요. 마을마다
무궁무진한 이야기가 있어요. 그리고 제게 즐거움이
있다면 바로 그게 즐거움이죠.

마을영화 감독 ●●●. 신지승

100여 마을을 다니며 마을영화를 만들어 온 가족

일감 영화 좋아하시죠? 저도 가끔 영화를 보러 갑니다. 영화 한 편 만드는데 돈 많이 드는 건 알고 계시죠. 어떤 것은 몇 억에서부터 몇백 억까지 든다고 해요. 영화가 돈이 많이 든다는 것은 맞는 말일 수 있는데 영화가 돈도 하나도 안 든다고 하면 믿으시겠어요? 심하게 말하면 한 푼도 안 들고... 아, 그런데 교통비는 들어야지. 그런 영화를 만드시는 분이 계시는데, 거기 출연하는 주인공들이 영화배우나 전문배우 같은 분도 아니고, 우리 보통 시민들의 삶 그 속에 있는 귀한 이야기들을 이끌어내는 마을영화를 만드시는 분이 계세요. 마을영화의 개척자라고 해도 될지 모르겠습니다. 마을영화 감독 신지승님을 모시겠습니다. 개척자 맞죠?

신지승 뭐, 그럴 수도 있습니다. 하하...

일감 최초로 마을영화를 했다 안 했다 그런 것도 중요하겠지만 그래도 마을영화라는 이름으로 제법 유명해지셨죠?

신지승 그럴 수도 있습니다.

일감 최근에는 어디서 상도 받으신다는데...

신지승 예. 교보환경상 생명문화부분 대상을 수상했습니다.

일감 상금은 어디다 쓰실 거예요?

신지승 빈하게 살아서 어디다 돈을 써야 될지 모르겠는데... 고민하고 있습니다.(웃음)

일감 소위 말해서 영화를 다시 찍기 위한 재투자...

신지승 네. 그게 아무래도 제일 중요할 것 같습니다.

일감 혹시 스님영화도 찍을 생각 있으시면 저한테 이야기해주시죠.

신지승 절에서 스님들과 신도분들 하고 갈등. 애정. 서로의 인간적인 괴로움 같은 걸 한번 찍어보고 싶죠. 그래서 스님이 나서신다면 기꺼이 작품 만들고 싶습니다.(웃음)

일감 대신에 출연료는 좀 없을 것 같으네요.(웃음)

신지승 네. 출연료는... 잘 만들어지면 후불 출연료제입니다. 참여한 분들이 연기를 못하고 열심히 안 했을 때는 출연료가 적고, 열심히 했을 때는 많이 드리고...

일감 한번 해 볼 만하네. 밑져야 본전이니까... 지금까지 영화는 몇 편이

나 찍으셨어요?

신지승 편수는 사실 중요하지 않은데 러시아 고려인 마을을 포함하여 100여 마을을 다니면서 마을영화를 만들었습니다. 이 영화들은 기존에 영화라는 개념 작품 중심의 개념이 아니라 민초들과 어울리며 그들의 땅에서 이야기를 건져 올리는 새로운 개념의 극영화 장르이기에 저희들이 생각해봐도 작품 중심으로 말하면 안될 것 같습니다.

일감 그것도 대단한 거네요. 뭐 60점이나 건지신 거잖아요. 말하자면...

신지승 점수로 말씀하시면 섭섭하죠. 하하...

일감 이 영화는 제가 생각하기에는 다큐멘터리성 영화처럼 보여질 것 같은데 마을영화라는 게 어떤 겁니까?

신지승 다큐멘터리는 아니고요 드라마입니다. 그분들이 연기를 해서 같이 으쌰으쌰해서 만들어지는 그런 형태의 영화고요, 마을 분들이 같이 닭도 잡고 돼지도 잡아서 축제를 벌이면서 영화를 보는 그런 형태의 새로운 방식, 아까 스님이 말씀하셨듯이 영화는 돈이 든다, 극장에서 보는 거다 이런 선입관을 깨버린 거죠. 일반영화는 출연료가 영화 제작비의 반을 차지합니다. 대스타들의 출연료, 그리고 스텝들이 많다보니까 진행비, 식비, 이런 것들이 영화 제작비의 3분의 2를 차지하죠. 마을영화는 이런 비용 3분의 2가 없는 거니까, 마을에서 찍고 스타가 아니라 마을 출연자에게 후불로 주는 거니까 출연료가 없다라는 말이 되는 것이죠.

일감　그런데 감독님의 축제에는 꼭 뭔가를 잡아야 하나요? 좀 전에 잡는다고 그러시던데...

신지승　아... 그것은 제가 나설 것은 아니지만 마을 분들이 그런 축제를 잃어버린 지가 오래됐어요. 그래서 닭도 잡고 돼지도 잡더라고요. 그런데 제가 나서서 잡지 말라고 할 수도 없는 거고요. 하여튼 그것은 축제의 제물로서... 앞으로 잡지 말라고 하겠습니다. 하하하...

못난 사람 말 못하는 사람이 주연인 돌탑영화

일감　감독님 영화를 돌탑영화라고도 한다던데 무슨 뜻이예요?

신지승　우리가 길숲에 놓여있는 돌탑을 볼 때 남모르는 상처나 기도, 아픔, 이런 것을 침묵으로 넌지시 놓고 가잖아요? 그런 것들이 하나하나 모여서 탑을 이루어 낸 거죠. 멋진 탑은 아니지만, 큰 장인들이 만든 그런 탑은 아니겠지만, 정말 아픔과 기도가 있는 이야기가 숨겨져 있을 수 있는 그런 돌탑과 같은 영화다라는 거죠.

일감　마을영화를 하시기 전에는 어떤 일을 하셨어요?

신지승　네. 그전에도 작품을 만들고 예술영화를 대중적으로 보급하려고 했죠. 그 당시에는 예술영화라는 개념이 없었고 작가주의 영화, 이런 개념들을 대중적으로 접하기 힘든 시대였죠. 저는 그때 작가주의 영화를 대중적으로 보급하고 알리면서 작품을 해왔습니다.

일감 예술영화라는 영화는 뭔가 좀 듣고 싶기도 하고 그러는데...

신지승 지금은 작가주의 영화들을 잘 안 봅니다. 문제가 뭐냐면 작가주의 영화들의 한계가 있어요. 휴머니즘, 구원, 사랑 이런 주제를 담아서 치열한 예술작품을 만드는 건데, 문제는 가장 바닥에 있는 분들이 그런 영화를 보지 않는다는 거예요. 결국 봐야 될 사람은 안 보고 보지 않아도 될 사람이 많이 보는 영화가 예술영화라는 생각이 들더라고요. 그렇지 않습니까?

일감 그런데 원래 영화 공부를 좀 하셨었나요?

신지승 제가 아무래도 예술영화, 작가주의 영화를 보급하고 알렸던 당사자이기 때문에 공부를 안 할래야 안 할 수가 없었죠.

일감 농촌으로 내려가신 거죠? 영화로 성공하고 그러려면 도시에서 충무로쯤에 있어야 하는 것 아닙니까?

신지승 그렇긴 합니다만 당시에는 서울에서 기거할 경제적인 사정들이 안 좋았어요. 그래서 시골도 월세로 살 수 있는 곳, 아무래도 도시에서는 생활비가 많이 들고 생존비가 많이 들잖아요. 시골에서는 도시에 비해서 안 드니까 이주한 거예요.

일감 간단했네요. 이유는... 그런데 어떻게 가서 영화를 찍으신 거예요?

신지승 거기에서도 영화를 찍고 싶어서 찍다보니까 이분들이 연기를 못한다고 연기를 좀 더 잘하는 사람에게 대사를 몰아주거나 하면 씁쓸해 하더라고요.

일감 그러니까 처음부터 영화를 찍으려고 했다기보다는 재미 삼아 시작해 본 겁니까?

신지승 네. 그러다 보니까 영화라고 하는 것의 본질을 알게 된 것 같아요. 지금까지 잘하는 사람, 잘난 사람 이런 사람들한테 표현을 하게끔 하는데 일조한 거지, 말 더듬는 사람. 말 못 하는 사람 이런 사람들하고는 영화가 거리가 멀다는 거죠. 그래서 이걸 왜 하냐, 그때부터는 말 못 해도 대사를 시키고, 연기를 시키고 하면서 그 심성을 제가 배워간 거죠. 농촌문화를 한국영화가 담아야 되는 것임에도 불구하고, 다시 생각해보니까 영화가 서구에서 온 것 그대로 하고 있었던 거죠. 아까 말씀하셨다시피, 영화하면 돈, 잘난 사람, 이런 것으로 대변된다는 거죠. 그건 영화가 아니지 않느냐... 그래서 못난 사람, 말 못하는 사람 이런 사람들과 함께하는 영화, 그런 것을 꿈꾸는 거죠.

일감 아까 서두에 돈도 하나도 안 들고 영화를 찍는다고 하셨는데 카메라를 싣고 다니는 자동차는 있어야 하니까 5톤 트럭에다 카메라 이런 걸 다 싣고 다니신다는데 5톤 하나면 모든 게 끝나는 겁니까?

신지승 예. 제가 앞으로도 돈이 없을 것이다 예상을 하고 트럭을 만들었죠. 잘 데, 밥을 먹을 수 있는 곳을 만든 거죠. 거기서 자고 먹고 하니까 돈이 안 드는 것이죠.

일감 조명 뭐 이런 건 어떻게...

신지승 조명 이런 걸 잘 안 합니다. 낮에 주로 찍기 때문에... 미학적으로도 최근에 우리나라에서는 맨얼굴 드러내는 연기가 많잖아요? 노 라이

팅, 노 분장 이런 것도 의미가 큽니다. 꾸미지 않는다는 것이죠. 꾸미려고 하는 것. 누군가에게 자기 이야기를 전달하려고 하는 순간부터 실제를 포기하는 거죠, 진짜 아름다움을 포기하는 것이다. 사실은 태양 조명이 최고입니다. 태양 조명이 있는데 굳이 인위적인 조명을 하지 않죠. 물론 상업영화에서는 많이 합니다. 상업영화에서의 조명이나 분장의 양은 정도를 넘어가죠. 사실은 이미지가 굉장히 달라요. 실제와 다르게 만듭니다. 평범한 사람들이 노는 프로그램은 조명을 잘 안 하고, 스타들에겐 조명은 많이 하고 많은 시간을 들인단 말이죠. 평범한 사람의 다큐멘터리나 인터뷰는 준비나 분장을 잘 안 합니다. 그 자리에서 그냥 찍죠. 우리는 이때까지 자연스럽지 못한 것을 아름답다고 해왔거든요. 어떻게 보면 반칙을 쓰고 있었던 것이죠. 아름다움의 어떤 반칙을 쓰고 있던 것이 지금까지 드라마의 스타들, 연기자들의 이미지가 아닐까 생각하는데...

일감 누가 반칙을 하는지는 잘 모르겠습니다. 하하... 그리고 보통 영화를 마을에 찍으러 가면 마을에서는 어쨌거나 전에 없던 일이니까 이상하게 보기도 하고, 협조도 잘 안 하기도 하고 어려움이 많을 것 같아요. 어떻게 마을사람들이 협조는 잘 해주세요?

신지승 잘 안 할 때도 있습니다. 그러나 시간이 지나면 결국은 하게 되죠. 저도 구르는 재주가 있어야 하니까 그게 재주일 수 있는데 현재까지 별 문제 없이... 제 재주이기도 하지만 지금 다시 생각해보니 그러네요. 우리나라 심성 중에 중요한 게 불쌍하니까 봐주는 것... 그것도 있을 수 있습니다.

일감　아… 감독이 5톤 트럭 하나에다 어설프게 하고 다니니까 우리가 좀 해주자…(웃음)

신지승　그렇습니다. 해주자. 아마 연기도 그 사람들이 하고 싶어서일 수도 있겠지만 해주자 그냥…

일감　저 사람이 좀 어설프니까 우리가 좀 도와주자… 아, 어른들이 역시 다르다~!

신지승　그게 아마 심성 같아요.

일감　그럼 마을을 선정할 때 무슨 소위 말해서 이야기가 있는 곳을 선정해야 하잖아요.

신지승　사람이 있으면 이야기가 있습니다. 지금 젊은 사람들이 그런 이야기를 많이 하죠. 똑같지 않을까, 평범한 사람들이 이야기하는 게. 하지만 마을마다 이야기가 다 달라요. 이야기라고 하면 공간과 사람과 자연, 시간 이런 것들이 어울려서 노는 것이 이야기라 고 할 수 있는데, 이야기라고 하면 드라마에서 보는 그런 이야기만 있는 줄 알아요. 그러나 사실 굉장히 무궁무진한 삶의 이야기가 있는데, 그건 사람마다 다르고 마을마다 달라요. 마을마다 무궁무진한 이야기가 있어요. 그리고 제게 즐거움이 있다면 바로 그게 즐거움이죠.

일감 본래부터 이미 있었던 아름다움이나 감동 같은 것을 진행하면서 찾아내기도 하고 그렇겠네요? 보통 영화는 시나리오가 있고 짜여진 각본이 있고 그러잖아요? 배우들도 소위 말해서 시키는 대로 하고... 그런데 이 마을영화는 좀 뭔가 다를 것 같아요.

신지승 그런 걸 많이 뒤집어버렸죠. 마을영화는 정해진 시나리오가 없습니다. 보통 영화는 작가, 감독의 머릿속에서 나온 이야기를, 돈을 주고 연기자들한테 시키는 거예요. 배역을 시키는 거잖아요. 제 영화는 그렇게 만들어갈 수가 없는 게, 바로 그 마을 사람들이 주인공이니까 그 사람들한테 가서 이야기를 들어서 그 사람들이 연기해야 하는 거니까요. 마을사람들이 배워야 되고, 대사를 또 살려야 되고, 오히려 거꾸로가 된 거예요. 그래서 기존 영화의 방식과는 다르게 하루하루 이야기를 만들어갈 수가 있고 깊숙이 참여합니다. 이분들이 이야기에도 참여하고 대사를 직접 만들기도 합니다. 자기의 톤으로. 이전 방식은 누군가가 지시하는 대본대로 해야 되는 거지만 이것은 자기가 살아왔던 방식이나 자기의 리듬으로 연기를 하는 것이죠.

일감 그러면 할머니 할아버지 두 분이, 예를 들어서 할아버지가 만날 약주 잡수고 오셔서 '힘들어' 그러면 할머니가 '약주 좀 그만 좀 자세요' 하면서 이야기를 해야 되잖아요? 그러면 그걸 하라고 이쪽에서 이야기를 해줍니까?

신지승 하자고 이야기를 하죠.

일감 그 이야기를 듣고... 대사를 이렇게 하든 저렇게 하든 할아버지가 알아서 하시는 거네?

신지승 상황은 어차피 싸우는 상황이면 되니까... 치고받고 던지든 그분들이 결정할 문제인 거죠.

일감 그러다가 진짜 싸우면 어떡해요?

신지승 진짜 싸운 적도 있었던 것 같은데, 그럼 컷하면 되죠, 뭐...(웃음)

영화 밖에서 이미 만들어지는 영화

일감 마을영화의 재미는 어떤 겁니까?

신지승 그분들은 한 세 시간짜리 마을영화를 그냥 앉아서 봅니다. 왜냐면 이미 자기들 살았던 삶을 기반으로 한 스토리다 보니까 웃음도 있고 주제도 있고요. 일상 그대로 찍은 다큐멘터리가 아니기 때문에 예술작품으로서 어떤 수요도 있지만, 그분들은 복잡한 구성이라도 보게 되는 거죠. 단순하게 소비하는 드라마보다 더 재미있게 볼 수 있습니다. 드라마와 다른 것이죠. 그러니까 아무래도 우리가 보는 것은 불특정 다수를 겨냥한 작품이 될 수밖에 없잖아요? 탈지역적이고 탈세대적이고... 그런데 그것은 굉장히 구체적인 대상을 목적으로 만들어지는 거죠. 즉, 말하면 맞춤옷이에요. 우리가 참여해서 만들고, 우리 마을을 배경으로 만들고, 또 우리 삶을 주제로 만들었다. 딱 맞는 영화죠. 그러니까 이런 것을 높게 보는 분들은 그런 면에서 높게 보는 것이죠. 즉 예술이 너무나 복잡다단한 사회에서 많은 부분들을 충족시킬 수 없으니까 이렇게 스타들을 대신해서 배역을 하고, 자기가 스스로 나서서 마을마다 영화를 만들면 그런게 좀 줄어들겠죠. 맞춤예술이라고도 할 수 있습니다. 마을돌탑영화는 이제 작가주의와 상업주의로 이분화된 세계영화의 오랜 경향을 극복하고 단순히 관객으로만 존재했던 평범한 이들을 극의 주체, 이야기의 중심에 놓는 작업이기에 아시아. 아프리카의 민초들의 장르로 정착시키려고 노력하고 있습니다. 자본. 스타. 극장. 팔기 위한 이야기 중심의 영화라는 개념에서 벗어나 일하고 생활하는 이들을 주체로 한 영화가 필요하다. 우리가 영화라고 생각해 왔던 영화는 흥의 주체가 소수의 예술가였던 시대의 유산이다. 흥을 가지고 스스로 춤추어야 할 이들은 바로 가난하고 힘없는 이들이다. 영화는 이제 그들을 위해 역할해야 한다. 관객이 아니라 흥의 주체여야 한다. 마을영화는 스스로 흥이 나오면 춤을 추게 하는 춤의 영화다. 스스로 춤추고 노래하며 연기해야 한다. 인간에게는 자신을 표현하려는 욕구가 있는데 이러한 개성의 표출 욕구와 창조성이 억압되기 때문에 우리 가족, 마을, 사회의 흥이 사라지고 있다고 생각됩니다.

일감　지금까지도 말씀하시는 것 중에 의미가 많이 나오기는 했는데요, 일반 극장영화에 비하면, 이 영화는 좀 반영화적인 영화 같은 의미가 좀 있고, 거기서 또 의미를 찾아내고 그런 것 같은데, 마을영화의 의미를 설명해 주신다면 어떻게 말씀하실 수 있습니까?

신지승　기존의 영화라는 개념이 너무나 물질적이고, 완벽함· 매끈함· 또 아주 달콤한 이야기, 이런 것을 대변한다면 그런 것과 다른 아름다움. 재미가 존재한다는 것을 표현하려고 하죠. 지금까지 항상 영화감독들은 영화 속에, 작품 속에 뭔가를 다 담으려고 노력해 왔죠. 하지만 이것은 작품 속에 다 담아야겠다는 것이 아니라 그 사람들을 직접 만나서 어울리면서 같이 이야기를 하는 그 예술행위를 하면서, 즉 영화 밖에서 또 영화 안에 담으려고 하는 거죠. 그러니까 이때까지는 모든 사람이 영화 안에만 담겠다. 의미와 가치를. 그런데 나는 영화도 안 본 사람들을 찾아가서 영화 밖에서 같이 만들면서 이야기 나누고, 그들의 삶을 듣고, 어루만지면서 영화 밖에서 이미 영화가 만들어지는 거죠. 이미 그 사람은 제 영화가 못 만들어져도 감동을 받습니다. 지금까지는 영화를 잘 만들어야 감동을 받았잖아요. 하지만 나는 영화를 못 만들어도 그 마을에서는 능력 있는 감독이 되는 겁니다.(웃음)

일감　감독님이 생각하시는 영화는 뭐예요?

신지승　저는 사실 운이 좋게도 영화를 만들 수 있게 깨우침을 준 시골마을로 인해서 엄청난 신대륙을 발견한 거죠. 그래서 감사하게 생각하고 있습니다. 계속 필요한 영화다. 아들딸한테까지도 차라리 이런 영화를 하라고 하고 싶을 정도로... 마을영화라는 개념은 애초에 없었고 지금도 아직 없는 귀중한 민초들의 영화입니다.

일감 어떻게 보면 영화이기도 하고, 정말로 이 시대의 기록이기도 하고, 감독님은 이런 영화를 통해서 세상에 좀 던지고 싶은 메시지가 있을 것 같아요.

신지승 메시지요? 메시지가 많기도 하지만 없기도 한데요. 제가 이제 그분들과 영화를 찍으면서 느끼는 것은 그분들이 정보적인 지식이 없잖아요. 가진 것도 없잖아요. 내세울만한 권력도 없잖아요. 오히려 없다 보니까 사람과의 평등심을 유지하게 되더라고요. 아무래도 지식이 있으면 표현하고 싶고 가르치려고 하고, 이무래도 권력이 있으면 힘을 숨길 수가 없게 되고, 돈이 있으면 없는 자를 업신여기게 되니까... 그렇기 때문에 이분들에게 아름다움이 있더라. 평등심의 아름다움이 있더라 그렇게 생각했죠. 그래서... 질문이 뭐였죠?

일감 그러니까 질문이, 세상에 던지고자 하는 메시지가 무엇인가?

신지승 제가... 메시지가 아니라 바로 그분들의 그런 삶이 메시지이지 않을까... 그러니까 제가 찍고 있습니다.

일감 그러니까 신 감독님이 메시지를 던지는 게 아니라 메시지를 발견하는 거네요. 오히려 마을사람들에게서 이미 있는 메시지를, 어떻게 보면 내 자신이 좀 내려놓으니까 그들이 본래 가지고 있던 메시지를 드러내놓는 그런 거네요. 아무리 마을영화라 할지라도 영화는 영화니까 제작비가 들어가잖아요. 어쨌든 감독님도 먹고 살아야 하고 최소한의 경비를 어떻게 마련하시는 건가요?

신지승　있으면 있는 대로 쓰고 없으면 없는 대로 씁니다. 사실 내가 돈을 많이 벌었다 이러면 문제가 심각해집니다. 사실은 없다 보니까 일종의 세상과의 싸움이죠. 나 없이 살고 이런 영화를 만들고 있다.. 그러면서 보여지는 게 있었다고 생각해요. 아까도 말했다시피 영화 밖에서 만들면서 영화 안에 담아가는 것이니까, 같이 예술하고 같이 즐기자. 이게 되도록 해야죠.

우리나라 전 마을이 마을영화 한편씩 가질 때까지

일감　마을에서 영화가 잘 만들어져서 혹시라도 알려지기라도 하면 그 마을의 아마 이장님께 전화가 올 것 같아요. 내년에 한 판 더 찍자. 그것도 의미가 있을 것 같고.

신지승　해마다 찍는 마을도 있습니다.

일감　마을마다 영화 한 편 정도는 있다. 아마 그런 정도면 우리나라가 삶의 질이 높은 나라다. 어떻게 보면 마을마다 영화가 한 편 있을 정도면 전 세계에서도 우리나라를 부러워하는 나라가 될 것 같은데, 마을의 영화 한 편 만드는 데는 그렇게 큰돈이 들어갈 것 같지는 않은데 어디서 지원해 줍니까?

신지승 간혹 지원도 있었는데 저는 마을 영화 한 편을 만드는데 욕심이 있는 게 아니라 바로 아까 스님이 말씀하신... 우리나라의 전 마을이 마을영화 한 편을 가지는 겁니다.

일감 좋습니다. 저는 절마다 영화가 있는 절!

신지승 그러니까 스님이 말씀하셨다시피 세계 어느 나라에도 마을영화가 있는 경우가 없습니다. 저마다 영화를 가지고 있는 문화가 된다면 아마 엄청날 겁니다.

일감 괜찮다. 꿈을 한번 꿔봅시다!

신지승 지금 인터넷에서 유튜브로 상징되는 영화는 개인이 만들고 개인이 소비하는 형태라는 거예요. 마을영화는 공동으로 만들고 공동으로 함께 누리는 영화입니다. 유튜브로 대변되는 영상문화의 키워드는 우리 마을영화보다 약해요. 우리는 함께 만들고 함께 누리는 마을 축제처럼 지내는 거지만, 개인이 만들어서 인터넷으로 봐라하는 유튜브 영화는 개인적으로 소비하는 거죠.

일감 지원금도 없는데 어떻게 준비해요?

신지승 돈 문제는 아닌 것 같아요. 십시일반. 이거 한편 만들 때는 돈도 많이 들지 않아요. 마을 분들이기 때문에 먹고 살 듯이 살면 되고, 두세 명의 스텝밖에 없으니까요. 그 두세 명의 스텝들이 자고 먹을 수만 있으면 영화는 찍힙니다. 우리도 충분히 그 마을의 수익을 만들어낼 수 있고 예술적으로도 수익을 만들어 낼 수 있습니다.

일감 마을영화 말씀을 듣다 보니까 내가 그 영화에 직접 참여해보지 않아서 잘 모르겠습니다만, 마을 영화를 찍는 동안에 그 사람들은 매우 행복해 할 것 같고, 설사 싸우는 연기를 하더라도 재밌어 할 것 같아요. 자기 안에 있는 뭔가를 발견하고, 자기 속에 아픔이나 고뇌가 있던 걸 연기하면서 힐링이 될 것 같은데, 감독님이 생각하는 마을영화의 비전이라고나 할까요 그건 어떻게 생각하세요?

신지승 마을영화는 일단 하다보면 좋은 거다 이렇게 가야 될 것 같고요. 사실은 마을영화의 주인공들이 주로 60대 70대 80대들, 전쟁세대 분들이거나 시골의 아이들이거나 예전엔 소년원 아이들이거나 이런 분들이었거든요. 사실은 사회적으로도 이런 에너지를 활용하고 있지 못해요. 전쟁세대거나 가난했던 세대를 거쳤던 분들이 남북의 교류에서도, 잘 나가는 사람 중심으로 교류할 것이 아니라 이런 마을영화로 교류할 수도 있다. 오히려 잘난 것을 가지고 교류하기 힘들 수도 있거든요. 좀 어수룩한 허벌레한 모습을 가지고 남북교류 할 수 있거든요. 서로 미사일 있고 핵 있다가 아니라, 우리 아무 것도 없다 하지만 허벌레한 것이 있어. 마을영화는 허벌레할 수 있거든요. 우리가 너무 잘난 사람들 내세워서 드라마 만드는 것도 있지만 좀 허벌레한 것도...

일감 좀 희망이 발견되는 것 같아요. 감독님하고 마을영화를 찍다보면,

사람들이 행복해하는 모습을 보고 이렇게 찍든 저렇게 찍든 감독님도 마음속에 행복한 마음이 있을 것 같아요. 감독님이 생각하시는 행복, 딱히 이야기하라면 어렵겠지만 어떤 것이 행복이라 생각하십니까?

신지승 지금 저는 행복한 것 같고 또 남들의 행복에 대해서는 잘 모르겠습니다만. 저는 마을영화를 찍으면서 새로운 사람, 이야기를 만나고 하다 보니까 행복하다, 마을사람들도 행복했으면 좋겠다 바람은 그것밖에 없습니다. 감히 말하기 힘든 주제라...

일감 감히 말하기 힘든 주제인데 말씀하시는 동안에 충분히 보여주시고 이야기해주신 것 같습니다. 아무튼 신감독님하고 이야기를 하면 한도 끝도 없이 이야기가 나올 것 같은데 시간이 다 되어버렸어요. 앞으로 좋은 영화 부탁드립니다. 영화 그러면 당대 스타가 등장하고 굉장히 많은 장비들이 있어야만 되는 그런 것을 영화라고 생각했는데, 신지승 감독님의 이야기를 들어보니까 우리는 영화에 대해서 잘못 알고 있었구나 새로운 영화가 있구나 이런 것을 생각하게 되었습니다. 영화라고 하는 것이 이렇게 만든 사람들이 뭔가 하고 싶은 이야기를 하는 건데요, 우리도 따져놓고 보면 뭔가 우리 이야기를 하려고 애를 쓰고 나를 나타내려고 애를 쓰는 건데, 일부러 만들지 않아도 우리한테 이미 있었던 영화 같은 것을 알아내고 발견해내는 것이 소중하다는 생각을 해봅니다. 열심히 수행해서 내 안에 이미 있었던 불성을 발견하고 부처의 삶을 살아가는 것으로 나도 행복하고 세상도 행복하게 하는 것, 또는 행복한 세상을 발견하고 만드는 것 이런 것이 우리 불자들의 사명이기도 한데, 신 감독님은 평소에 소신이 그러셔서 그랬는지는 몰라도 우리 삶 속에 이미 있던 본래적인 아름다움 또는 본래적으로 있었던 완벽함, 이런 것을 발견해내고 사람들과 함께하고 더불어 행복해지는 그런 세상을 꿈꾸는 분이었습니다. 우리도 영화 한번 찍어봅시다. 영화 멀리서 찍지 마시고 아침에 눈 뜨고 밥 먹고 살다가 저녁에 돌아와서 잠자는 매순간이 사실은 다 우리들의 영화다. 어떻게 하면 나를 살펴가면서 상대도 살펴가면서 우리들의 좋은 영화를 함께 찍을까 하는... 여기서 행복 발견하셨으면 좋겠습니다. 감사합니다.

열다섯 번째

양궁보다 더 멀리 쏘는 우리 국궁의 참맛

활을 쭉 당겨서 발시 직전에 과녁을 보면 아무것도
안보입니다. 옆 사람이 떠드는 소리
이런 게 전혀 안 들립니다. 그런 상황에서 화살이
떠나고 난 후에...

한국의 활쏘기 저자 ●●●. 정진명

동이족이란 '큰 활을 쏘는 사람' 이란 뜻

일감 안녕하세요. 바야흐로 겨울의 맛을 한창 느끼는 그런 시절이 돌아왔습니다. 정말 마음을 한번 가다듬고 하는 계절은 겨울이 딱 좋은 것 같아요. 옛날 우리 조상님들이 진짜 그랬는지는 모르겠습니다만, 겨울은 빈 벌판에서 활쏘기를 연마하기 좋은 계절이 아닌가 그런 생각이 드는데요. 조상님들이 활쏘기를 심사(心射)라고 해서 마음을 수행하는 그런 것으로 삼았다고 해요. 정초에 어쩌면 우리가 인생의 활을 쏴야 하는데 어떤 활을 쏠 것인가. 활쏘기에 대한 이야기를 해주실 분을 모셨습니다. 〈한국의 활쏘기〉라는 책을 쓰신 정진명님을 소개하겠습니다. 활 쏘시는 분이라서 저는 무슨 투구에 갑옷 같은걸 입고 나오실 줄 알았는데 까만 옷을 입고 나오셨는데요, 제가 활쏘기라고 이야기했는데 활쏘기라고 하면 맞습니까?

정진명 맞습니다. 가장 흔한 표현법입니다.

일감　옛날에는 그냥 활이라고 그런 거죠?

정진명　네. 그렇죠.

일감　국궁(國弓)이라고도 하죠.

정진명　네. 한자로 표기하면 국궁...

일감　옛날에 우리 쪽 사람들을 한족사람들이 동이족 이라고 했다면서요? 큰 활을 쏜 사람이라고 해서 동이족이라고 한다는데 그거 맞는 이야기죠?

정진명　맞습니다, 이(夷)자가 큰 대(大)자하고 활 궁(弓)자가 합쳐진 글자입니다. 옛날부터 활쏘기는 유명했던 것 같습니다.

일감　우리가 옛날부터 활을 잘 쏴서 지금도 우리 여궁사들이 금메달을 다 따죠. 국궁이나 활쏘기에 대해서 더러 이야기는 많이 들었습니다만, 이렇게 활 쏘시는 분을 가까이 모셔서 이야기 듣는 기회는 없었던 것 같습니다. 이름은 정진명이시네요? 진짜로 명중하신다.(웃음)

정진명　감사합니다.(웃음)

일감　그런데 대학 때 문단에 데뷔한 시인이기도 하세요. 지금은 고등학교 국어선생님이시고 시집도 내시기도 하셨는데 궁사로 알려져 있으시다면서요? 궁사도 급수가 있습니까? 엄청 높은 궁사세요?

정진명　꼭 그렇진 않습니다. 쏘는 능력에 따라서 네 등급정도로 나누고 있습니다.

일감　그런데 정진명님은 제일 높은 등급이시죠?

정진명　그렇진 않습니다.

국궁에 대해 자료가 너무 없어 배우고 물어가며 책을 써

일감　그 시대에 80년대 문학인들이 대부분 그렇듯이 대학 때 시 좀 쓴다고 날밤 새시고 그랬는데, 교사로 부임하실 즈음에 건강이 문제 되어서 활을 시작하셨다면서요?

정진명　네. 대학 때 시 창작을 했습니다. 그때 젊은 혈기에 밤중에 시 쓴다고 엎드려서 글을 쓰고 그러다 보니 아침에 10시에 일어나고 불규칙한 생활을 한 4년 정도 하고 나니까 나중에 아침에 일어나기 힘들 정도로 몸이 망가지더라고요. 그래서 교사로 발령받은 후에 이대로 가면 안 되겠다는 위기감이 와서 뭔가 몸을 회복할 수 있는 운동을 했으면 좋겠다는 생각을 하고 있었는데 마침 제가 사는 시골동네 옆에 활터가 있었습니다. 과녁만 두 개가 있는 허름한 활터였는데 그때부터 활을 쏘게 된 거죠.

일감　활을 선생님께 배우신 거예요? 아니면 책을 보고 배우신 거예요?

정진명　활을 배우려고 가서 보니까 가르쳐주는 분이 있기는 한데 활 당기는 가장 기초사항만 가르쳐주지 너무나 자료가 없는 거예요.

활을 당겨서 화살을 내보내는 동작 외의 궁금한 것들에 대해서는 해결할 방법이 없었습니다.

일감 우리가 원래 활을 잘 쏘는 민족이었는데, 활에 대한 것도 하나의 무술이니까 그것이 좀 체계적으로 정립이 되어 있고 해야 되는데 그런 것이 잘 안 되어 있다면서요?

정진명 네. 그런 것이 거의 없다시피 합니다. 그래서 제가 활을 처음 배울 때 가장 황당했던 게 뭐냐 하면 국궁 같은 경우에는 과녁거리를 145m를 놓고 쏩니다.

일감 아. 기네요.

정진명 양궁 같은 경우엔 가장 먼 거리가 90m이고, 올림픽 같은 경우는 70m로 고정되어 있거든요. 그 이상 나가질 않는데 우리 활은 기본거리가 145m예요. 그래서 이제 활을 쏘는 분한테 왜 145m를 쏩니까? 물어도 그걸 아는 분이 없는 거예요. 주변에. 얼마나 황당합니까?

일감 그런 궁금한 의문점을 가지고 책을 쓰셨는데 어떻게 쓰시게 되었어요?

정진명 원래는 책을 쓰려고 해서 쓴 건 아니고요. 그런 궁금증을 가지고 활을 쏘았는데 활쏘기는 대회가 굉장히 많습니다. 전국적으로 1년에 100회 이상 되는데 거기에 짬짬이 참여를 하면서 돌아다니다 보니까 활을 오래 쏘신 분들이 계세요. 그래서 그분들에게 왜 활은 145m만 놓고 쏴야 합니까? 이렇게 물어보니까, 해방 전에 활을 쐈던 분들, 그러니까 벌써 한 50년. 60년 전부터 활을 쐈던 몇몇 분들이 그걸 알고 계시더라고요. 그렇게 한 5~6년 정도 생활을 하다 보니까 이게 어디 기록에도 없는 것이고 저만 알고 있는 건데 이렇게 가면 안 되겠다는 생각이 들더라고요. 그래서 글을 통해서 한번 정리를 해보자 해서 책을 내게 되었습니다.

활쏘기, 집중과 해방으로 요약할 수 있어

일감　그러셨군요. 어쨌거나 활쏘기의 진짜 명인이시기도 하신데 대학 때는 문단에 데뷔를 하셨단 말이에요. 정진명 님이 생각하는 시란 어떤 것이고 시인은 어떤 사람입니까?

정진명　시는 문학 중에서 가장 짧습니다. 짧은 형식 안에 어떤 것을 집어넣어서 표현을 하다 보니까 굉장히 기지가 필요하고 상상력이 다른 갈래에 비해서 굉장히 난폭하다고 할까요. 그런 점이 있습니다. 자기가 보고 느낀 것을 표현하는데 특별히 자기만의 방식으로 표현하는 성향이 강합니다. 시 쓰는 사람들은 자기가 본 새로운 세상에 대해서 의미를 부여하는 자가 아닌가 이런 생각을 하고 있습니다.

일감　시인이시고 세상을 바라보는 날카로운 시선이 있어야 시인이 되잖아요? 활쏘기도 활 과녁을 잘 봐야 명중을 하지 않습니까? 활쏘기가 몸과 마음의 수양에 다 도움이 될 것 같아요. 어떤 도움이 될 수 있습니까?

정진명 압축을 하자면 긴장과 이완이라고 할 수 있는 데요 보통 다른 무예나 무술, 스포츠 같은 걸 보면 거의 근육을 긴장시키는 쪽으로 작용을 합니다. 권투 같은 경우에도 최대한 힘을 내고 배드민턴 같은 경우도 숨 돌릴 틈이 없죠. 활쏘기는 그렇지 않고 그 두 가지가 동시에 이루어집니다. 신기한 것이 뭐냐면 활을 오래 쏘는 분들이 하시는 말씀이 활을 이렇게 온힘을 다해 밀고 당기는데 힘을 빼라는 이야기를 합니다. 아니 활을 당기고 있는데 어떻게 힘을 빼요. 그런데 활을 몇 년 쏴보면 그 말이 너무 절실합니다. 그러니까 똑같이 힘을 쓰더라도 긴장을 하면서 쓰는 힘이 있고, 긴장을 풀면서 쓰는 힘이 있습니다. 그것이 활에서는 동시에 이루어집니다. 그러다 보니까 아주 특별한 방식으로 심신에 영향을 준다고 보는데 마음이 평온해지고, 스포츠에서 작용하는 그런 힘을 쓰지 않고 긴장과 이완이 동시에 이루어지기 때문에 기운이 고동친다고 그럴까요? 몸에서 그런 작용을 느낍니다. 활 쏘는 사람은.

일감 그런데 왜 145m에서 쏴야 돼요?

정진명 그것 참 말씀 안 드렸네요. 옛날에 조선시대 무과 거리가 120보였는데 그걸 미터법으로 환산하니까 145m가 나온 거죠.

일감 시험관의 눈이 백이십몇 보를 넘어가면 잘 안 보였던 모양이네요?

정진명 그런 거 같지는 않고요, 제가 활을 쏘면서 보니까 조준해서 쏠 수 있는 가장 먼 거리가 그 정도입니다. 145m에 허수아비나 사람 같은 게 서있으면 조준해서 맞출 수가 있습니다. 그런데 그 이상 먼 거리로 가면 조준해서 맞추기가 조금 어려운 게 아닌가...

일감 저는 이해가 안 되는 게 양궁은 거의 직선거리로 날아가잖아요? 그런데 우리 국궁은 포물선을 그리면서 날아가지 않습니까? 그런데 어떻게 조준해요? 포물선으로 가는 것을?

정진명 그런 방식으로...

일감 그것까지 계산하는 거죠?

정진명 네. 그렇죠. 그런 방식으로 길을 들이면 자동으로 조준이 됩니다. 양궁 같은 건 조준기가 다 달려있어요. 그런데 국궁은 조준기 없이 그냥 화살뿐인데 145m에다 놓고서 계속 훈련하면 저절로 자기만의 조준점이 생깁니다.

일감 어떻게 보면 과녁을 보기는 보되 안 보는 것처럼 쏘는 거네요?

정진명 자기만의 조준점은 따로 있는 거죠. 목표물 하곤 상관없이...

일감 정진명님에게는 활쏘기가 어떤 겁니까?

정진명 두 가지로 요약을 할 수가 있는데요. 집중과 해방. 활을 쏘면 옆에 많은 사람이 같이 서서 쏘고, 또 저쪽 과녁 옆에는 화살을 줍기 위해 대기하는 사람이 있고 주변에 나무도 있고 이렇습니다. 그런데 활을 쭉 당겨서 발시 직전에 과녁을 보면 아무것도 안 보입니다.

일감 다른 건 안 보인다?

정진명 네. 과녁만 딱 보입니다. 옆 사람이 떠드는 소리 이런 게 전혀 안 들립니다. 그런 상황에서 화살이 떠나고 난 후에 화살이 과녁을 때리는 '땅!'하는 소리가 들릴 때, 활을 당겨서 만작을 하고 나면 굉장한 집중력과 긴장이 서려지는데, 그게 한순간에 풀리거든요. 그때의 해방감 같은 것은 너무나 짜릿합니다.

일감 화살도 여러 종류가 있겠지만 눈에 보이지 않는 화살이 있다면서요?

애기살이 화살에 손등을 뚫려가며

정진명 애기살이라고 하는데 한문으로 편전이라고 표기를 합니다. 보통 화살은 82cm 정도가 되는데, 그 정도가 되어야만 활을 죽 당겼을 때 화살이 활에 걸리고, 짧아서 활 안에 들어와서 덜렁덜렁 거리면 엉뚱한 데로 날아가죠. 그런 82cm 정도 되는, 화살의 3분의 1 길이인 살이기 때문에 애기살이라고 붙였어요. 제대로 쏘질 못 하니까 그 작은 화살이 타고 나가는 홈을 만들어서 걸어서 쏩니다. 그걸 덧살이라고 하는데 덧살은 툭 떨어지고 작은 애기살만 나가요. 보통 화살들은 과녁 쪽에서 보면 날아오는 게 보입니다. 길어서 그렇죠. 애기살은 3분의 1길이 밖에 안 되기 때문에 과녁 옆에서 봐도 화살 날아오는 게 보이지 않습니다. 그래서 조선시대에는 북방 여진족들하고 싸울 때 쏘는 기술이 새나가지 않도록 조심하라 이런 이야기도 왕조실록에 여러 번 나왔죠.

일감　그러니까 전쟁의 중요한 비밀이기 때문에 책 같은 기록 같은 게 없었을 수도 있었네요?

정진명　맞습니다. 그런 게 있다는 기록만 남아있지 자세하게 어떻게 쏘는 거라든지 그런 내용은 일절 기록이 없습니다.

일감　정진명님이 그런 내용 책에다 다 쓰셨죠?

정진명　그렇습니다.

일감　그쪽 사람들이 보면 안 되는데 이거, 하하하...

정진명　파주에 영집 궁시박물관이라고 있습니다. 거기 관장님이 중요 무형문화재 유영기 씨인데, 그분 자제분이 처음으로 육군박물관에서 발굴한 편전하고 덧살을 받아 온 거예요. 그래서 그분들이 복원을 한 건데, 박물관을 운영하는 분들이기 때문에 물건이 있다는 것만 알지 그 물건을 어떻게 쓴다는 것은 활을 쏘는 분이 아니기 때문에 잘 모르시는 거예요. 제가 98년도에 찾아가서 처음 애기살을 봤는데 그걸 달라 그랬습니다. 제가 쏘는 사람이니까 연구를 해서 한번 사법을 복원해보겠다. 그래서 받아와서 1년 정도 그걸 가지고 이렇게도 쏴보고 저렇게도 쏴보고... 왕조실록에 나오는 애기살 사법을 복원해서 안전하게 쏠 수 있도록 책으로 정비를 해서 최초로 보급을 했습니다. 이렇게도 쏴보고 저렇게도 쏴보다 보니까 위험한 장난을 하게 되지 않습니까? 결국은 화살이

덧살에서 애기살이 벗겨진 상태로 실을 놓는 바람에 엉뚱한 데로 날아가서 제 손등을 찍어 버렸습니다. 그래서 여기 찍혀서 손바닥을 뚫어버렸습니다. 그렇게 날카롭고 위험한, 병기로서는 이보다 더 좋은 무기가 없지 않겠나 싶을 정도로 훌륭한 무기입니다.

일감 활쏘기는 가만히 서서 하게 되지 않습니까? 또 다른 운동 같은 것도 하세요?

정진명 활쏘기는 아주 짧은 동작인데, 거기엔 수많은 활터의 활을 잘 쏘기 위한 구절이나 어른들의 말씀이 많이 있는데 언뜻 보면 이해가 잘 안 되는 말을 많이 하셔요. 보통 활을 잡고서 당기면 될 것 같은데 손을 그냥 잡지 말고 줌통을 흘려 잡으라 그래요. 왜 이렇게 쏴야 되냐 하면 설명 못하세요. 그러면서 옛날부터 그렇게 쏴야만 화살이 멀리 날아가고 힘차게 쏜다고 말씀하세요. 당신들 스스로는 설명을 못하지만 그렇게 하라는 데는 어떤 원리가 있는 거거든요. 그렇게 하지 않으면 어깨를 다친다고 말씀하시고. 이런 것에 대한 궁금증이 꽤 많아졌는데 마침 활하고 멀어지게 돼서 그러면 내가 무엇을 해야 될 것인가 이런 고민을 하다가 그러면 활쏘기하고 유사한 운동을 하면 되지 않겠는가 하고 주위를 둘러보니까 태극권이 있더라고요. 태극권도 무술이라 상대를 때려눕히는 것인데, 그런 목적을 버리면 과녁을 치운 활쏘기하고 똑같은 거거든요. 4년 정도 배웠는데 태극권 사범님이 기본동작을 이렇게 하라고 알려주는데 사범님의 말씀을 다 알아듣겠는 거에요. 활을 한 10년 정도 쏴 본 경험에 의하면 활의 원리와 태극권의 원리가 똑같은 겁니다. 이게 활하고 태극권이 다른 게 아니구나. 똑같은 거구나 이런 것을 알게 되었습니다.

학생들 심성공부에도 좋습니다

일감 아까 활쏘기에 대한 말씀을 하실 적에 이렇게 활을 당기면서 힘을 뺀다든지, 과녁을 바라보고 있으면 일절 사물이 다른 게 안 보인다든지, 물론 소리도 안 들릴 것이고, 이런 것이 참선수행하고 비슷한 것 같아요. 활쏘기로 정신수양 하는 프로그램이라고나 할까 이런 것을 만들어 보실 생각은 없으십니까?

정진명 활쏘기가 몸을 이용하는 것이지만, 결국은 도달해야 되는 것도 자기 마음의 해방이 아닌가 싶어서 그런 쪽으로도 가기가 좋은데 특히 청소년들의 심신 수련용으로는 아주 좋은 프로그램이라는 생각을 합니다. 아직까지는 제가 교직에 있기 때문에 아이들 가르치는데 전념하고 있지만 교직을 마친 후에는 또 다른 방법으로 그쪽을 개척해볼 생각을 하고 있습니다.

일감 정진명님은 시인이시고 본인이 활을 쏘시기 때문에 활쏘기에 관련된 시도 쓰셨을 것 같아요? 활쏘기와 관련된 본인의 자작시를 한편 들려주시면 좋겠습니다.

활

그대 향하여
내 마음을 당긴다.
그대 마음에 피는 홍심을 겨누고
한 사내의 영혼이 ㄷ자로 구부러질 때

발바닥에서부터 끌어올린 팽팽한 힘이
밀고 당기는 두 손 사이에 위태롭게 멎는다.

숨막히는 고요를 깨고
터질 듯한 가슴을 힘껏 빠개면

살이여!
너는 벼락처럼 절망을 가르라!

내 손에 가장 잘 익은 활로
가장 큰 가슴을 열고

그대에게 날린다.
마음 속 깊은 곳에서 뽑은 화살 하나.

일감　근데 활을 쏘시는 〈활〉이라는 시가, 제가 해석을 잘못했는가 모르겠습니다만 사랑의 큐피트를 날린다 이런…(웃음)

정진명　결국은 과녁을 맞추자는 것도 비슷하지 않겠습니까? 과녁과 내가 하나가 되겠다는…(웃음)

전통의학도 활쏘기와 상통하는 바 있어

일감　어쨌든 우리가 이제 무엇을 맞추든지 간에 사랑을 맞추든 자기의 어떤 이상을 맞추든, 방향을 바로 보고 잘 맞추는 것은 매우 중요할 것 같습니다. 그런데 우리 전통 의학 쪽에도 관심이 있으시다면서요?

정진명　활이 가진 비밀 중의 하나가 언뜻 우리가 생각하는 상식하고는 다른 점이 너무나 많습니다. 아까 활을 힘주어 당기고 있는데 힘을 빼라든가 아니면 손을 약간 비틀어서 쏘라든가 하는. 사무실에서 일을 하고 그럴 때는 머리가 막 무거워지고 심하면 아프고 그러거든요? 그런 상태로 활터에 가서 활을 쏘다보면 시시각각 머리가 맑아지는 걸 느껴요. 이런 것들은 의학으로 설명할 수가 없는 것이고 뭔가 활에는 다른 운동과는 다른 특별한 부분이 있다. 제 스스로 한번 다스려 보려고. 침을 배우고 보니까 침에서 주로 다루는 것이거든요. 경락을 따라서 기운이 흘러 다닌다고 보고 그걸 이용해서 몸을 고치는 건데요. 침을 배워보니까 활이 왜 그렇게 쏘라고 하는 것인지를 이해를 하게 된 거예요. 예를 들면 요렇게 비틀어 쏘라는 것도 경락이 막히지 않고 소통하도록 하라는 거거든요. 화살을 내보낸 뒤에 시위가 활을 탁 치면 그 충격이 손을 따라 들어오는 것을 막거든요. 그런데 그걸 막을 수 있는 것이 바로 이걸 살짝 틀어서 하는 그런 방법입니다.

일감 국어교사로 열심히 살고 계시면서 새로운 세계를 찾아서 자기 세계를 다양하게 만들어 가는 일이 젊은이들이 꿈을 이루어 나가는 것과 같지 않습니까? 자기 인생을 일구어가는 꿈같은 건데 그런 말씀 한마디 해주시죠.

정진명 제가 학교에서 아이들을 가르치다 보면 저희 때도 그랬는지 모르겠지만 지금 아이들은 '너 장래에 하고 싶은 게 뭐냐'고 물으면 '하고 싶은 게 없다'고 그래요. 모른다고. 그런 아이들을 매일 마주치며 살다 보니까 애들이 모른 체하는 게 아니라 실제로 모르는 상황이라는 것을 알게 되었습니다. 자기 안에 무엇이 있는지를 잘 모릅니다. 자기 안에 무엇이 있는지 어느 쪽에 재주가 있는지 찾아야 하는데 그러려면 호기심이 많아야 됩니다. 호기심이 있어서 이것저것 하다보면 자기의 관심을 확 끌고 자기를 잡아끄는 부분이 생기게 마련인데, 그러면 그 사람의 인생은 그쪽으로 풀리고 행복해지는 거죠. 이것저것 젊을 때는 많이 달려들어서 해봐야 한다. 좋은 것이든 싫은 것이든 경험을 많이 하다보면 말하자면 필이 꽂히는 것이 있다. 그쪽으로 매진하면 자기 인생은 행복해지고 그쪽으로 지식을 많이 불려가고 많은 경험을 쌓을수록 그것을 다른 사람과 공유할 수 있는 힘도 생기기 마련입니다. 그러면 자기 인생도 행복해지지 않을까 그런 생각을 하고 있습니다.

일감 정진명님은 눈가에 훈장주름살도 멋있게 있으시고 은발도 멋지시고 저는 좀 없지만서도...(웃음) 외모도 이렇게 행복하게 보이시고, 여러 가지 일을 하시는데 정말 행복하지 않으면 못 할 것 같아요. 정진명님이 생각하시는 행복! 사람들한테 좀 들려주신다면 어떤 게 있습니까?

정진명 마음의 부족함을 느끼지 않는 게 행복이 아닌가 합니다. 사람은 욕심을 부리면 부릴수록 그걸 채우려고 자신의 몸과 마음을 황폐하게 하거든요. 자기 주변에 만족을 하고 지금 하고 있는 것에 만족을 하면, 가장 필요한 것만 다 갖춰지면 더 이상 부족한 게 없다고 느끼게 되죠. 재산이 많다고 행복한 것도 아니고 또 재산이 없고 남들보다 못 산다고 해서 불행한 것 같지도 않습니다. 현재 자기가 하고 있는 일을 열심히 하고 있고, 그 상황에서 더 이상 부족한 게 있지 않다고 생각을 한다면 그게 정말 행복한 게 아닌가 해요. 현재의 자기 자신의 살아가는 모습에 충실하면 그게 행복이겠죠.

일감 **그게 활쏘기 할 때 집중하는 것과 별반 다르지 않네요. 활을 당기면서 힘을 빼고 과녁을 쳐다볼 적에는 다른 것이 전혀 보이지 않는다는 이야기는, 우리가 참선 수행할 때 화두를 드는 것과 같은 이치인 것 같습니다. 마음을 비우고 화살을 당기는 끝에 일체를 풀어버리는 그런 쾌감이 있듯이 우리 인생의 고뇌도 그것 자체를 회피하**

지 않고 자기문제와 맞닥뜨려서 오직 그것만을 쳐다본다면 어쩌면 우리 문제도 쉽게 풀리지 않을까. 수행으로 활쏘기에 대한 이야기를 해봤습니다. 내 인생에 빈 마음으로 화살을 당기는 활쏘기처럼 우리 인생도 잘 정리를 했으면 좋겠습니다. 여러분 감사합니다.

열여섯 번째

스님의 주례로 결혼한 목사, 종교의 벽을 넘나들다

한 방울의 이슬이 떨어져서 대서양에서 바다를
이루듯이 이 하나님이구나!
그때부터 저는 독선이 없어졌어요.
그 누구나 마지막처럼 사랑하고 살고 싶죠.

●●●. 장석열 목사

" 나무가 한두 그루 모여서 큰 숲을 이루고 있잖아요. "

가죽나무든 벚꽃나무든 소나무든 참나무든 미루나무든 어떤 나무든지 키 재기 하면서 잘 살고 있는 거예요. 다툼이 없고 전쟁 없는 사회가 오기를 저는 바래요.

성경책이 너덜너덜해지도록 읽고 또 읽어

일감　4월은 부처님 오신 날이 있어서 불교에서는 부처님 탄생과 함께 자신을 돌아보고 깨달음을 향한 달심(達心)의 마음을 일으키는 그런 달입니다. 또 12월이 되면 예수님께서 세상에 오신 달이 되어서 온통 거리에 캐롤송이 아름답게 울려 퍼지는데요. 그래서 한 지구에 살면서 깨달음을 밝히는 성인들이 이 세상에 오신다는 것은, 우리에게 정말 큰 의미이자 보람이 아닌가 그런 생각이 드는 달이 12월이에요. 오늘은 너무나 기쁜 일인데 대담에 목사님께서 나오셨어요. 금산에 계시는 장석열 목사님과 함께 이야기를 나눠 보겠습니다.

장석열　반갑습니다.

일감　목사님 반갑습니다. 어서 오십시오.

장석열　네. 기분 좋게 잘 올라왔습니다.

일감 고맙습니다. 장석열 목사님은 그쪽에서는 잘 알려지신 분이긴 한데 불교에서는 잘 모르시는 분들도 계시고 해서 소위 말하는 프로필 먼저 좀 보겠습니다. 이름은 장석열이시네요

장석열 네.

일감 노래하는 아내와 함께 사신다고요.

장석열 제 아내가 재즈 가수라 음악을 합니다. 오늘도 노래교실에 갔어요.

일감 노래 지도하러... 목사님 사모님은 원래 찬송가 지도하셔야 하는데... 재즈를...(웃음)

장석열 찬송도 하지만 예총회가 원해서 그런 교실을 만들어서 봉사활동하러 가는 겁니다.

일감 너무나 좋은 일이시네요. 어린 시절엔 좀 가난했고 물론 우리가 다 그랬습니다만 몸도 그렇게 건강하지는 않으셨다는데, 꿈은 목사님의 꿈을 가지셨다고요?

장석열 어릴 때 남달리 몸이 약하고 아파서 다섯 살 때부터 죽음의 그림자가 늘 따라왔던 것 같아요. 여러 차례 자살도 시도했었는데 나중에 신앙에 귀의하면서 그런 못된 마음을 버리고 살았죠. 체중도 항상 미달이었는데 정상으로 만들었어요.

일감 그런데 어떤 분의 도움을 받으셔서 신앙에 눈뜨셨고, 그분 덕분

에 성경공부도 열심히 하셔서 성경책을 얼마나 많이 보셨는지, 속칭 책을 많이 보면 공자님은 가죽 끈이 세 번 떨어졌다고 해서 韋編三絕(위편삼절)이라는 말도 있습니다만, 성경책이 너덜너덜 걸레처럼 되기도 하셨다면서요?

장석열　한창 어려울 때 머슴도 살고 여러 곳을 떠돌아다니면서 약장사 심부름도 하고 인동초처럼 죽지 않고 살았는데, 독실한 기독교인의 도움을 상당히 많이 받아서 그분의 영향을 받아 목사가 되었습니다. 그때는 유일한 희망이 목사가 되는 것이었어요. 목사들이 학교를 세우는 것을 많이 봐서 그 종교 외에는 아무것도 없는 줄 알았어요. 그래서 꿈을 가지고 목사가 되기 위해서 공부를 했는데 독하게 했죠. 검정고시를 했고 동굴에 들어가서 공부를 하면서 껍데기 종교보다는 속의 실체를 조금씩 터득하게 되었죠. 다른 책을 덜 보고 성경을 많이 봤어요. 그때 본 성경이 남아 있는데 거의 부서졌을 거예요. 셀 수없이 성경을 많이 봤죠. 가죽은 새로 쌌습니다.

일감　박물관으로 가야 할 것 같아요. 그 어려운 시절에 목사님이 되셨는데, 그때 스님 도움을 좀 받으셔서 스님이 되셨으면 더 좋았을 것 같은데...(웃음)

정석열　그런데 스님을 존경합니다. 선친이 독실한 불교신자였는데 신선도라는 종교를 겸해서 마음수련을 하셨어요. 그래도 저는 아마 스님 되기는 어려웠을 것 같아요. 스님도 우리가 보면 위대하고 높아서 그건 못했을 것 같아요. 혼자 살고 음식도 그렇고 늘 고행이 남다르지 않습니까. 그건 자신이 없었고 목사는 여러 활동을 하면서 사회 속에서 그래도 열심히 하면 될 수 있어 길을 찾아 봤던 거죠.

매 맞고도 항의할 줄 몰랐던 소년

일감　그런데 목사님은 10대 때 머슴살이하시던 이력이 있으세요?

장석열　유일한 살길이 그거였어요. 뭐 제가 학교를 다닌 적도 없고, 초등학교 3학년을 다녔어요. 그리고 쓰라리게 가족이 다 흩어지는 바람에 공부라는 꿈을 접었죠. 그때 독서를 하면서 남의 집에서 머슴살이를 했죠. 그 일화가 열두 가지가 넘을 겁니다. 잠자리를 제공해주고 음식을 먹을 수 있으니 낙원이었죠. 그러면서 독서에 눈을 뜨면서... 옛날엔 누구한테 억울하게 매를 맞고도 항의를 안했어요. 저는 품격을 갖추지 못한, 보통 사람이 아닌 줄 알았어요. 누구한테 매를 맞아도 기분 나쁘지도 않고 당연한 것 같았어요. 그런데 독서를 하면서 이제 제가 〈애란이〉라는 자전 소설을 썼지만 그런 것을 통해서도 의식이 많이 확장됐죠. 그래서 나도 37도의 피를 가진 한 사람이라는 것을 자각하기 시작하면서, 인생의 가치관이 점차적으로 바뀌었어요. 남에게 말도 못하고 숙여서 살던 사람이...

일감　목사님의 교회에는 스님들도 많이 오신다면서요?

장석열　제가 스님을 존경하니까... 제가 기독교 신앙이나 성서에 빈곤을 느껴서가 아니라 스님들 존경할 분들이 많아서 이름을 다 댈 수도 없지만 많이 왕래하시죠.

일감 목사님도 친구 스님을 둬서 훌륭하십니다만 목사님 집을 스스럼없이 드나드는 스님들도 훌륭하시네요.

장석열 그럼요.

일감 종교 간에 서로 허물없이 지내는 것이 우리 사회에는 참 좋은 빛이 될 것 같은데 스님들과의 특별한 인연 있으면 말씀 좀 해주십시오.

장석열 지금으로부터 15년 전입니다. 위에 종양이 있어서 오후 3시만 되면 배가 너무 아프고 열이 나고 아주 좋지 않았었는데, 해인사에서 계시는 스님을 알게 되어 저 완주군 동상면 골짜기에서 21일 동안을 훈련 받고 살았어요. 그분은 수행을 접고 저를 살리려고 애썼는데, 아마 제가 죽는 날까지 잊지 못할 겁니다. 그 주민들은 거위를 잡아서, 여기서 살생 하는 말 해서 미안한데 피를 먹으면 좋다고 해서 그걸 마신 적도 있고요, 그리고 스님은 전주 시내에 나가서 스프를 사오시더라고요. 제가 밥을 잘 못 먹으니까. 어쨌든 그때 21일은 엄청 긴 시간이잖아요. 한 달 정도... 매일 뛰고, 놀고, 춤을 추고, 이상한 노래를 부르고, 아프리카 민요 같은 거... 뜻도 몰라요. 그런데 병이 치료가 됐어요. 엑스레이 찍으니까 대추씨 정도로 쭈글쭈글 종양이 줄었어요. 악성 암은 아니었나 봐요. 건강을 찾으면서 공교롭게 스님들과의 친분이 많다 보니까,

저는 경전을 구해다 독학으로 많이 보면서 심오하다는 것을 알게 되었죠. 불교의 신앙이. 그리고 고려는 불교가 국교였잖아요. 스님들이 승병으로 나라 구하고 했잖아요. 그리고 우리는 알아야 하잖아요. 종교를 초월한... 종교는 담은 없어요.

일감　아, 그 울타리! 말씀을 들어보니까 목사님이 보통분이 아니십니다 그려.

장석열　평범하죠, 뭐. 삶이 워낙 절실해서, 제가 절실하게 살았던 행위들이 어떤 사람들이 볼 때는 특별하게 보이기도 합니다. 특별한 건 없다고 봅니다. 절실했어요. 부족하니까. 배고픈 사람이 먹는 밥과 냉장고 안에 먹을 것이 가득 찬 사람이 먹는 식단은 다릅니다. 그 차이를 생각하면 될 거예요.

수도원에서 논어 맹자 불교경전까지 강론

일감　목사님의 정신세계가 잘 녹아있는 수도원은 남다를 것 같아요. 목사님의 수도원 소개 좀 해주시죠.

장석열　저희 수도원은 기도원이 아닙니다. 주여 주여 외치는 기도원은 아니고 글자 그대로 수도원입니다. 공부를 목적으로 하는 조용한 성향의 사람들이 모여서 밤늦도록 토론을 하면서, 차를 마시고 인생과 철학을 논하면서 마음의 위안과 자유를 얻어가는 그런 집이예요. 누구나 와도 좋습니다. 그런 집이고 약간 색깔이 있다고 제가 자부하는 것은 교회나 사찰이나 눈에 보이는 교리적인 종교가 있고, 교리를 초월해서 그 속에 은닉된 맥으로 이어오던 밀교(密敎)라는 것이 있듯이 기독교도 마찬가지예요. 겉치레 종교 말고 그 속에 예수의 사랑이 묻어나는 숨은 교리가 있습니다. 그게 옛날에 선지자들도 있었다하는 그런 이야기가 또 나오겠지만, 저 말고 그런 사람이 많이 있습니다. 그게 조금 다를 거예요.

일감 목사님은 성경책만 가지고 하시는 게 아니고, 논어 맹자도 하시고 우리 옛날 경전도 하시지만, 특히 불교 경전도 한 번씩 하신다고 하는데 그렇게 해도 됩니까? 신도님들이 좋아하십니까? 반응이 어떻습니까?

장석열 신학대학에도 비교종교학이라는 게 있어서 비교종교학을 공부하는 분들이 법당에 마귀가 끼었다, 단군상 목을 치고 이러지 않습니다. 그거는 잘못된 맹신자들 극소수가 그러지 문화로 봐도 그럴 수는 없죠. 우리 교회도 의식이 많이 높아져서 그러지 않고, 제가 늘 하는 말이 친구의 아버지가 소중하면 나의 아버지도 소중하고, 우리가 친구집 가서도 친구들 아버님 어머님 이렇게 부릅니다. 그렇잖아요? 그렇다 해서 감히 제가 불교의 교리를 갈망한다든가 할 정도로 심취하거나 박식하지는 않지만 어쨌든 많은 영향을 받았죠. 법화경(法華經)이나 화엄경(華嚴經) 보면 성경 이야기가 많아 저 같은 경우 거기 안 빠져들 수가 없어요. 이해를 다 하는지는 모르겠는데 매달에 한 번씩 모여서, 고전 〈도덕경(道德經)〉을 제가 서툴지만 강론하기도 하고 〈유마경〉이나 〈법화경〉이나 〈화엄경〉들을 보고 얼마 전에는 〈원각경〉을 한번 본 적이 있습니다. 우리 상식대로 보이는 만큼 보는 거죠. 말씀이 좋아요. 〈법구경(法句經)〉은 전 세계 누구나 봐야 돼요.

일감 옳으신 말씀이십니다. 기독교 역사 속에서도 그렇고 우리 불교로 말하자면 열린 분들이라고 하죠? 사상이나 형식 같은 것을 벗어나서 선각자들이 많이 계시는 거죠?

장석열 많이 있습니다. 역사속의 큰 인물이라고 하면 '알렉산드리아' 대표적인 학파' 오리겐(Origenes)이라고 하는 대부가 있어요. 이분은 대학을 16개나 세웠고 600여권의 책을 저술했어요. 폭넓은 신앙을 해서 윤회 환생을 믿어서 파문당했었죠. 지금은 세월이 워낙 흘러서 그분을 다시 존경합니다. 기독교 신앙의 대부예요. 그리고 유태교의 카발라(Kabbalah)파 같은 사람들, 그리고 우리 역사 속에도 그런 분들이 많이 있어요. 이름을 부르면 싫어하실지 모르지만 지금도 우리나라 성직자들 중에도 여기저기 많이 있습니다.

동굴에서 수행하며 한국전쟁 때 죽은 군인 만나

일감 우리 현직에 계신 목사님들이 스님들과 친구가 돼서 표면에 드러나진 않지만 정신적으로 좋은 관계를 맺고 계신 분들도 많이 봤습니다. 그런데 목사님의 이력 중에는 예전에 동굴에서 수행하신 적도 있었다면서요? 어떤 이야기입니까?

장석열 그때가 73~74년도쯤입니다. 그때 성경 마태복음을 보니까 골방에 들어가서 하나님과 독대하라는 구절이 있어요. 너희가 목욕을 하고 머리에 향기름을 바르고 골방에 들어가서 눈에 보이지 않는 하나님을 절실히 찾으면 내가 만나주겠다는 구절이 나와요. 그래서 이 문자만 보고 사실인가 싶어서 일절 사람은 만나지 않고 동굴에 들어갔죠. 그 굴이 광산을 했던 굴입니다. 일본사람들이 형석을 파냈던 광산굴인데 사람이 한 150명 들어가요. 입구에 문을 만들고, 안을 작은 집처럼 만들고 들어갔는데 약간 두통은 있더라고요. 가스가 차 있었나 봐요. 거기서 2년 6개월을 성경을 수도 없이 파고 팠는데, 비바람이 엄청 몰아치던 날인데 산골짜기 낙엽을 긁어모으고 무릎을 꿇고 엎드렸어요. 그리고 비닐을 뒤집어썼어요. 찬바람을 막으려고. 잠시 편안하다 싶었다가 등짝이 따뜻해요. 혹시 내가 방에 들어와 있는가 하는 느낌을 받아서 살며시 일어나니까 온천지에 폭설이 내렸어요. 제 팔목에 그때 오리엔트 시계가 있었어요. 풀을 건초를 해서 팔아서 샀었어요. 5300원인가. 그랬는데 보니 3일이 지난 거예요. 그날 밤 감사해서 동굴 안에서 조그만 탁자에 무릎을 꿇고 기도를 했죠. 감사해서. 그런데 이제 좀 잠을 자야겠다 싶어서 손을 요렇게 모았는데 이렇게 양쪽 손가락이 둥글게 맞붙어 있는 거예요. 저는 이 손가락 모양을 보고 등골이 오싹하면서 회오리바람 같은 엄청난 깨달음을 얻었어요. 우주가 이렇게 돼있다. 이 손가락이 다섯 개가 사실 하나잖아요. 머리카락이 한 10만 개 되지만 하나라는 내 몸에서 돋아났죠. 오장육부가, 발가락 열 개 손가락 열 개가 다 하나라는 몸에

다 근원을 뒀잖아요. 하나님이라는 분이 어느 특정한 종교의 하나님이 아니라 온 우주를 하나로 뭉친 그 하나님이구나. 한 방울의 이슬이 떨어져서 대서양에서 바다를 이루듯이 이 하나님이구나! 그래서 다른 분들이 듣기에는 이게 별 거 아닌 것 같지만 저한텐 큰 기쁨이었어요. 그때부터 저는 독선이 없어졌어요. 그 누구나 마지막처럼 사랑하고 살고 싶죠. 2년 6개월 만에 내려오니까 체중이 사십 몇 킬로 나갔어요. 이후로도 많은 고행이 있었지만 능히 이겨내는 거죠. 사람이 강렬한 기쁨과 양보할 수 없는 큰 무엇이 있으면 에너지화되어 웬만한 고통은 고통이 아니더라고요.

일감 감사합니다~! 동굴에서 수행하실 때 아마 우리 스님들도 동굴에서 수행하시다 보면 여러 가지 많은 체험을 하고 그러는데 마음속에 깨달음도 있겠습니다만 재미난 일화가 있으면 하나 소개해 주십시오.

장석열 동굴에서 고행할 때, 울산의 현대에서 일하는 집안 동생을 데리고 갔어요. 첫날 청소를 하고, 자갈을 긁어내고 짚을 깔고 무릎 꿇고 응가할 수 있는 공간을 만들어야 하잖아요? 울퉁불퉁하니까. 그런데 촛불을 켜고 후레쉬를 켜니까 바닥에 뭐가 길쭉길쭉한 말뚝 같은 게 몇 개가 있어요. 대퇴골이더라고요. 머리뼈 부분은 땅에 닿은 곳은 삭았고 윗부분만 남아있고, 소비에트 넘버가 적혀있는 총알이 한 삼십 개가 녹이 슬어있고, 따발총 같은 흔적이 있는데, 굵은 뼈만 좀 남아 있었는데 기분이 오싹하더라고요. 그런데 이걸 또 그만두고 내려가자니 동생이 형 큰일났다 이거예요.

우리 양지 바른 곳에 묻어주자. 그래서 제가 작은 소쿠리에 담았죠. 작은 뼈 부스러기를 담아서 선생이 누군지 어떤 이데올로기에 휘말려 이렇게 갔습니까? 하고 위로하며 양지 바른 곳을 파고 매장을 잘 해줬어요. 그래서 그런지 선한 일 했다고 내 나름대로 무서운 생각이 좀 덜 하더라구요. 동생은 내려갔고요. 약간 마음에 걸리는데 그 자리에 낙엽을 깔고 누웠는데 생각보다 편안해요.

유골을 봤다는 관념도 없고… 그렇게 새벽 3시가 되어 잠자리에 들었죠. 그렇게 잠이 들었는데 계시오? 하는 소리가 들렸어요. 그래서 동생들 오는 줄 알고 누구야 하고 벌떡 일어났죠. 그랬더니 누가 지팡이를 들고 절뚝절뚝하면서 들어와요. 왼손에는 흙 묻은 생고구마가 들려있고 그걸 먹으면서 절뚝절뚝 걸어와요. 어깨에서는 피를 흘리고 왼쪽 허벅지를 질질 끌고 총을 지팡이로 짚고 올라오는 거예요. 누구시냐고 막 부축해줄려고 하니까 저리 가라고 합니다. 그런데 군인이에요, 군인. 느낌이 막 오는 거예요. 가슴으로 오는 거예요. 머리가 아니고. 그래서 내가 침착하게 왜 이러시냐고 누구시냐고 하니까 내가 젊은이한테 인사하러 왔다고… 나를 오랜만에 기도까지 해주면서 양지바른 곳에 묻어준 것을 고맙게 여겨서 고맙다고 큰 좋은 일 있을 거라고. 어쩌다 이렇게 다치셨냐고 하니까 그 옛날에 토벌 작전할 때 자기 부하들은 다 보냈는데, 옆구리와 허벅지에 관통상을 입어서 자기가 죽은 줄 알았는데 살아서 고구마 밭에 쓰러져서 고구마를 깨물어 먹으면서 어차피 집으로는 못 돌아가고 굴 앞에 쓰러져 있다가 거기서 누우려고 마지막 자리를 찾으러 온 거라는 거예요.

일감 거기서 돌아가셨구나.

장석열 폴썩 쓰러질 때 붙잡으려니까 없어졌어요. 머리끝이 딱 서는데 두려워서가 아니라 어마어마한 연민이 오면서 눈물이 하염없이 나더라고요. 어쨌든 그날부터 무덤 앞에 가서 기도를 하고 편히 가시라고... 그런 일을 경험을 했어요. 믿거나 말거나에요. 그런 일이 있었어요.

일감 동굴에서 그렇게 수행하시고 신비한 체험도 하시고 이제 마음속에 깨달음도 있으신 상태에서 세상에 나가야 하는데 목사님이 신학교를 그때 가셨더라고요. 어떤 계기로 신학대학을 가시게 되셨어요?

장석열 기독교에서는 강단에서 연설을 하든가 설교를 하든가 하려면 자격증이 있어야 해요. 문예창작과를 가서 글을 쓰는 사람이 될까 그러다가 그쪽에서 많이 손짓한 것 같아요. 시대적인 에너지가 나를 불렀지요. 중세시대에는 '존 번연 (john Bunyan)이라는 사람이 〈천로역정〉이라는 책을 썼어요. 평신도인데 설교를 했다고 12년을 감옥생활을 했어요. 거기 가서 또 동굴 속에서 결국 책을 써서 세계적으로 유명한 책이 되었습니다. 일억 부 이상 팔렸죠. 지금 만약 제가 그런 경험을 했다면 신학교를 안 갔을 거예요. 조용히 농사짓고 살았을 텐데 그때는 그런 발판을 마련해보려고 유일한 길 인줄 알고 택했던 거죠.

일감 목사님께서는 시도 쓰시고 산문집도 내시고 그러셨는데 여러 권의 저서 중에 좀 독특한 책이 있으시던데 〈성서 속의 輪回(윤회)와 還生(환생)〉이라는 제목으로 책을 내셨어요. 그런데 윤회나 환생은 불교의 이야기인줄 아는데 성서 속에도 그런 내용이 있습니까?

장석열 많습니다. 원래는 굉장히 많았는데 중세 역사 속에 보면 여러 번 수정을 했습니다. 성경이 우리 손에 오기까지 콘스탄티누스 등 황제숭배를 통하여 14회 정도 손길을 거치면서 환생이야기나 불교적인 뉘앙스는 삭제됐습니다. 예수님의 사상과 맥은 흘러오지만. 한때 교황이 그렇게 명령을 했어요. 자꾸 윤회 환생이야기를 하면 사람들이 게을러진다. 이 생의 일을 미룬다. 빼버려라. 이렇게 명령을 했어요. 역사 속에 그런 일들이 있어요. 오리겐이란 대부도 그것을 믿었던 사람이고...

노동을 오락으로 생각하며 일합니다

일감 그런데 목사님은 보선 스님이 주례를 서신 결혼식을 하셨다면서요?

장석열 제가 그 스님과는 속가에서 소위 말하는 10촌 정도 되는 형님인데 삼사십 년 전에 헤어졌는데 어느 날 스님이 되어 있었어요. 그래서 반갑게 대하고 알게 되었는데 제가 놀러도 가고 차도 한 잔 마시러 가며 가깝게 지냈어요. 그런데 성경에 보면 예수님이 맹세하지 말랬어요. 하늘로도 맹세하지 말라고. 사람들이 맹세 잘 못 지키니까. 검은 머리가 파뿌리 될 때까지... 네네, 아멘, 해놓고 잘 못

해요. 이혼이 너무 많아. 그래서 스님에게 주례를 서 달라 했더니, 아니 제가 어떻게 하냐고 그래서 그냥 하시오 그랬더니 기독교 장로님 존경하시는 분이 축사를 하고, 임동창 씨가 피아노 연주를 하고, 스님이 주례를 서서 결혼을 했습니다.

일감 멋있습니다. 정말 종교 간에 축하할 일을 멋지게 하셨습니다. 목사님의 이력 중에는 지방신문의 주필도 한동안 하시고, 신문사 사장님도 하시고, 특이한 이력 중에는 흑삼이라고 하는 것을 개발하셔서 금산의 특산품처럼 만드시기도 하셨는데, 목회활동 하시면서 여전히 노동을 하루도 쉬지 않고 하신다던데 노동을 하는 철학 같은 것이 있었습니까?

장석열 저는 예수제자였으니까 예수님 이야기를 빌리면 예수님이 부지런하라고 했어요. 바울도 일하기 싫거든 먹지도 말라고 했고. 그리고 무엇을 먹을까 무엇을 입을까 걱정하지 말라고 했어요. 아무것도 안하면서 걱정을 하지 않는다고 해서 감나무 홍시가 입에 들어오는 건 아니죠. 무엇을 먹을까 입을까 걱정하지 말고 부지런히 일해서 예비해놓으라 이거예요. 내 집에 오는 이에게 냉수 한 컵이라도 성대하게 대접할 수 있는 사람이 되려면, 적당히 일해서 막노동만 해도 10만 원 15만 원을 주지 않습니까. 쌀 20kg 한 포가 4~5만 원이면 사요. 며칠만 일을 하면 잘 먹고 잘 사니 준비하라 이거죠. 그래서 저는 노동을 매일 하고 지금 노동이 오락이 돼서 즐거우니까 좋습니다. 오락입니다. 저한테는. 매일 일을 하면서 손님들이나 친척들, 그리고 지인들이 오면 하룻밤 묵어갈 수 있는 공간도 만들어 놓고 차 마시는 공간도 만들어 놓고 그렇게 해놨어요.

일감 오늘 목사님과 좋은 이야기를 많이 나눴는데 이 시대의 수도자들이나 종교인을 향한 한 말씀 해주시면 고맙겠습니다.

장석열 저는 다른 종교는 잘 모르겠고 관념의 변두리에서 서성이면서 타종교인들을 존중은 하지만 깊이는 모르구요. 내가 접한 종교에 대해서는 충분히 연구를 했습니다. 전 세계 역사를 보면 종교가 갈등을 일으키고 전쟁을 많이 해요. 영적이고 신비주의를 지향하는 '성 프란치스코' 나 '베니딕토' 나 이런 분들이야 영성이 강하니까 수도원 생활을 사막에서 하면서 외롭게 살았지만 그 당시 정치와 결탁한 종교인들은 전쟁을 불사했습니다. 우리가 싸우지 말라는 종교가 유감을 많이 남겼어요. 이제 다시는 이런 피 흘리는 일이 없어야 하겠고, 이것이 어디서 오냐면 이기적인 못된 아상(我相)에서 오는 거예요. 그러니까 마지막으로 제가 말씀드리고 싶은 것은 나무가 한두 그루 모여서 큰 숲을 이루고 있잖아요. 다 알고 있거든요. 한두 그루 나무가 숲을 이루기 때문에 숲을 좋아한다면 나무 한그루 한그루를 소중히 여겨야 해요. 가죽나무든 벚꽃나무든 소나무든 참나무든 미루나무든 어떤 나무든지 키재기 하면서 잘 살고 있는 거예요. 다툼이 없고 전쟁 없는 사회가 오기를 저는 바래요. 그래서 나만 옳다고 인정하고 나만 주장하는 독선을 넘어서서–참새는 낮만 옳다고 주장을 하고 부엉이는 밤만 옳다고 주장을 하다 보니, 지구멸망이 천 번 만 번 나도 이

싸움은 종식되지 않아요. 밤의 궁극은 아침이에요. 아침이 가면 밤이 다시 와요. 고독의 심연에 깊이 빠지면 환희가 와요. 환희란 것도 한 달 이상 하면 고통이 와요. 띵가띵가 노는 것도 열흘하면 일하고 싶고...(웃음), 고해를 넘어서면 환희의 바다이고, 환희를 넘어서면 또 뭐가 나와요? 다 하나라는 거예요. 저는 이 말을 종교인들이 알았으면 좋겠어요. 이 의미를.

일감 우리가 세상을 살다가 몸도 지치고 마음도 지치다보면, 자기 몸 하나도 잘 추스르지 못하고 자칫하면 사회의 짐이 되기도 하는 그런 일을 더러 보았습니다. 그러나 가난과 병고, 이런 사회적인 어려움을 다 잊고 자기 자신의 삶도 잘 완성하셨을 뿐만 아니라, 세상 속에서 힘들고 어려운 사람들과 함께 수행의 길을 가시면서 세상을 맑게 하는, 수도자 장석열 목사님과 오늘 시간을 가져봤습니다. 목사님께서는 숲을 볼 적에 숲속에 있는 작은 나무들이 하나로 합해져서 큰 숲을 이루듯이, 세상에 사는 모든 사람들이 사실은 하나의 개인이면서 전체를 이루고 있고, 전체 속에는 개인이 있다. 그래서 하나는 전체고 전체는 하나라는 말씀을 하셨는데 그런 뜻으로 오늘 하루하루를 온전하고 행복하게 살았으면 합니다. 특히 12월은 종교주간이기도 한데 그런 뜻을 잘 받아들여서 여러분들도 행복한 한 주간 되기를 바랍니다. 고맙습니다.

열일곱 번째

자연은 시보다
치유보다 더 큽니다

모든 식물들, 쌀, 보리, 고구마, 땅콩들도 다 마음이 있습니다. 제가 닭님들의 마음을 헤아릴 수 있었던 것도 닭님들 때문이었고 시절인연이 아니었나...

농부시인 ●●●. 홍일선

흙의 경전

가여운 땅
흙의 마음 구하러 먼 길 떠나신 이여
그대 어린 빛의 농부여
오늘 하루를 다 쓰지 말고
아직 오시지 않은 님
깨끗한 사랑을 위하여
오늘을 소중히 모셔두게나

삶은 대자대비한 땅
홀로 찾아가는 외로운 농업
그믐달이 강물의 영혼을 더 푸르게 해주어
별빛이 먼 길 인도하여 주시면
그대 근원을 향한 발걸음

아무데서 함부로 멈출 수 없나니
착한 마음을 믿는 이여
기다림이라는 님 길이라는 님
아직도 그대 모시고 있다면
먼 길 그냥 더 걸어가시게나
언제이고 어머니 뵙거든
흙님에게 강님에게 숲님에게 햇빛님에게 곡식님에게
나무호미 하나 깎아드리고
무릎 꿇어 삼배 올리시게나

일감 〈흙의 경전〉 시집을 내셨는데 세 번째 시집이신 거죠?

홍일선 네, 아주 게으른 시인입니다.(웃음)

일감 시를 쓰기 시작하신 지는 오래되셨는데 세 번째 시집을 내셨다고 게으르다고 말씀을 하시는데요. 농사를 짓기 위해서 귀농하셔서 지금은 시인이라기보다는 농부라고 소개하는 것을 더 좋아하실지도 모르겠는데, 시인이시면서 농부이시기도 하신 홍일선님을 모셨습니다. 지금 계신 곳이 신륵사 있는 그 부근이시죠?

홍일선 네. 그렇습니다. 빤히 보이지는 않지만 강물 따라서 가면, 강물에다가 종이배 하나 띄우고 가면 한 30분 걸어갈 겁니다.

일감 그러면 신륵사보다는 위에 계시는 거네요?

홍일선 신륵사 쪽에서 위에 삼합리라고, 강원도 섬강하고 충청도 탄천과 만나는 3도 3강이라고 해서, 3강이 만나고 3도가 만난다고 해서 그런 지명이 있습니다.

일감 아침에 해가 잘 뜨면 종이배에다가 '스님 오늘도 편안하시죠' 하고 편지를 띄우시면 신륵사에서 세영 스님께서 받아보시고...

홍일선 가능합니다. 제가 그렇게 편지 한번 꼭 띄워보겠습니다.

일감 그러면 스님께서는 종이비행기에다가 편지를 써서 '홍일선님 오늘 하루도 행복하십시오'라고 편지를 띄우실지 모르겠습니다.

홍일선 그럼 참 좋겠네요. 그런데 물이 우리집에서 신륵사 쪽으로 흐르기 때문에, 세영 스님이 법력이 크시니까 물이 역류해서 다시 배라든가 편지가 올지도 모르겠습니다. 이심전심이죠. (웃음)

일감 그러니까 시인은 배를 띄우시고, 스님은 좀 바쁘니까 비행기를 띄우시고...(웃음) 귀농하신 거죠? 말하자면.

홍일선 그렇죠. '귀농' 이름이 참 어여쁘죠? 귀자가 돌아올 '귀(歸)' 자하고, 농(農)자가 '별의 노래' 라고 하죠. 별'신(辰)' 자라고 그러는데... 하여튼 서울에서 굉장히 몸이 아프더라고요. 아픈 게 죄를 많이 지어서 그런 거죠, 뭐. 출판 쪽 일도 하면서 이러면 안 되겠구나. 내가 좀 마음이 움직이는 곳으로 가야되겠구나. 제 고향은 경기도 오산 쪽인데 스님께서 신륵사 말씀하셨지만 신륵사에 그런 인연이 있었나 봐요. 그쪽으로 갔습니다. (2013년 4월 1일)

닭이 닭님이 된 사연

일감　4대강 사업이 아직 시작이 되지 않을 때에는 그래도 좀 강이 볼 만 했었죠?

홍일선　아이고, 스님 그래도라는 말을 하시면 강이 굉장히 화를 낼 겁니다.(웃음)

일감　강이 서운하실까요?(웃음)

홍일선　그럼요, 스님. 아까 스님께서 시인이라고 소개를 하셨지만 농사짓기 위해서 내려간 건 아니었고, 서울서 시집 3권을 냈다지만 제가 시단에 나온 지가 시력이 33년 되었습니다. 33년인데 시집 세 권이라면 이건 뭐 게으른 게 아니라 무능한 것이죠. 하지만 남의 시집들은 제가 많이 내줬어요. 출판 쪽 일을 하니까. 그런데 이제 내 집을 지어야겠구나 그래서 내려간 거였어요. 그런데 강물을 보니까 저는 시 한 편을 쓰지 않고서도 주위가 온통 시였었어요. 밤에도 그렇고 낮에도 그렇고... 봄부터 여름. 가을. 겨울, 사계 모든 게... 생명이 태어나고 생명이 교감하고... 요즘에 치유란 말을 많이 씁니다마는 치유라는 말 자체도 사실은 좋은 말은 아닌 것 같거든요. 그 자체가 생명이 순환되고 그런 과정이니까요. 그렇게 행복했었습니다.

일감　그런데 4대강 사업이 시작되면서 강도 아팠겠지만 시인의 마음, 몸이 다 아프고 그런 아픈 세월을 지내고, 지금은 이렇게 닭을 키우시는 시인으로 이름이 많이 나 계세요. 닭 키우는 사연이 좀 궁금합니다. 시인과 닭이라 어떻게 해서 닭을 키우시게 되셨어요?

홍일선 지금은 닭님이라고 부르지만 그 당시엔 닭님이 아니라 닭이었었죠. 오늘 사실 닭님들한테 여기 온다고...(웃음)

일감 신고하시고? (웃음)

홍일선 네, 얘기를 하고 왔습니다. 닭님들도 인간들처럼 희로애락이 똑같이 다 있습니다. 닭님들뿐만 아니라 스님이 신륵사 말씀을 하셨지만, 절 들어가는 입구에 버드나무부터 나무들이 많지 않습니까? 나무들도 그렇고. 또 여주는 농업의 고향인데요. 모든 식물들, 쌀. 보리. 고구마. 땅콩들도 다 마음이 있습니다. 그래서 하여튼 닭님들과의 사연이 저를 더... 뭐랄까 행복하게 해주는 시간을 가지게 되었죠. 제가 닭님들의 마음을 헤아릴 수 있었던 것도 닭님들 때문이었고 시절인연이 아니었나 감히 그런 생각도 해봅니다.

일감 저도 또 닭이라고 부르면 닭님들이 싫어할지도 모르니까, 오늘 이 시간만큼은 닭이라고 하지 말고 닭님이라고 부르겠습니다.(웃음)

홍일선 아, 네.(웃음)

일감 닭을 닭님이라고 부르니까 좀 독특한 면이 있는 것 같고, 닭님들이라고 부르게 된 데는 그만한 사연이 있을 것 같습니다. 어떤 사연이 있나요?

홍일선 있죠. 사실은 저도 시를 쓰려고 내려왔다고 말씀드렸습니다만 저희 집에 친구들이 많이 내려왔었어요. 후배들도 내려오고 선배님들도 내려오시고. 그리고 알 내놔라 닭 내놔라 했었죠. 그런데 이 닭 친구들이 알을 많이 내놓지를 않아요. 사실은 나중에 깨달은 거지만 닭님들이 알을 놓는 것은 홍아무개, 홍시인한테 알을 주기 위해서 낳는 것이 아니고요. 천하 삼라만상이 다 그렇지만 이 녀석들이 알을 낳는데 알을 그렇게 많이 낳지를 않아요. 낳더라도 숨겨놓고요. 그러니까 저한테 주려고 하는 게 아니라 본능적으로 낙엽 속이라든가 컴컴한 곳에 숨겨놓아요. 예전에 그랬던 걸 기억하실 거예요. 외갓집이나… 기억하실 겁니다. 그렇게 한 일 년을 닭들하고, 그때는 아직 닭님이 아니었습니다.(웃음) 닭들하고 생활을 하면서, 강의를 나갈 때 따라 나오기도 하고. 닭들에게 마음이 있다는 게, 제가 바보숲이라고 명명한 숲이 있는데, 이 숲에 가면 제 발자국 있는 데까지, 제가 앉아 있는 데까지만 닭들이 와 있습니다. 또 내가 내려오면 닭들도 따라 내려와요. 닭들이 사람들처럼 어떤 희로애락이랄까 그런 걸 가지고 있구나 그런 걸 느꼈습니다. 어느 날 태풍이 오고 홍수가 지고, 또 아까 우리 스님께서 강의 아픔에 대해 이야기했습니다만, 4대강 공사가 시작될 무렵이었죠. 공사가 시작될 무렵에 굉음이랄까, 저는 대한민국에 그렇게 큰 굴착기, 포크레인이라 그러죠? 그렇게 큰 굴착기들이 있다는 걸 몰랐어요. 그 기계들이 아침 6시부터 밤10시까지 계속 일을 하는데, 아, 저는 그때 집에를 못 들어갔었습니다. 강 앞에다가 집을, 일생일대에 한 번 밖에 집을 못 짓는다 하지 않습니까? 황토집을 하나 지었는데, 집도 흔들릴 정도로 굉음소리가 들리고… 그래서 저는, 제가 막걸리를 좋아하는데 막걸리 한 병 가지고 밭에 가거나, 시집 한 권 가져가거나, 아니면 못 본 신문을 가져가거나 숲에 있다가 어둡게 되면 밤늦게 내려오고 그랬어요. 그러다 보니까 닭이 알을 낳는지, 닭이 있는지 없는지 제대로 생각이 안 나고 그랬었죠. 그렇게 시간이 한창 흘렀어요. 그런데 그 닭들이 다 없어진 거예요. 그런데 어느 날 5월인가요, 숲에서 닭이 병아리들을 15마리를 데리고 내려오는 거예요.

일감 그러니까 홍수가 와서 그 난리통에 싹 없어진 거죠?

홍일선 그렇죠. 홍수가 나고, 태풍이 불고, 또 4대강 굉음이 있고 그러니까… 그래서 저는 그때까지도 한 마리가 있구나 다시 병아리가 있다 그랬는데, 다음날 또 어미닭 한 마리가 13마리를 숲에서 데려나오고, 또 오전에 그랬는데 오후에는 또 한 마리가 14마린가 데려오고 이렇게 며칠을 어미닭이 계속 데리고 내려오는 거예요. 저는 그래서 집사람을 불러서, 여보 여보 이거 정말… 제가 닭에게 큰절을 했습니다. 그때요. 제 고향이 경기도 오산인데 떠나올 때 할아버지 산소에 큰절 올리듯이 닭들한테 절을 했습니다. 고맙다가 아니라 고맙습니다 이러면서… 집사람 보고도 절을 하라고 하니 집사람은 쭈뼛쭈뼛하더라고요. 그래도 경이스럽죠. 어제까지만 해도 한 마리가 그런 줄 알았는데 그 다음날 또 이러니까. 이제까지 그래도 먹이를 잘 만들어주고 음악도 들려주고, 가끔씩은 제가 좋은 시는 아니지만, 원고지가 아니라 신문지라든가 달력 이면지에 쓴 시들을 읽어주고, 독자가 닭들이었거든요. 그 정도 밖에 안 해줬는데 우리가 닭들한테 또 다른 뭔가를 해 줘야 되겠나. 그때 거의 영점영(0.0) 몇 초죠. 찰나죠. '닭님이다. 님자를 붙여 드립시다.' 그랬더니 우리 집사람도 흔쾌히 '아, 그 좋겠다' 고 그래서 그때부터 닭님이라고 불렀습니다.

바보숲 자연농원

일감 만해 한용운 스님의 시를 보면 기룬 것은 다 님이다 이런 말씀이 있는데, 나도 들어오고 싶지 않았던 집을 닭님들이 찾아서 들어오고... 참으로 닭님이 아픔이나 이런 것들을 다 몸으로 받아 낸 거잖아요? 그렇게 하고 돌아왔으니 우리 시인님께서 닭님이라고 부를 만하네요?

홍일선 그렇죠. 시인한테 님자를 붙이시면 너무 과공비례(過恭非禮)고요.(웃음) 그냥 시인이고요. 저는 저만 아픈 줄 알았어요. 저만 아픈 줄 알았는데... 아, 저는 정말 닭님들한테 너무 큰 죄를 지었구나. 그리고 강 옆에서 지금은 다 없어졌지만 미루나무들, 그 미루나무들이 또 얼마나 아팠겠습니까? 작은 억새들이라든가 고라니들이 먹던 물... 물이 또 얼마나 서럽겠습니까? 흙탕물이 되었으니까. 거기 있던 호박돌, 작은 돌 몽돌이죠, 돌은 기계들과 차가 왔다갔다 하면서 깨지고 얼마나 아팠겠습니까? 나라는 한 개인, 인간이라고 하는 것이 얼마나 몰염치하고 이기적이고 반생명적인가를 닭님이 저한테 알려주신 것이고...

일감 판소리가 강물소리보다 더 좋다 하시니 닭님들에게 판소리를 한번 들려주시죠.

홍일선 지금 국악방송을 들려주거든요. 소리하시는 으뜸님이 오시면 닭님들이 무척 행복해하실 것 같습니다.

일감 농원 이름을 훌륭한 듣기 좋은 이름을 붙이시지 〈바보숲 명상농원〉이라고 붙이셨어요?

홍일선 이름도 사실 없었어요. 기자들이 오기도 하고 방송은 하지 않았었고요. 방송을 하면 제가 너무 불편할 것 같아서. 그런데 조류독감이 있었지 않습니까? 구제역 때 많은 생명들을 살처분하고... 그런데 우리 집 닭님들은 구제역이 뭔지, 조류독감이 뭔지 전혀 무관하게 지내더라고요. 제가 그것을 두 번을 겪은 거예요. 아, 이거구나! 저는 그때 제 문학이랄까, 제 문학과 시 한편 속에 생명이 모셔져 있는 우주관이 있다고 생각을 했거든요. 그런데 문학보다 농업이 더 앞에 있는 선학(先學)이로구나! 철학보다 어떤 사상 종교보담도 그 앞에 있는 게 농업이로구나! 농학이로구나 하는 것을 어렴풋이 알게 되었어요. 우리의 농업이 최근에 FTA가 어떻고 하는데, 제가 해법을 내는 지혜를 가지고 있는 사람도 아니고... 다만 우리가 다시 옛날로 돌아가는 방법이로구나 하고 생각했어요. 토종닭이 옛날 이름이거든요. 구청에 찾아가서 신청하려니까 이름이 있어야 된대요. 상호가 있어야 된다고 해서, 그때 거기서 '바보숲' 이라는 이름을 썼어요. 제가 그 전에 2004년도에 땅을 구입할 때, 저 뒤는 바보숲이라고 이름을 지어야겠구나 그렇게 생각을 했었습니다. 저는 이름도 정하지 않고 구청에 갔는데 이름을 정하고 쓰래요. 그때 〈바보숲 자연농원〉이라고 지었습니다.

일감 바보숲이 아무것도 몰라서 바보가 아니고 '사물의 본질을 바로 본다'고 해서 바보숲일 것 같습니다.(웃음)

홍일선 그렇게 해석하시는 분들 있었습니다. 우리가 한때 80년대 〈바로 보는 한국사〉라고 해서 약칭 〈바보사〉라고 했거든요.(웃음) 음, 바보는... 저는 꽃이 아름다운 것은 꽃이 자기가 꽃인 줄 모르기 때문에 꽃을 우리가 예찬하고... 또 시인들이 시를 쓰고, 가수들이 노래를 부르고 그런다고 생각을 하는데요. 숲이 정말 다 내주지 않습니까? 우리한테 주고, 땔감으로 주기도 하고. 요즘에는 숲 치유라고 해서 사람들이 또 아픈 사람들이 많이 가고 그러는데 거룩한 곳이기 때문에, 거룩한 것은 바보가 아니겠는가. 그래서 〈바보숲〉이라고 지었습니다.

일감 서울에서 시를 쓰실 때하고 바보숲에 내려가서 사시면서 시를 쓰실 때는 좀 다르실 것 같다는 생각이 들어요. 바보숲에서 사시는 바보시인님의 시를 한번 듣고 싶은데요.(웃음)

홍일선 바보숲이지만 제가 좀 그 경지는 아닌 것 같은데요.(웃음) 좀 뉘우침의 시랄까요. 그 동안에 제가 너무 죄를 많이 지었구나. 사실은 시집을 한 권 내려면요, 지구의 허파라는 아마존의 70년생 나무 한그루를 베어야 한답니다. 이건 제 시가 아주 정말 미천한 신데, 세상에 위대한 상이 많이 있지 않습니까? 설령 그런 상을 받았다

해도 아마존의 70년 된 나무님을 벨 자유는 없는 거라고 생각하는데요. 그래서 그런 깨달음이랄까 뉘우침이랄까 그걸 생각해서 쓴 시가 한 편 있습니다.

흙 한 줌 속에 모셔져 있는 시

흙은 이제 시 같은 것 품지 않아도
지금보다 더 불행하지 않으리
신음하는 당신의 눈물
닦아주지 못하는 시를
홀로 쓸쓸이 목숨 지우고 있는
어미의 마음을 헤아리지 못하는 시를
이제 흙이 떠나려 하고 있는데
흙 한 줌, 이슬 한 방울이
한편의 지순한 서정시였던 시절
아, 우리 그 시절로 다시 돌아갈 수 없다 해도
당신이 내 아름다운 어머니였던 시간을
회고하는 것만으로도 우리 행복했다고 고백해야 하리
이제 흙이 첫사랑 저 깊은 음력의 숲속
무릎 꿇어 중음신을 부를 시간이
가까이 다가오고 있는데

님이여 가여운 흙이여
시를 떠나지 마오
어머니 흙이시여
시라는 이슬 한 방울로
흙 한 줌 적시지 못한 내 무능의 시여, 시여, 흙님이시여!

일감 시인의 시를 듣고서 이해한다는 것은 좀 바보스러운 짓이죠?

홍일선 아니죠. 진짜 좋은 시는 삼라만상이 다 들을 수 있는 시여야죠.

일감 그런 것 같습니다. 시인의 시를 듣고 있으니까 시를 이야기하는 건지... 흙을 이야기하시는 건지... 아마 흙이라고 해도 되고 시라고 해도 되는 만물에 대한 시가 아닌가하는 생각을 해 보았습니다. 치우쳐서 시를 들으면 안 되겠구나 그런 생각을 잠시 해보았는데, 홍일선님은 이름하여 귀농하신 거잖아요? 귀농하신 분들이 귀농하셔서 잘 정착해서 계신분도 계십니다만, 또 어려움이 많아서 정착을 잘 못하신 분들도 계시고요. 홍일선님은 농사를 지으시던 분도 아니고, 서울에서 시를 쓰시던 분이었는데 시골에 내려가서 사시는 게 쉬운 일은 아니었던 것 같은데, 어떻게 어떤 마음으로 그쪽으로 가시게 되었어요?

홍일선 사실 여러 곳을 찾다가 찾으면서 생각했던 것이, 아, 나는 어디서 죽을 것인가! 너무 거창한 것 같지만 사실은 단순한 생각이었고요. 소위 뭐 고종명처(考終命處)라고 이야기하지 않습니까? 내게 과연 가장 행복한 삶은 여기 서울이라는 정글인가, 그건 아닌 것 같다는 것은 자명해지더라고요. 또 그 사이에 90년대 전반에 문학 활동 하면서 여러 좋은 선배님들도 만나고 그랬지만 내가 귀향할 곳은 농업과 가까이 있는 곳이겠구나. 강이 있고 숲이 있고 바다가 있는 곳은 사치라고 생각해서 진정한 농부들이 살아가는 그런 곳이면 좋겠구나 해서 그런 곳을 찾아 10여 년 가까이 돌아다녔습니다. 돌아다니다가 남한강, 여주사람들은 여강이라고 부릅니다. 여강에 가서 땅을 마련했습니다.

논의 마음, 흙의 마음을 우리는 모릅니다

일감　여강 쪽에다가 집을 직접 지으시고, 내가 정말 하늘로 돌아가야 될 때, 여기서 내 목숨을 마무리지어야 되겠다 이런 마음으로 거기를 내려가신 거네요? 거기서 새로운 깨달음과 닭님들하고 대중생활도 하시다 보니까...(웃음) 이제는 4대강의 아픔으로부터 오는 쓰라린 고통을 닭님들 하고 겪고 자연과 함께 지내시면서 새로운 공부를 하셨는데, 그래서 그러신지 지금 봐서는 굉장히 평온해 보이시거든요? 닭님들 때문인지는 잘 모르겠습니다만(웃음) 홍일선님이 생각하는 행복의 길이라고나 할까, 우리가 좀 행복하게 살려면 어떤 생각들을 하면 좋을까요?

홍일선　그건 너무나 어려운 질문이신데, 제가 깨달음이라고 했는데 깨달음은 아니고 뉘우침입니다. 가서 집을 짓고서 나무를 심어야 하지 않습니까? 제가 땅을 샀을 때 밭이었으니 당연히 집을 지었죠. 조경수로 반송도 심고, 소나무도 심고, 매실나무도 심고요. 많이 심었는데 보니까 나무들이 죽어요. 그래서 제 정성이 부족한가보다 해서 겨울에는 씨매주고, 비료가 아니라 거름을 주고, 숲에서 부엽토라든가 하는 걸 갖다 주고 그랬는데도 죽어요. 아, 보니까 그 전에 30년 전에는 거기가 논이었더라고요. 그걸 몰랐죠. 물길 있는 곳에 나무를 심었으니까 몸살을 앓았던 건데, 지금은 많이 잘 살고 있어요. 그때 느낀 것이, 5년 만에 그걸 안 거예요. 겉에 드러나 있는 건 밭이어서 고추도 심고, 고구마도 심고 했는데요. 고구마나 고추는 뿌리가 깊게 내려가지 않지만, 소나무라든가 매실이라든가 다른 나무들은 뿌리가 저 밑으로 내려가야되지 않습니까? 뿌리가 우리 삶이죠. 특히 나무한테는 뿌리가 물이 흐르는 데 까지 내려가지 못해서 여름엔 잘 자라다가 겨울이 되면 죽고... 그래서 아, 내가 참 바보죠. 참으로 바보로구나. 물길을 아는데 논 있는 곳에 집을 지었으니 논님한테는 제가 죄송스럽죠. 그래서 앞에 드러나 있는 것만 봐서는 안 되겠구나. 땅 주인한테 집을 사면서 그 사람도 밭이었던 걸 샀을 뿐이지 30년 전을 모르잖아요 땅 밑을 삽으로 파보고 그렇게 살 수는 없지 않습니까? 그냥 밭이니까 제가 갔을 땐, 고추가 무성했었고, 감자꽃이 예쁘게 피어 있었고... 그걸 보고 참 좋은 땅이로구나 생각했는데 그런데 이 자리가 30년 전에는 논이었었다는 거예요. 참 열 길 물속은 알 수 있지만 사람 한 길 속마음은 모르겠구나 하지만, 논의 마음을 흙의 마음을 모르겠구나 하는 것을 그때 얼핏 알았습니다.

일감 자연에서 이런 지혜를 터득하시면서 거기에 행복이 있구나 하는 생각도 하셨겠네요?

홍일선 그렇죠. 아까 제가 닭님 얘기를 했습니다만, 저는 무능한 시인이었다고 했는데 그건 맞습니다. 바보시인이었는데 여기서 좋은 시를 좀 쓰고 하면 그게 행복한 것이고 고종명처가 되는 줄 알았어요. 그런데 닭님들과 나와만 행복한 것은 아니라는 것이 어렴풋이 느껴지더라고요. 왜냐면 저희 집만 행복해서는 행복한 게 아니지 않습니까? 도처에서 구제역으로 살아있는 생명체를 살처분하고 그러지 않았습니까? 정말 아수라, 지옥도였죠. 나 혼자만 행복한 건 의미가 없다. 공생공락(共生共樂)해야 한다. 같이 더불어 행복해야 하고 더불어 같이 나누지 않으면 이건 의미가 없는 것이다. 그래서 제가 감히 흙님. 숲님. 강님. 햇빛님. 곡식님 오덕이라고 하는데, 왜 오덕뿐이겠습니까? 불도 얼마나 중요합니까? 불이 없으면 우리가 밥을 못해먹죠. 또 바람이 없으면 숲의 나무들, 그 솔방울들은 바람이 심한 날을 기다려요. 바로 밑에 떨어지면 자기 어머니 나무가 있으니까. 바람 많이 부는 날을 기다리고 있습니다. 아주 멀리 가서 떨어지기 위해서요. 바람도 또 바람님이죠. 그러니까 삼라만상이 다 '님' 아닌 게 없어요. 만해 한용운 스님이 말씀하셨지만, 또 시인이시죠. 제가 문학 시인이었을 때 가장 존경하는 어른이 한 분 계셨는데, 아마 아실 거예요, 이오덕 선생님이라고 비평가이면서 시인이죠. 제가 그 선생님을 정말 존경했었습니다. 그래서 오덕이라고 오덕만이라도 같이 불러보자. 오덕님, 흙님. 숲님. 햇빛님. 곡식님. 강님. 오덕을 같이 더불어서 공경하면 정말 행복한 나라가 되지 않을까 그런 생각을 해봤습니다. 글쎄요, 제가 정치는 모르고...

일감 오늘 닭님들 놔두고 이렇게 먼 길을 나오셨는데요 감사드리고요. 건강하시길 바랍니다. 농사를 지으면서 닭님들하고 함께 지내고 또 시도 쓰시는 홍일선님의 얘기를 가만히 듣고 있으니까 화엄경 한 편을 알기 쉽게 듣고 있다는 그런 생각이 들었습니다. 사실 우리가 잘 몰라서 그렇지 따지고 보면 내가 숨 쉬고 있는 공기며, 내가 딛고 있는 땅이며, 햇빛이며, 물이며, 심지어는 내 옆에 있는 사람이여, 나무며, 이런 모든 관계들이 내가 있을 수 있는 버팀목이 되어주고 있습니다. 우리는 내가 가지고 있는 한계 속에서 내가 가지고 있는 안목 속에서, 이것은 내 것, 이것은 내 사람, 이것은 내 나라 이렇게 생각합니다. 그렇지만 생각을 조금만 바꿔놓고 보면 정말 내 사람 아닌 사람이 없고, 내 나라 아닌 나라가 없고, 내 우주 아닌 우주가 따로 없습니다. 삼라만상이 다 님이다, 부처님이다 이런 마음으로 바라본다면, 어떻게 우리가 그 부처님을 함부로 해칠 수가 있으며, 부처님을 아프게 할 수가 있겠습니까? 고맙습니다.

열여덟 번째

삼소회
카타리나 수녀 사제,
최형일 교무

삼소회를 통해서 모든 종교인들이 만나니까,
이런 지구촌의 모든 빈곤이나 무지나 질병을 위해서
우리가 할 수 있는 일이면 앞으로도 계속하자고 했고,
지금 이 일이 가장 행복한 것 같아요.

●●● 카타리나 성공회 수녀 사제
최형일 원불교 교무

"한국사람들은 할 수 있다고 믿습니다.

종교인들부터 자기 종교에서 배운 것을 실천하고, 좀 더 겸손하게 자기 신앙을 확신을 가지고 믿으면서, 다른 종교를 배우려고 노력하고 그 다름을 오히려 존중하고, 서로의 좋은 점을 찾아서 함께 일을 한다면, 훨씬 평화로운 세상을 만들어 가는데 기여할 수 있을 것 같습니다.

비구니 스님, 수녀님, 원불교 교무님이 함께 만들어가는 세상

일감　〈삼소회〉라고 혹시 들어 보셨나요? 옛날에 어떤 스님께서 당신이 수행하는 동안에는 이 다리를 넘지 않겠다고 작정을 하셨는데요. 친구 두 분이 오셔가지고 워낙에 얘기가 재미도 있고 깊이가 있어 배웅해드리다 보니까 그냥 다리를 자기도 모르게 살짝 넘었대요. 그래서 세 분이 같이 웃었다 해서 삼소(三笑)라는 얘기가 있습니다. 그런데 이제 서로 종교가 다른 분들 불교의 비구니 스님, 천주교의 수녀님, 원불교의 교무님, 여성 수행자분들이 모여서 자선음악회도 하고 또 기금을 모아서 아프리카에 평화운동도 하시고요. 〈삼소회〉는 그런 봉사단체를 하시는 분들이신데요. 오늘은 카타리나 수녀 사제님하고 최형일 교무님 두 분을 모셨습니다. 반갑습니다.

카타리나　반갑습니다.

최형일　반갑습니다.

일감 어떻게 잘 오셨죠?

카타리나 네, 처음이지만 잘 찾아왔습니다. 불교TV 스튜디오를 간다니까 사람이 제 옷만 보고 성당은 저긴데요 하고 다른 데를 가르쳐 주려고 하셔서... 저는 불교TV를 가는데 그랬어요.

일감 그러셨구나. 그래도 수녀님께서 우리 불교TV를 오시니까 봄이 이렇게 와있지만 마치 새로운 소식이 오는 것 같아서 저희도 기분이 좋습니다. 삼소회라고 제가 아까 설명을 드렸는데 삼소회 어떤 단체 입니까?

카타리나 삼소회(三笑會) 글자 그대로 셋이 웃는다는... 예전에 불교, 유교, 도교 이렇게 세 종교 대표들이 모여서 대화를 나눴다 그래요. 불교 혜원 스님하고 도교의 육수정, 유교의 도연명 세 분이 모여서 담소를 나누다 보니까, 혜원 스님이 내가 수행을 하는 동안에는 저 호계다리를 넘지 않고 세속에 나가지 않으리라 결심을 했는데, 배웅하면서 이야기하는 도중에 그만 깜박 다리를 넘어서 세 대표가 모두 호탕하게 웃었다고 합니다. 거기서 삼소라는 말이 나왔는데 저희는 종교가 서로 다른 한국 여성수도자 모임이에요. 저희는 천주교도 있고 성공회... 저는 성공회 수녀이고요 또 개신교 언님(여성독신목회자)이 있어요. 그리고 옆에 계신 원불교 교무님도 계시고 비구니 스님 전부 여성 수도자모임 입니다.

일감 어떻게 결성하시게 되었어요? 동기가 있을 것 같은데.

카타리나 처음엔 우연히 서점에서 만나서 대화를 나누다가... 불교 서점 여기 경복궁 가는데 있잖아요?

일감 법련사...

카타리나 네, 법련사에 갔는데 거기 서점에서 차를 접대 받고 서로 이야기를 나누다 보니까 친해졌어요. 나중에는 산행도 함께하고 시간 날 때 정감을 나누다 보니까 무엇인가 우리가 뜻있는 일을 했으면 좋겠다 싶었죠. 그때 마침 1988년 서울 올림픽이 있었지 않습니까. 너무 성대하게 잘했는데 장애인들을 위한 올림픽이 너무 미약한 것 같아 호암아트홀에서 서로 다른 종교인들이 모여서 합창을 불렀어요. 그때 합창 티켓을 사주신 돈을 장애인 선수촌에 전달하게 됨으로써 우리가 기도만 하는 것이 아니라 함께 힘을 모으면 약자들을 뜻있게 도울 수도 있구나 해서 그렇게 됐고요. 1991년에는 시화전도 열어서 스님이 글을 써주시면 수녀가 그림을 그리고, 또 수녀가 글을 쓰면 교무님이 그림을 달아주시고 해서, 유니세프와 함께 세계 소아마비 어린이들을 도울 수 있었고요, 1999년에는 평양에 있는 어린이들을 위해서 돈을 모으고자... 그때 KBS홀에서 합창을 불교. 카톨릭 수녀들. 원불교 교무님들이 모여서 정말 아름답게... 그림만 상상해도 아름답잖아요? 한 무대에서 함께 수녀들이 불가 찬가를 부르고 또 비구니 스님들이 아베마리아를 부르고요 그때 저도 청중석에 앉아있었는데 눈물이 나더라고요. 굉장히 감동적이었어요.

최형일　그때 각 종단에서 40명씩 전부 120명이 모여서 5월 8일날 2400여 만 원 모아진 것을 북녘 어린이 돕기에 썼어요.

카타리나　평양에 직접 전달을 했어요.

일감　그 삼소회에서 출가라는 책도 내셨죠?

최형일　네. 그 책을 내게 된 동기는 우리가 수행을 글로 쓰고 출가동기도 써서 책을 팔아서 우리 함께 세계성지순례를 가자... 그렇게 해서 2003년도에 책을 출간했는데 책이 많이 안 팔렸습니다. 그래서 〈출가〉라는 제목으로 책은 냈지만 우리가 좀 모금을 하자 해가지고 기업하는 훌륭한 분들의 도움으로 성지순례를 다녀오게 되었습니다.

일감　그러니까 인도 성지순례 가려고 책을 내셨군요?

최형일　인도뿐만 아니라 이스라엘도 가고자 했습니다.

세계의 성지들을 돌고 달라이 라마를 뵙다

카타리나　세계에 흩어져 있는 성지를 다 가려고 했어요. 그때가 가을인데, 중앙청 앞에 은행 낙엽이 노랗게 황금 카페트처럼 깔려 있고 저희가 마침 거기서 인터뷰를 하게 되었어요. 그런데 지나가는 사람들이 보고, 스님하고 저희가 같이 앉아서 이렇게 이야기하니까 '와, 평화 그 자체다!' 하고 좋게 보았어요. 그 당시에 아프가니스탄에서 종교 때문에 테러가 있었는데 우리나라에서만 이렇게 사람들이 감동받게 하는 것보다 분쟁 지역에 좀 가보자. 그래서 고아들을 좀 도와주자 하고 의견을 모았어요. 병원에서 쓰지 않는 약 같은 것들을 약국에서 모으고 그랬는데... 그 당시에는 거기 갈 수가 없었고 비자도 못 받아서 할 수 없이 아프가니스탄에 가는 것을 접고요. 대신 다른 나라에 우리 한국에서는 종교가 다르지만 이렇게 함께 화합을 하며 살아간다는 것을 좀 보여줄 필요가 있다, 평화를 사람들로 하여금 느끼게 하자. 그래서 처음에 인도에 갔고 그다음에 영국에 있는 켄터베리 대성당, 또 예루살렘에 가서 팔레스타인과 이스라엘을 갈라놓는 벽에 가서 저희들이 기도를 올리고요. 또 예루살렘에서 예수가 십자가에 못 박힌 곳에도 가고, 그리고 마지막으로 로마 바티칸에 가서 교황도 알현을 하고 그랬습니다.

일감　아, 그러셨구나. 저 인도에 가셨을 때 다람살라의 그...

카타리나　다람살라는 못가고요, 달라이 라마 성하께서 그때 굉장히 바쁘셔서 시간이 안됐어요. 바로 영국인가 어디를 가시게 되셔서... 우리가 전화를 했거든요. 혹시 뵐 수 있나 그랬더니 바라나시에 불교학교가 있잖아요, 거기 오신다고 해서 거기서 뵙기로 했어요. 그래서 바라나시에서 뵈었습니다.

일감　종교가 좀 다른데 달라이 라마님을 뵈었을 때 소감이 어떠셨어요? 우리 수녀님은.

카타리나　저는 너무 좋았어요. 저는 종교가 다르다고 해서 벽을 놓고 보는 일은 없거든요. 서로가 무엇 때문인가 다른 종교를 갖게 되었지만 다른 종교, 여러 가지 종교가 화합하면서 좋은 일을 하는 것이 얼마나 아름다운 일인지 모르거든요. 그런데 달라이 라마 성하께서 저희를 보자마자 만면에 미소를 띠고 너무 좋아하셨어요. 남자성직자들과 함께 성지 순례를 하려고 했는데 이렇게 여성수도자들이 먼저 하네 하며 너무 부럽다고 그러시면서... 원래 그날 강연하시고 그분 손을 만지려고 수백 명이 기다리고 있는데, 우리가 한 시간 약속했는데도 불구하고... 거기 정리하는 분들이 아마 삼소회는 20분이나 30분 길어야 만날 수 있을 겁니다 그랬어요. 그래서 할 수 없죠 그러고 우리들은 강의실로 안내 받았는데, 달라이 라마께서 오셔서 우리하고 이야기를 오래 하시느라고 한 시간이 넘었어요.

일감　그러셨구나. 기념촬영도 하고 그랬겠네요?

카타리나　네, 끝나고 기념촬영도 하시고요 그랬습니다.

일감　한국에서 오셨다고 그래서 더 반가워 하셨을 것 같아요 인도 성지순례하시면서 재미난 에피소드도 많았을 것 같아요.

카타리나　지금 저만 얘기하는 것처럼 보이는데...

일감　먼저 이야기하시고 교무님 하시고...

카타리나　왜냐하면 에피소드가 제가 주인공이기 때문에 제가 해야 될 수밖에 없죠, 교무님?

최형일 하세요.

일감 교무님도 하나 생각해 놓으세요.

최형일 우리가 19일 동안 다니면서 굉장히 피곤한 일정이었어요. 그런데 피곤하지 않게 웃으면서 다닐 수 있던 계기를 만들어 주신 분이 우리 수녀님인데...

일감 오카리나 수녀님이시구나.

최형일 카타리나 수녀님께서...

일감 별명이 오카리나 수녀님이시라고 그러시던데...(웃음)

최형일 수녀님 때문에 그 이야기를 하고 웃고, 그렇게 웃고 다니면서 피곤하지 않게 순례를 마쳤는데... 직접 얘기해주시는 게 좋을 것 같습니다.

카타리나 갠지스강에 가보신 분들은 그런 모습을 보셨을 텐데요. 누구든지 세상을 떠나기 전에, 혹시 세상을 떠난 후에도 갠지스강에 오는 것이 큰 영광이라고 합니다. 저희가 달라이 라마 성하를 뵙는 그날 새벽 4시에 갠지스강에 가서 연꽃잎에 캔들을 하나씩 켜서 세계 평화를 위해서, 또 종교 화합을 위해서 강물에 띄웠어요. 기도를 막 시작했는데, 저 육지에서 조그만 배가 우리가 타고 있는 배를 향해서 열심히 노를 젓고 오는데, 다른 데로 가는 건 줄 알았는데 우리에게 오는 것 같더라고요. 우리한테 부딪치면 어떡하나 그랬는데, 거의 가까이 다가와서 그 배에 탄 어떤 분하고 마주쳤어요. 그런데 그분이 조그만 비닐봉지에다가 미꾸라지를 한 세 마린지, 두 마린지 담아가지고 뭐라고 그래요. 그것을 사라는 것 같았어요. 그래서 저는 기도하다가 그분이 계속 옆에서 그러는데 모른 척 할 수가 없어서 미안하지만 'We haven't the time to cook. Because we are traveling.' 우리가 지금 여행 중이기 때문에 요리해 먹을 시간이 없습니다, 그랬더니요. 옆에 진명 스님이 있다가, '수녀님, 카타리나 수녀님이 지금 뭐라 그랬어?' 그래서 '우리 여행 중이니까 요리해먹을 시간 없다' 그랬지. '그게 방생인데 그렇게 말을 하면 안 되지' 그러는 거예요. 저는 그걸 몰랐어요. 제가 너무 몰라가지고. 그걸 방생하라고 사라는 건데 저는 그거 가져다가... 저는 옛날 학교 다닐 때 두부에다가 미꾸라지 나오는 음식을 어른들이 사 잡수더라고요, 해장국인지. 그래서 나는 그것을 해먹으라는 건 줄 알고...

일감　아차하면 방생할 고기를 요리하실 뻔 하셨네.

카타리나　네, 그랬어요.

일감　에피소드라 하기에는 좀 놀랍긴 하네요.

카타리나　미안합니다, 여러분.

최형일　하나가 또 뭐가 있느냐면요. 이렇게 몇 마리 가지고 어떻게 국을 끓여먹느냐... 그래서 그 얘기 가지고 너무 재밌게 웃으면서 피곤할 때는 그 얘길 하면서 웃고 잘 다녀왔습니다.

일감　여러분이 같이 가셨기 때문에 말하자면 수녀님이 말씀하시는 그런 재미난 에피소드뿐만 아니라, 틀림없이 누군가는 지각을 해가지고 사람들을 애태우기도 했을 것이고 여러 가지 에피소드가 있었을 텐데... 그 성지순례 다녀오시고 지관 총무원장 만나셨죠?

최형일 그때 다녀와서 대표들 세 분이 총무원장님을 뵌 걸로 알고 있는데요. '우리가 이렇게 19일간 성지순례를 다니면서 싸우기도 하고 갈등이 생겼었습니다' 그렇게 말씀을 드리니까, 지관 총무원장님께서 '비행기는 같이 타고 왔느냐?' 그래서 '예, 비행기는 같이 타고 왔습니다.' 그렇게 말씀드리니까 '그러면 됐다. 부부들이 해외여행을 가는데 갈 때는 비행기를 같이 타고 가는데 올 때는 다른 비행기를 타고 온다더라. 그런데 비행기 같이 타고 왔으니까 됐다.' 그런 말씀을 들려 주셨다고 그래요.

일감 아주 현실적인 말씀을 하셨군요. 우리 스님들도 해외여행 같이 가게 되면 도반들하고 이렇게 두 분도 가시고 세분도 같이 가시는데, 싸워서 그랬는지 의견이 달라서 그랬는지는 잘 모르겠지마는 어쩌면 또 다른 여행지로 가시기도 하고 일정을 더 늘리기도 하셨겠지만, 나갈 때는 분명히 같이 나가는데 들어올 때는 따로따로 들어온다고 그런 애기가 있기는 합니다. 그만큼 화합하고 이런 게 쉽지 않다고 그래요. 그 이후로도 계속 활동하시는 거죠?

카타리나 그럼요. 저희는 매달 한 번씩 모여서 때로는 사찰에 가고, 때로는 원불교 선방에 가고, 수녀들이 있는 채플에도 모여서 항상 같은 제목으로 기도를 하고 있습니다. 그게 2000년부터니까요. 세계 평화와 종교 화합을 위해서 기도를 한 시간 동안 하고, 그다음에 저희가 세상에서 할 일이 무엇인가 의논하고 함께 저녁을 먹고 헤어지거든요. 식사할 때 식당에 들어가면 사람들이 다 쳐다보는 거예요. 이상하게... 스님도 있고 수녀도 있고 이 사람들 이상하다 그렇게 보는가 봐요. 그런데 그게 다 좋아 보인다고 평을 하셔서 세계 성지 순례를 하게 된 거였습니다.

염소 한 마리면 무지와 빈곤과 질병을 극복할 수 있습니다

일감　삼소회에서 하는 활동 중에 에디오피아 소녀들을 위한 모금운동을 하신다는데, 염소 한 마리 사서 보내주기 뭐 이런 운동 하신다면서요? 어떤 운동이에요?

최형일　저희가 2010년부터 3년 동안 염소 5만 마리를 사자고 계약을 했어요. 유엔 재단 산하단체에서 어려운 20개 국가를 선정해서 도와주기로 했는데, 우리는 에티오피아를 도와주는 걸로 했어요. 염소 한 마리가 이만 원인데 그 염소를 사서 각 가정에 주는 거에요. 굉장히 어렵고 먹고 살기가 힘들어서 소녀들이 열세 살만 되면 팔려간다 그래요. 그래서 열다섯 살이 되면 벌써 애기 엄마가 되고 그러는데, 저희가 염소를 사주면서 조건을 붙이기를 소녀를 팔지 말고 학교에 보내 2년 동안 가르치고 염소젖도 짜서 먹고 그리고 새끼를 내서 먹거리로 만들라고 했어요. 그런 조건으로 해서 삼 년 동안 20억을 하자고 했는데 우리가 너무 깜짝 놀라서 우리 힘으로 어떻게 20억을 만들 수 있겠냐. 그래서 유엔 재단에 에티오피아 담당하는 그분들하고 조율을 해서 10억만 하자고 그렇게 해서 지금까지 저희들이 다 정성으로 모아오고 있어서 오늘 통장을 제가 확인해보고 왔어요. 그동안에 보낸 돈이 2억 4천 보냈고요 지금 모아진 돈이 3억에 가까운 돈이 모아졌어요. 그래서 올해 가기 전에, 우리가 목표한 금액을 다 만들어서 보낼 수 있겠어요. 에티오피아 소녀들이 팔려가지 않고 공부를 해서, 정말 무지와 빈곤과 질병을 타파하는데 도움이 될 수 있다면 해서 정성을 다하고 있는데, 우리 수녀님이 가장 애쓰시는 것 같아요.

일감　염소 한 마리가 이만 원이면 돼요?

최형일　그런데 지금은 가격이 조금 올랐대요.

카타리나　아프리카에서 일하는 수녀님이 지금은 한 마리에 삼만 원이야 그러는데, 우리는 한국에서 이만 원이라고 말했기 때문에 바꿀 수 없고 한 마리고 두 마리고... 어떤 분들은 우리는 가족이 다섯 명이니까 다섯 마리 값 드릴게요 그런 분들도 있고...

일감　저도 한 열 마리 할게요.

카타리나　감사합니다. 이웃 나라가 이제는 글로벌 패밀리 속에 우리가 함께 살기 때문에, 더구나 우리 한국전쟁 때 에디오피아 청년들이 6,000명이 왔더라고요. 그래서 우리 평화를 지켜줬는데, 그 당시에는 우리나라가 세계에서 최빈국이었고 지금은 에디오피아가 최빈국 중에 하나가 되었기 때문에 이제 우리가 도와줄 차례가 된 것 같습니다.

일감　알겠습니다. 염소 또 팔아 보겠습니다. 기금마련을 위해서 여러 가지 방법으로 애를 쓰시는데, 전시회도 하시고 그림도 그리시고 여러 가지 방법을 하시는데 우리 최형일 교무님은 좀 독특한 방법이 있으시다고요. 어떤 방법입니까?

카타리나　창을 잘하세요.

최형일　국악이에요.

일감　창이면 우리가 말로만 할 게 아니라 한번 들어 봐야 되겠습니다.

최형일　법능 스님이 작사작곡을 잘 하시더라고요. 그중에 〈설산매화〉라는 곡이 있어요. 경쾌하고 가사가 아주 좋아서 제가 조금 잘 못하지만 들려드리겠습니다.

매화 매화 매화로다
하얀 설산 홀로 피는
에헤야 매화 매화로다.

만남도 멀리 이별도 멀리
사랑도 멀리 미움도 저 멀리
환한 웃음 여기 이 자리

즈믄 햇살에 미소짓는
에헤야 매화 매화로다~~

일감 우리 최교무님은 삼소회 활동하시면서 어떨 때 제일 보람 있습니까?

최형일 지금 에티오피아 소녀들 돕는 것, 이것도 보람된 일이고, 세계적으로 물질이 굉장히 풍요해져서 살기 좋은 세상이 되었다고 해도 아직도 빈곤하게 사는 사람들이 굉장히 많고, 못 배운 사람들도 많고, 또 질병으로 고통받는 사람들이 너무 많은 것 같아요. 그래서 이 삼소회를 통해서 모든 종교인들이 만나니까, 이런 지구촌의 모든 빈곤이나 무지나 질병을 위해서 우리가 할 수 있는 일이면 앞으로도 계속하자고 했고, 지금 이 일이 가장 행복한 것 같아요. 지난번에 에티오피아에 직접 우리 삼소회 회원들이 다녀왔어요. 직접 가서 우리가 모금하는 돈이 정말 그들에게 잘 전달이 되는가 한번 가서 그들하고 같이 활동을 해보자 같이 들여다보자 실상을 보고 왔는데요. 우리들 유니폼이 치마저고리여서 그런지 두 아이가 계속 교무를 따라다니더래요. 그러면서 따라가고 싶다고... 결국에는 그들이 소말리주 출신인데 21살, 23살 소녀들이 한국까지 오게 되었어요. 한국에서는 최초로 난민들을 들여올 수 있는 기원이 됐어요. 협조해 주신 분이 유엔 재단의 유정숙 고문님이라고, 그분이 애써주셔서 그들이 들어와서 어학원에서 공부를 하고 있어요. 에티오피아로 돌아가서 무지와 빈곤과 질병을 타파할 수 있는 지도자적 역할을 할 수 있도록 지금 두 소녀가 와서 공부하고 있는 것이 정말 큰 보람인 것 같아요.

일감 아이고 잘하셨다. 염소들은 잘 크고 있죠?

최형일 네. 염소가 계속 들어오도록 정말 이제는 건강이 허락하는 한 어디든지 간다 하는 심정으로 하고 있습니다.

카타리나 이번에 에디오피아에 갔다 온 분들의 얘기가, 아무리 도와도 바다에 동전 하나 던진 것 밖에 안 될 정도로 거기가 너무 빈곤하다는 거예요. 그래서 우리가 유엔재단과 함께 금년까지 하기로 했는데 금년만 아니라 앞으로도 계속해야 된다는 것을 강조하더라고요.

최형일 그동안에 염소를 모으는데 한 마리부터 백 마리까지 이렇게 보내주신 분들에게 정말 우리가 감사의 말씀을 전해야 될 것 같아요.

카타리나 저희에게 작게 크게 많은 헌금을 해주시는, 우리 모든 헌금하시는 분들에게 감사합니다.

일감 수녀님이 삼소회 활동을 하시면서 내가 정말 잘했구나 그런 생각하실 때는 언제였어요?

카타리나 제가 수도원에 입회한 것이 1964년인데, 대학교 졸업하자마자 수도원에 들어갔는데요...

일감 제가 태어나고 얼마 안 되었을 때네요.

카타리나 그래도 태어나셨군요. 난 또 태어나지도 않으신 줄 알았더니...(웃음) 수도공동체에서 기쁜 일도 있고 어려울 때도 있을 때가 있는데 저는 이 삼소회 모임 한 달에 한 번씩 하는 것이 아주 즐겁습니다. 서로 종교는 다르지만 어떨 때는 좀 못마땅하게 성지순례하면서 그런 게 있었지만, 오히려 이런 걸림돌들이 디딤돌이 되어가지고 우리가 더 성숙할 수 있고, 우리 한국의 종교인들은 무엇인가 제대로 할 수 있다는 그런 자부심을 갖게 되고요. 종교는 다르지만 함께 모이는 그 자체, 함께 앉는 공간을 만들어서 기도하는 모습을 참 고맙게 생각합니다.

일감 우리 종교인들이 어떻게 하면 서로가 다른 종교인들이... 유럽이나 사막쪽에는 종교가 달라서 전쟁까지 하고 그러지 않습니까? 그런데 종교가 서로 다른 사람들이 어떻게 해야 세상이 좀 더 평화롭게 되겠습니까?

카타리나 종교인들부터 자기 종교에서 배운 것을 실천하고, 좀 더 겸손하게 자기 신앙을 확신을 가지고 믿으면서, 다른 종교를 배우려고 노력하고 그 다름을 오히려 존중하고, 서로의 좋은 점을 찾아서 함께 일을 한다면, 훨씬 평화로운 세상을 만들어 가는데 기여할 수 있을 것 같습니다. 한국사람들은 할 수 있다고 믿습니다.

일감 감사합니다. 그래요. 우리가 서로 다름을 인정하고 오히려 존중할 때 참 좋은 평화가 거기 있는 것 같아요. 삼소회 활동 중에 염소 모금도 있지만 앞으로의 활동도 또 있는 거죠? 교무님.

최형일 우리 삼소회 회원들이 매달 한 번씩 모이니까 조화를 이루고 서로 의견을 존중하고... 그래서 앞으로 해야 될 과제가 너무 많은 것 같아요. 빈곤. 무지. 질병 이런 부분이나 사회가 양극화되는 부분이나 청소년 문제, 이런 엄청난 부분들이 우리 종교인들의 과제가 아닌가 싶어서요. 우리 삼소회는 사회적인 이슈가 되는 문제들을 두고 앞으로도 더 조화롭게 활동 계획을 세워서 함께 가야 되지 않는가 싶습니다.

일감 맞아요, 우리가 한 지구에 살면서 자기만 옳다고 하는 시대는 지나간 것 같아요. 이제는 서로를 따뜻한 마음으로 바라봐야 되고 문화의 다양성이나 문화의 다름을 서로 인정하고 존중하는 그런 시대가 된 것 같습니다. 얼마 전에 저희 종단에서도 〈한반도 생명평화를 위한 천일정진〉을 시작했는데, 그 정진에 다른 종교인들이 같이 참여하기도 했습니다. 신부님. 목사님. 교무님 이렇게 해서 스님하고 같이 기도도 하며 행사를 했습니다. 이제 초파일이 다가오는데요. 우리가 예수님 탄생 때에 절에서 아기예수 탄생을 축하합니다라는 현수막도 걸어 드리고 반대로 하기도 하고 그랬는데, 봉축주간에 우리 불자들을 위해서 수녀님 한 말씀 해주십시오.

카타리나 우선 석가탄일에 이 기쁨을 나누고 싶고요, 여러분 참으로 축하드립니다. 석가모니가 세상에 살아계신 동안에 우리에게 보여주신 삶의 모범을 따르도록 노력하고, 특별히 자비심을 발휘해서 서로 간에 마음 상하는 일이 있더라도 서로를 배려해주고 넓게 이해하고 용서해주는 그런 마음이 있으면 좋겠구요. 그래서 불자들뿐만 아니라 다른 종교를 믿는 사람들도 석가모니의 가르침을 좀 더 깊이 있게 배우고, 그래서 평화로운 아름다운 세상을 만들어 가는데 다함께 힘을 합칠 수 있기를 기원합니다.

일감 고맙습니다. 초파일에 원불교에서도 무슨 행사 하시죠?

최형일 원불교에서도요 소태산 대종사께서 스승의 지도 없이 도를 얻었지만 도를 얻은 경로를 돌아보면 석가여래 부처님의 행적과 말씀에 부합되는 바가 많다, 그래서 스승님을 정한다면 석가여래 부처님을 스승으로 모시겠다 해서, 부처님 오신 날에 연등도 켜고 기도도 하고 기념식을 같이 합니다.

일감 그렇군요. 오늘 서로의 종교가 다르고 서로의 옷이 다른 세 수도자들이 이렇게 함께 모여서, 좋은 일도 하고 서로 간에 수행을 배우기도 하는 삼소회 분들과 함께 이야기를 나누어 봤습니다. 한국사회에는 다양한 종교가 들어와 있습니다. 종교백화점이라고 할 만큼 종교가 많이 들어와 있는데 어쨌든 지금까지는 한국사회에서 종교가 크게 문제가 되거나 그러지는 않았습니다. 그러나 종교인들은 서로 자기만의 입장이나 이런 것을 강하게 주장하다 보면 다툼이 생길 수도 있고, 또 그런 작은 불미스런 일들도 더러 생기는 것을 우리가 보고 그러는데요. 우리가 종교를 갖는 목적은 내 자신의 괴로움도 해결하고, 주변 이웃과 사회, 어쩌면 온 우주의 괴로움을 없애기 위해서 종교가 있는지도 모르겠습니다. 정말 이 세상의 그 어떤 것도 사랑하는 마음과 베푸는 마음과 함께한다는 마음을 먼저 가진다면, 종교보다 더 우선하는 마음이 되지 않을까 그런 생각을 해 봅니다. 높낮이가 아니라 서로 다른 다양성을 보고 서로 다름을 인정하고 이해할 때, 함께 손잡고 가는 평화로운 세계가 있지 않을까 그런 생각을 해 봅니다. 여러분 모두 행복한 날들 되시기 바랍니다. 고맙습니다.

그대로 행복하기

“ 여러분 모두 행복한 날들 되시기 바랍니다.”